少数民族教育研究系列丛书

顾　问　顾明远　哈经雄　陈中永

主　编　苏　德

编　委　滕　星　苏　德　董　艳　邓佑玲
　　　　曲木铁西　吴明海　常永才

跨文化心理学研究

Research on Cross-Cultural Psychology

◎高　兵／著

中央民族大学出版社
China Minzu University Press

图书在版编目(CIP)数据

跨文化心理学研究/高兵著.—北京:中央民族大学出版社,2010.9(2018.1重印)

ISBN 978-7-81108-905-9

Ⅰ.①跨…　Ⅱ.①高…　Ⅲ.①文化交流—心理学—研究　Ⅳ.①G05

中国版本图书馆CIP数据核字(2010)第179981号

跨文化心理学研究

作　　者　高　兵
责任编辑　白立元
封面设计　布拉格工作室·热瓦迪
出 版 者　中央民族大学出版社
　　　　　北京市海淀区中关村南大街27号　邮编:100081
　　　　　电话:68472815(发行部)传真:68932751(发行部)
　　　　　　　68932218(总编室)　　68932447(办公室)
发 行 者　全国各地新华书店
印 刷 者　北京宏伟双华印刷有限公司
开　　本　880×1230(毫米)　1/32　印张:13.625
字　　数　330千字
版　　次　2010年9月第1版　2018年1月第2次印刷
书　　号　ISBN 978-7-81108-905-9
定　　价　52.00元

“民族教育学研究系列丛书”总序

我国是一个统一的多民族社会主义国家，民族教育是我国教育事业的重要组成部分，民族教育的发展是促进各民族共同团结进步、共同繁荣发展的重要基础。《国家中长期教育改革和发展规划纲要》中专门对民族教育作出全面的规划和部署，这无疑是民族教育学科加快改革、突破制约、实现跨越式发展的大好机遇。

中央民族大学作为党和国家为解决中国民族问题、培养少数民族干部和高级专门人才而创建的高等学校，在我国民族事务与民族教育事业中具有举足轻重的地位。该校是一所汇聚了56个民族师生的国家“985工程”和“211工程”重点建设大学。中央民族大学教育学院是一个院、所合一的教学科研单位，是中央民族大学“211工程”、“985工程”项目重点建设单位。

历经50余年的发展变化，特别是改革开放30年来的快速发展，通过“211工程”、“985工程”二期建设及其他项目的积累和历练，教育学院形成了以少数民族教育为特色和优势的教育学科，凝聚了一支在国内外有影响、团结协作并有奉献精神的少数民族教育学术创新研究团队。在民族教育学的学科建设方面取得了许多重要成果，尤其是出版了一系列学术精品著作，如《中国少数民族教育学概论》（孙若穷、滕星主编）、《中国民族边境教育》（王锡宏主编）、《中国少数民族教育本体理论研究》（王锡宏著）、《中国少数民族双语教育概论》（戴庆厦、滕星等著）、

《民族教育学通论》（哈经雄、滕星主编）、《文化变迁与双语教育：凉山彝族社区教育人类学的田野工作与文本阐述》（滕星著）、《中国少数民族教育史·达斡尔族教育史》（苏德主编）、《中国少数民族高等教育学》（哈经雄著）、《蒙古族儿童传统游戏研究》（苏德著）、《教育人类学研究丛书》（滕星主编）、《族群·文化与教育》（滕星著）、《文化选择与教育》（王军著）、《文化环境与双语教育》（董艳著）、《蒙古学百科全书·教育卷》（扎巴主编、苏德副主编）、《少数民族传统教育学》（曲木铁西著）、《文化多样性、心理适应与学生指导》（常永才著）等一系列重要学术著作，在国内外核心期刊发表了上百篇学术论文，其中若干成果已获得国家、省（部）级科研成果一等、二等奖及国家图书奖，并成为该学科发展的标志性成果。

在“九五”和“十五”期间，中央民族大学教育学院中国少数民族教育学的学科建设实现了跨越式发展，民族教育学先后被列为中央民族大学“211工程”重点学科建设项目（1999年）和“985工程”（2005年）重点建设单位，并专门成立了“985工程”中国少数民族地区基础教育研究中心（现更名为“中国少数民族教育研究创新基地”），在科研条件、研究经费等方面得到明显改善。民族教育学“211工程”学科建设的目标是：经过重点建设，使中国少数民族教育学科处于国内领先水平，成为少数民族教育高层次人才培养的重要基地，为少数民族和民族地区的教育事业发展服务。通过“211工程”二期民族教育学学科建设，出版了《中外民族教育政策史纲》（吴明海著）、《教育民族学》（王军主编）、《民族文化传承与教育》（王军、董艳主编）等“教育民族学丛书”，较好地推动了民族教育学学科的发展。

目前，教育学院承担着全国教育科学规划国家级重点课题、国家社会科学基金重点项目、教育部人文社会科学重点研究基地等重大项目及多项省部级民族教育研究重点课题，主持开展了国家社科基金重点招标课题“民族教育质量保障与特色发展研究”、国家社科基金课题“内蒙古地区蒙古族中小学双语教学问题、对策与理论研究”（苏德主持）、联合国教科文组织西班牙千年发展目标促进基金“中国文化与发展伙伴关系”项目“中国少数民族基础教育政策研究”（苏德主持）、美国福特基金会“中国西部少数民族地区经济文化类型与地方性校本课程开发研究”（滕星主持）、加拿大女王大学国际合作项目“多民族社会的族群关系”（常永才参与设计与实施）等多项国际合作项目，相关研究成果在国内外民族教育研究领域产生了较大影响。

为贯彻落实《国家中长期教育改革和发展规划纲要》精神，进一步提高民族教育科学研究的质量和水平，促进我国民族教育科学事业的繁荣和发展，以科学发展观和构建社会主义和谐社会为指导思想，以世界眼光和时代精神，站在社会主义现代化建设的历史新起点上，围绕民族教育改革发展的重要理论和重大现实问题，基础研究和应用研究并重，促进民族教育理论创新，加强应用研究，增强民族教育研究的针对性和实效性。为新时期国家民族教育决策和实践革新服务，促进民族教育学科的进一步发展，中央民族大学教育学院在“211 工程”三期建设中成立了“民族教育学研究系列丛书”编委会，组织教育学院研究人员，邀请国内民族教育研究的优秀专家学者，研究撰写和出版中国少数民族教育的系列专业教材和学术著作，将其作为中央民族大学民族教育学学科建设的标志性成果之一，旨在为中国少数民族教育学科与民族教育事业的发展做出重要贡献。“民族教育学研究系列丛书”的选题范围包括：

(1) 中国少数民族教育的相关专业课程教材；

(2) 中国少数民族教育的理论与方法研究成果；

(3) 中国少数民族教育的实地调查成果；

(4) 中国少数民族教育的应用研究成果；

(5) 中国少数民族教育的课程改革和教学研究成果；

(6) 中国少数民族教育的专业参考资料。(如国外民族教育学译著)

“民族教育学研究系列丛书”第一辑出版的著作包括《民族院校教育管理研究》(李东光著)、《守望·自觉·比较：少数民族及原住民教育研究》(陈·巴特尔、Peter Englert 编著)、《亚太地区原住民及少数民族高等教育研究》(陈·巴特尔、Peter Englert 主编)、《跨文化心理学研究》(高兵著)、《中国少数民族美学研究》(邓佑玲著)、《中国边境民族教育论》(苏德、陈中永主编)、《可持续发展与民族地区环境教育研究》(吴明海主编)、《教育审美与教育批判——解脱现代性断裂对民族教育发展的困扰》(李剑著)、《教育人类学视野下的少数民族濒危文化传承研究——以云南纳西族东巴舞蹈文化为个案》(胡迪雅著)等。

我们认为，民族教育研究应围绕《国家中长期教育改革和发展规划纲要 (2010－2020)》制定的目标，聚焦当前少数民族教育中的重大理论和现实问题，以项目研究为依托，加强队伍建设，凝练学科方向，推进学科建设，加快科学研究的自主创新和社会服务能力建设，为中国少数民族教育改革和发展建言献策。

我们相信，通过“民族教育学研究系列丛书”的出版，中央民族大学教育学院将秉承注重民族地区教育田野调查的优良传统，大力加强民族教育学的理论研究和应用研究，努力培养优秀的教学和科研人才，达到中国少数民族教育学科建设的一流水平，并为推动少数民族地区教育事业的发展，促进边疆安全、民族团结和国家统一发挥积极作用。

苏 德

2010 年 12 月

前　言

本书是中央民族大学“211 工程”三期建设项目资助的“少数民族教育研究系列丛书”之一，旨在介绍心理学中一个新兴的研究领域——跨文化心理学。

自从 1879 年德国心理学家冯特建立了第一个心理学实验室，标志着心理科学脱离了哲学的怀抱，成为一门独立的学科以来，心理学不断改进研究手段，拓展研究领域，已经取得了巨大的成就，影响范围也不断扩大，为整个科学的发展和社会的进步做出了卓越的贡献。然而，以美国为代表的科学主义心理学理论，其文化背景是西方文化，它所揭示的心理、行为的基本规律，归根结底是西方文化环境中的心理、行为规律，因而，其应用于欧美文化的有效性姑且不论，其应用于其他非西方文化是否适宜，则很值得商榷。由于这种文化中心主义的心理学成果不能充分解释非西方文化中的心理、行为现象，文化取向的心理学研究逐渐发展，并于 20 世纪 70 年代正式形成为一个专门的领域——跨文化心理学。

应该说，跨文化心理学不能算作一个内容领域，而是一种研究的角度、视野和看待问题的方法，凡心理科学所关心的问题，都可以进行跨文化心理学研究。为了总结跨文化心理学研究的最新进展，向我国心理学工作者介绍该领域的相关成果，在中央民族大学教育学院院长苏德教授的直接关心和支持下，我尝试综合使用跨文化心理学的经典研究成果和最新研究，写成了这本《跨文化心理学研究》的专著。

本书分为八章，第一章是《心理学与文化》，介绍跨文化心理学的性质、主流心理学的文化特征、跨文化心理学的发展历程、研究方法等问题；第二章是《个体发展与文化》，介绍个体各个发展阶段发展与文化的关系问题；第三章至第六章分别介绍认知、情绪、人格、社会行为与文化的关系，介绍这些基本的心理现象的跨文化普遍性和差异性问题；第七章是《心理治疗与文化》，介绍心理障碍与文化的关系、心理治疗理论和治疗实践过程与文化的关系；第八章是《跨文化管理与沟通》，讲述组织结构类型、管理行为、工作价值观与文化的关系，并介绍跨文化沟通需要注意的有关问题。

本书得到苏德教授的大力支持和悉心指导。在准备和写作过程中，苏德教授凭借宽阔的研究视野和对心理学发展前沿的敏锐觉察，无数次悉心指导、提出改进意见。他还经常关注撰写进度，并亲自联系出版，倾注了很多心血。在本书正式出版之际，首先要衷心感谢苏德教授！

本书的写作还得到了较早接触跨文化心理学前沿理论和成果，对该研究领域有着深刻理解的常永才教授的关心、启发和指导，他以深厚的理论功底多次提出指导意见，使本书的写作少走了很多弯路，他的很多建议使本书增色不少。在此对常教授表示深深的谢意！

本书的写作还得到很多同事的支持和帮助。中央民族大学学生处的孙娜老师、张阳阳老师在前期资料收集、整理方面给我许多无私的帮助。中央民族大学教育学院的董艳书记、马钟范副院长、杨芳老师、陆小英博士都给予我很多关心和支持。在此对他们表示衷心的感谢!

中央民族大学出版社云峰社长，编辑白立元老师为本书的出版倾注了很多心血，在此衷心感谢他们的关心和倾力支持!

跨文化心理学是一个较新的研究领域，国内相关书籍还不多，可以参考的文献大多是英文材料，这增加了写作的难度。本人学识有限，书中难免出现错漏之处，恳请读者批评指正!

高　兵

于中央民族大学教育学院

2010 年 7 月

目　　录

第一章　心理学与文化

跨文化心理学站在多元文化的角度，考察心理现象或规律在不同文化中的普遍性和差异性，并发现非西方文化中的特殊心理现象，其最终的目的是建立更具普适性的心理学。这一较新的研究领域是在西方主流心理学高度发展的基础上，受到文化人类学、心理人类学等学科的影响而产生的。目前，这一领域的心理学家相信，通过跨文化的研究，才能真正揭示人类心理与生态背景及文化环境因素之间的内在关系。

本章讨论主流心理学的文化特征、文化局限，以及什么是跨文化心理学、其发展历程和研究方法等问题。

第一节　文化视野中的心理学

戴有科学桂冠的现代心理学，产生于西方的文化背景中。可以说，科学心理学本身就是一种本土心理学，带有西方文化的浓厚色彩。因此，讨论心理学不能脱离文化。心理学家创立的各种理论、研究的问题、采用的策略，在很大程度上受心理学家所处的文化背景的制约。文化背景中的生活方式、时代精神、哲学思想等，都直接、间接地影响着心理学。例如，德国的哲学和生理学传统产生了构造心理学和格式塔心理学；在维多利亚时代的社会文化气氛中产生了精神分析理论；美国实用主义哲学催生了机能主义心理学和行为主义心理学等。

以美国为代表的科学心理学理论，其文化背景是西方文化，它所揭示的心理、行为与社会的关系，归根结底是心理、行为与西方文化的关系，应用于欧美文化的有效性姑且不论，而应用于其他非西方文化是否适宜，则很值得商榷。

本节讨论文化对行为的影响以及主流心理学的文化局限，从而提出跨文化心理学这一较新的研究取向。

一、文化与行为

心理学理论产生于西方的主流社会。在这些社会之外，还存在不计其数的多种多样的人类社会，这些社会都有其独特的生存方式、生活习惯以及政治、经济和宗教制度。在每个这样的社会内部，所有的人都在一定程度上遵循这些习惯和规范，从而使合作成为可能。而确定其行为界限的，正是文化。这里指的文化，主要是人类学意义上的文化。

1. 文化的概念

在中国，"文""化"合成一个整词使用，最早出现于刘向的《说苑·指武篇》："圣人之治天下，先文德而后武力。凡武之兴，为不服也；文化不改，然后加诛。"这里的"文化"，或与天造地设的自然对举，或与无教化的"质朴"、"野蛮"对举。因此，在汉语系统中，"文化"的本义就是"以文教化"，它表示对人的性情的陶冶，品德的教养，本来属于精神领域的范畴。几千年过去了，现在"文化"已成为一个内涵丰富、外延宽广的多维概念，成为众多学科探究、阐发、争鸣的对象，对文化的界定也受到西方学术研究的广泛影响。

首次对文化（culture）这一概念进行界定的西方人是英国人类学家泰勒（Tylor E. B.），他在1871年对文化的定义是：文化是“作为社会成员的人所习得的包括知识、信念、艺术、道德、法律、习惯以及其他能力和习性在内的复合体。”自泰勒以来，文化的定义层出不穷。北美人类学家克罗伯等（Kroeber et al, 1952）曾对文化的定义进行考察，发现总共有三百多个定义。他们认为，在人类学文献中，文化的定义有六种重要类型。

第一，描述性定义，就是在所有人类生活和活动及其所有方面，只要研究者认为是“文化”意义的例子，就尽量罗列进来。泰勒的定义就是这一类型。对克罗伯等人来说，描述性定义倾向于强调“文化是一个广泛性总体”的观点。

第二，历史性定义，就像是林顿的定义，倾向于强调随着时间的延续而对传统的积累，而不是列举文化现象的总体或范围。“遗产”这一术语（以及“遗传”这一术语）频繁应用于这些定义中，但通过语境可以清楚地看出，在这样的积累物中并不包括生物学因素。

第三，规范性定义，强调支配人的群体活动的共同准则。不像在描述性定义和历史性定义那样（在这样的定义中，文化生活所指的对象是清晰可观察的），规范性定义要求我们深入钻研外显的活动，并努力发现隐藏在这些活动背后的东西。

第四，心理学定义，强调各种不同的心理学特征，包括一些概念，例如调节、问题解决、学习以及习惯。例如，文化是习得的，这种学习的结果是在一个特殊群体中建立一种习惯。这一范畴非常广泛，同时包括隐含的文化现象（例如态度）和可观察的文化现象（例如习惯）。

第五，结构性定义，强调文化的模式或组织。在强调总体或整体描述方面，这一观点与第一种定义（描述性定义）有关。然而，结构性定义也需要超出表面的特征，以揭示其内在结构。其核心观点是，文化不仅仅是风俗的清单或大杂烩，而是形成了一个相互关联的特征的整合模式。

第六，发生性（genetic）定义，强调文化的起源。克罗伯等人所使用的概念是 genetic definition，既有“发生的”意义，又有“遗传的”意义，但他强调的是文化的起源问题。在这一类定义下，文化有三个主要的起源：（1）文化起源于对某一群体习惯的适应；（2）文化起源于社会的相互作用；（3）文化起源于作为人类特征的创造性过程。

在克罗伯等人提出的定义中，文化由具体的、可观察的行为和人工产物，以及潜在的符号、价值观和意义这两者组成。组成文化的元素分为两组，分别叫做外显文化和内隐文化。外显文化是外在的，容易观察，而且比较具体，主要是一些日常习惯和风俗。不管是文化内的成员还是文化外的观察者都可以对文化进行观测。外显文化的特征说明，文化是“外在的”、具体的，具有客观的真实性，并在很大程度上是永存的。在很长一段时间内，这组特征是人类学注意的中心，这也影响了跨文化心理学家对这一概念的使用。内隐文化指的是据推断隐藏于这些基于外显文化的一贯模式的规律性背后的组织原则。内隐文化的特征说明，文化在很大程度上又是“内在的”。内隐文化的内容在 20 世纪 70 年代才开始受到重视。

近几十年来，“文化”这一概念的合法性遇到了强烈的质疑。尽管如此，跨文化心理学家依然相信，“文化”这一概念依然适用于描述人的群体的稳定、客观的生活方式。而且，群体的生活方式可以影响个体及其行为，并受个体及其行为的影响

(Berry et al，2002)。

贝里等（Berry et al，2002）指出，由于“文化”这一名词已经成为我们的日常词汇，因此需要注意这一概念在跨文化心理学中与日常使用的区别。第一，跨文化心理学中的文化并不限于“高尚文化”，即并不仅限于指文学艺术、经典音乐等，而是指人类生活的所有产品，从漫画书和流行音乐到博物馆以及在音乐厅和歌剧院演出的一般节目。第二，文化不是“文明”。所有人类群体都拥有文化，包括那些种族中心主义称作“文明”和“原始”的群体，这些群体的文化具有同等的价值。第三，文化不同于社会，尽管两个名词有密切的联系。社会是由人组成的，而文化是这些人所共有的生活方式。

2. 文化的特征

（1）文化是共有的。在跨文化心理学中强调文化的发生性定义，强调文化是对自然栖息地以及社会政治背景（前两个起源）的适应。生活在共同生态环境下的人群，在长期的生活中逐渐形成了一套共有的理想、价值和行为准则。正是由于这个共同准则，使个人的行为能为社会其他成员所理解，并且赋予他们的生活以意义。文化与社会是密切相关的，总是存在于一定的社会中，没有社会就不会有文化。

例如，在英国的维多利亚时代，社会文化崇尚道德修养和谦虚礼貌，形成了男女平等和种族平等的进步观念。在那个时代，中上层阶级对于饮食非常讲究，他们从遥远的国度进口各种异国情调的香料、调料，用于精心烹制的食品中。维多利亚时代有了历史上最早的烹调学校，名厨编写的烹调书籍风行英国。在这个时代，人们最早将具体烹调方法如调料用量等详细写入书中。这一时期，英国盛行下午茶，贵族们早餐丰富，午饭简单，晚饭很晚。据说，维多利亚女王的女侍从官——女公爵安娜每到下午就会觉得很饿，于是便让仆人拿些小茶点来吃，许多人纷纷效仿，下午茶渐渐成为一种例行仪式。在中国的满、蒙古、锡伯、鄂温克、鄂伦春等少数民族中，人们信奉萨满教，主要信仰万物有灵论、祖先崇拜和自然崇拜。萨满教的主要活动是跳神。萨满是神与人之间的中介者，他可以将人的祈求、愿望转达给神，也可以将神的意志传达给人。萨满企图以各种精神方式掌握超越生命形态的秘密和能力，获取这些秘密和神灵力量是萨满的一种生命实践内容。

在同一社会内部，文化也具有不一致性。例如，在任何社会中，男性的文化和女性的文化就有不同。此外，不同的年龄、职业、阶级等之间也存在着亚文化的差异。一般来说，青少年和成年人的文化存在较大差异，一个常见的例子就是对待娱乐的态度。例如在中国，很多老年人仍然热衷于传统戏曲，而青年人则醉心于流行文化，甚至对说唱音乐津津乐道。尽管年龄差异是自然的，但文化对人的生命周期赋予了独特的意义。例如，在北美、欧洲和中国，个人直到18 岁才被视为成人，而在一些偏远的社会中，例如印度农村，更年轻的人已经开始被认为是成年人。

（2）文化是习得的。所有文化都是习得的，而不是生物学遗传的。著名人类学家拉尔夫·林顿称之为人的“社会遗传”。人在自己所在的文化中成长，因而学会自己的文化，文化人类学把这一过程叫做“濡化”（enculturation），即社会借以从一代传给下一代以及个人借以成为其社会成员的过程。

文化环境对人的塑造作用是非常强大的。著名行为主义心理学家约翰·华生（Watson J，1878 - 1958）持极端的环境决定论，认为只要环境适当，可以把人塑造成任何身份。1925 年，他在《行为主义》一书中说出了一段非常有名的话（武德沃斯等，1965）：“给我一打身体发育良好的健康婴儿，将他们放在我自己的独特世界里长大，我担保他们中的任何一个都可成为我所选择的任何类型的专家——医生、律师、艺术家、商场巨贾，甚至乞丐和强盗，不管他的天赋、爱好倾向、能力、职业和祖辈的种族如何。”尽管后来的大量研究证明遗传对人的行为模式也有巨大的影响，但环境对人的塑造却也无可置疑。

尽管生理需要具有普遍性，但其满足方式是由文化决定的，每种文化决定这些需求如何得到满足。例如，初生的婴儿跟动物相似，他们总是在饥饿的时候啼哭，了解婴儿需要的父母会给婴儿进食。但在文化中长大的成人知道，人在饥饿的时候不能随时随地进食，而是要根据文化的要求，在适当的时间、适当的地点进食。同时，吃什么、怎么吃、跟谁一起吃等，也是习得的。人的饮食习惯和口味也是后天获得的，一个民族所厌恶的食物可能是另一个民族的佳肴。例如，奶酪不是中国人喜欢吃的食品，在欧洲却广受欢迎，有些奶酪还带有一种发臭的气味，中国人吃不下去，而欧洲人却视为珍品；有些人不吃鸡蛋和鸡，而另一些人不仅吃鸡蛋，而且喜欢吃臭蛋；大多数中国人嗜食猪肉，而穆斯林却把吃猪肉视作大逆不道；大部分人对于吃昆虫感到恶心，但澳大利亚的一些土著人却把一种毛虫当做美味，也有很多中国人喜欢吃蝗虫、蝉的幼虫等。

疼痛是人类正常的生理反应，所有神经正常的人在受到伤害时都会感到疼痛。然而，在疼痛时人们如何表现却因文化而异，这是因为在不同的文化中人们会习得不同的行为模式。调查发现，犹太人和意大利人自由地谈论和抱怨他们的疼痛，毫无顾忌地用呻吟、呜咽和哭叫表示他们的痛苦。而早期从英国或北欧迁居美国的所谓“老美国人”对于疼痛很少有情绪激动的抱怨，如果疼痛实在难以忍受，他们表示希望自己能单独待在一个地方，然后无所顾忌地呻吟。之所以出现这些差别，是因为不同社会的人们习得了不同的文化。

当然，并非所有习得的行为都属于文化。例如，著名心理学家斯金纳（Skinner B F，1904－1990）能够训练鸽子打乒乓球：两只鸽子在桌子上来回推一只乒乓球。这种行为虽然是习得的，却是反射性质的，是重复训练条件反射的结果，而不是习得的文化。

斯金纳能够训练鸽子打乒乓球

（3）文化以符号为基础。当我们见到基督教的十字架、岩石上的远古壁画或者文艺复兴时期的雕塑作品，我们自然而然会回想起这些符号、作品所代表的那个时代以及那个时代的文化。通过这些符号，古代的文化能够一代一代地传下来并将传递下去。在没有文字的时代，人们通过口头语言，或者通过绘画、雕塑等艺术手段将自己的经验、知识、信仰、观念等代代相传；在有文字的时代，人们通过各种著作、法规、典籍、文学艺术等将文化代代相传。正是由于符号的存在，文化的代代相传变得更加便利，文化的积累也更加容易。

3. 文化差异的维度

要深入了解文化与行为之间的复杂关系，必须首先了解不同文化之间在哪些维度、哪些层面上互不相同。显而易见，不同文化中的人们在吃、穿、住、行等方面有显著的差异，这些差异往往会导致人们的行为、心理的差别。但更重要的是，文化的一些更隐性的特征，对人类心理和行为的影响更加深远和复杂。

文化的变异可能表现在很多维度，但贝里（Berry，2009）在《跨文化培训指南》（第三版）中提出了文化变异的六个维度，这些维度对跨文化关系具有重要的影响。

表 1.1　跨文化关系中重要的文化差异维度

维度	简单描述
多样性	有多少不同的职位、角色和机构？文化内有其他的变异吗（比如地区性和民族上的）？
平等	这些差异是以水平的（主张人人平等的）还是垂直的（讲究等级制度的）社会结构来安排？
顺从	不同部分间的结构有多紧密？个人多大程度上顺从社会秩序？
财富	维持生活必须的平均财富水平是什么？（人均国内生产总值）
空间	人际关系中人们如何利用空间？眼神和身体接触是否频繁？
时间	人们是否关心准时和时间安排？他们一对一地交流还是同时进行很多互动？

这六个维度还可以更具体、全面地描述如下：

多样性（diversity）：有些文化在人们的行为和对自身的看法方面颇为相似。比如，在农耕或狩猎为主的社会中，基本上每个人都承担相同或相近的角色；而在工业社会，人们倾向于具体分工。多样性的另一面指大多数人是否都具有相同的地域或民族身份。比如，在日本和冰岛，人们在地域或民族身份方面差异不大，但在加拿大和美国这样的国家，人们在地域或民族身份方面的差异相当大。

平等（equality）：即使是内部多样性程度低的文化中，人们之间也会有差异，具体表现在酬劳和地位方面的平等或不平等。在一些社会中，社会存在严格的等级制度，而在另外的社会中却没有永久的权威和领导，人们之间的关系更为平等。

顺从（conformity）：在某些社会，人们的行为受到内群体规范体系或社会职责的强烈制约，人们相对地更加顺从。而在另一些社会中，人们的行为相对更加自由。

财富（wealth）：不同的文化在财富的差异方面最为明显，但也有其不太明显的方面，例如财富的分配是否平等。另外一些特征也会因财富的不同而变化，例如接触教育和信息的机会、健康以及个人价值。

空间（space）：即人们如何利用空间（住房、公共空间）以及他们在人际接触中如何为自己定位。有跨文化体验的人很容易认识到这一维度的重要性。

时间（time）：时间的意义和使用在文化变异中不太明显，但实证研究和个人的体验都证明，在不同文化中人们对时间的看法以及是否应该遵守时间等方面差异很大。

4. 人类行为的社会文化特征

人类生活在特定的文化中，其行为必然受制于文化，受社会文化的塑造，带有文化的烙印。人类行为的社会文化特征表现为，人的行为与其他人的行为及其行为结果有极为密切的联系，其他人的行为及其行为产物作为社会刺激是文化的基本组成部分。这些行为产物可能是物质的、观念的和制度的，它们无处不在，构成了我们生存环境的重要部分。

在维多利亚时代，人们的服饰、行为有鲜明的特征

尽管不同国家、种族、民族或群体的社会文化背景差别极大，但社会文化背景对人类行为控制的方式和机制却有共同之处，表现在（万明钢，1996）：

（1）地位与角色。地位是个体在一个社会空间里的职责，比如在血缘关系中可以是女儿、母亲、姐姐等，在职业空间中可以是经理、老板、教师等，在政治空间里可以是公民、党员、候选人等。角色指的是一个人在给定情境或小组中发挥作用时，人们期待他做出的一套由社会界定的行为模式。

（2）规范与社会控制。规范是指某社会或文化群体中，人们用作评判行为或价值观念的标准。社会控制是指社会规范的实施，是社会或群体对其成员行为的约束，约束方式可能是成文的，也可能是不成文的。最有效的社会控制是社会成员对控制规范的认同，公认控制的目的是为了大众的利益。

（3）社会结构。社会结构是指一个社会中各种社会力量之间所形成的相对稳定的关系及其形式。社会的基本结构是社会的经济基础和上层建筑，主要包括经济结构、政治结构、文化结构等。个体生活在一定的社会结构中，处在不同的社会地位、家庭关系或者种姓制度中，他们的行为必然受到特定的社会结构的控制。

人类一方面受到社会和文化的控制，另一方面，也在适应社会文化的过程中积极地创造着文化。跨文化心理学认为，文化既是过去人类行为的结果，也是未来人类行为的塑造者。人类创造了社会文化环境，社会文化环境又引起人类生活方式超越时间的持续和变化，超越空间的一致性和多样性。要想了解人类行为，并预测人类行为，有意识地改变人类行为，必须建立文化与行为关系的知识网络。

二、主流心理学的文化局限

主流心理学在历史发展的过程中，强调的是利用自然科学的方法，获得普遍适用的心理学知识。然而，主流心理学所赖以生长的土壤却是西方社会的文化背景，心理学家在使用有关的理论和概念时，并未深入思考这些心理学知识是否真的适用于所有的文化。因此，把主流心理学运用于非主流的文化时，注定存在一定的文化局限性。加拿大跨文化心理学家贝里把主流心理学称作

WASP（WASP 是 western academic scientific psychology 首字母的组合，同时 WASP 还指祖先是盎格鲁·撒克逊人的白种新教徒，他们在西方社会占据着优势地位)，即以西方文化为背景、运用自然科学范式、由学院派研究者进行研究而形成的心理学，尤其是在美国产生和发展起来的心理学。

1. 心理学知识生产的不平等

目前从全球范围来看，心理学知识主要是在西方发达国家特别是美国产生的。从心理学家、心理学期刊的分布来看，非英语国家的心理学还相当落后、弱小。根据美国心理学会“Psyc INFO”文献数据库的统计，全世界高质量的纯心理学杂志或有关心理学的杂志约有 1500 种，其中大约只有 17% 是非英语的杂志。每年在非英语的心理学杂志上发表的文章中，德语文章占 Psyc INFO 数据库的 1.54%，法语占 1.26%，西班牙语占 1.20%，汉语占 0.37%，日语占 0.75%（Pawlik，2002)。

根据国际心理学联合会 1991 年的调查，在除东欧外的 11 个发达国家中，每 100 万人口中心理学家数量为 550 个；在除中国以外的发展中国家中，每 100 万人口中心理学家数量为 191 个；而在中国，每 100 万人口中心理学家的数量仅为 2.4 个。从事心理学研究的心理学家分布更不均衡，在 15 个发达国家中，每 100 万人口中有 23 个心理学研究人员，而在 15 个发展中国家，每 100 万人口中有 4.2 个心理学研究人员（Pawlik，2002)。

根据叶浩生（2003）的分析，世界上的心理学依据发展水平可分为“三个世界”：第一世界是美国心理学；第二世界是除美国之外的其他发达国家的心理学，如英、法、德和加拿大等国的心理学以及俄国心理学；第三世界是其他发展中国家的心理学。就影响力和心理学知识的流向来说，美国心理学处在金字塔的顶端，它所产生的心理学的知识源源不断地流向第二世界和第三世界的心理学，对这两个世界的心理学产生强有力的影响；第二世界的心理学在金字塔的中部，它受第一世界的影响也影响第三世界的心理学；第三世界的心理学则处于金字塔的底部，它所生产的心理学知识对第一和第二世界国家的心理学基本没有影响，而第一和第二心理学知识却影响和支配着它的内容和形式，左右着它的发展。

2. 西方白人社会的意识形态

现代主流心理学发端于19世纪末的德国，其理论体系、框架结构与研究对象来自西方哲学中的唯理论和经验论，其研究方法、操作工具与事实材料则来自自然科学，尤其是来自物理学和生理学。因此，它总是带有强烈的西方文化色彩。有心理学史研究者指出（加德纳·墨菲，1980）：“西方心理学的大多数问题只有在西方历史——西方的地理的、经济的、军事的和科学的背景——的范围内才是有意义的问题。”

尤其是在与社会文化联系较为密切的社会心理学各领域，一直充斥着美国白人社会占统治地位的三个核心文化价值或意识形态主题：个人主义、理性主义和自由主义，而社会心理学的研究反过来又强化了这些核心文化价值。

3. 种族中心主义

种族中心主义指各个国家、各个民族经常都会有一种倾向，即易于将自己的生活方式、信仰、价值观、行为规范看成是最好的、优于其他国家和民族的。种族中心主义将本民族的文化模式当做中心和标准，以此衡量和评价其他文化，并经常敌视和怀疑自己所不熟悉的文化模式。种族中心主义在西方的代表是白人至上主义、日耳曼至上主义还有犹太人优越论，在近代东方的代表为日本的大和民族至上主义和中国古代的华夷之辨、大华夏主义。这一术语最早由萨姆纳在《社会习俗》一书中提出，他用这个概念表达两层意思：（1）人们观察他们自己的团体的一种倾向，并以此为标准评价所有其他团体；（2）认为自己团体比其他团体优越的倾向。现在所说的种族中心主义，主要指的是第二层意义。

早在古希腊，人们就把不会讲希腊语的群体称作野蛮人。在近代历史上，由于欧美率先实现现代化，更认为白种人最高贵。1853 年德戈比尼奥的《人类的种族不平等》一书证明了这种等级制观念确实存在。在德戈比尼奥时代，等级制极其简单。在他看来，种族的智力有一个简洁的排列顺序，处于底层的是黑种人，处于中间的是黄种人，处于最上层的是白种人。由于白人主导的欧美国家在近现代社会中的主流地位，来自西方的思想、科学、技术等在世界各地畅行无阻，成为实际上的标准。心理学中以西方社会产生的心理学作为心理学的唯一标准，实际上是一种种族中心主义，必将对心理学的发展产生阻碍作用。

由于主流心理学具有上述文化局限，其理论知识的适用性则值得怀疑。而新近的跨文化研究取向，则有望克服这些文化局限，从而建立起更具普适性的心理学。

三、心理学的跨文化取向

1. 什么是跨文化心理学

不同的研究者所采用的跨文化心理学的定义总是有很大差别，前国家跨文化心理学协会主席贝里在《跨文化心理学——理论与应用》（2002）中提出的定义代表了大多数研究者的立场和取向：跨文化心理学是对不同文化和种族群体中的个体心理机能的相似性和差异性的研究，是对心理学变量和社会—文化、生态学和生物学变量之间的关系的研究，是对这些变量正在发生的变化的研究。

在世界范围内，由于生态环境不同、谋生方式不同，人们的心理与行为表现出复杂的多样性。因此，心理学的跨文化研究首先要考虑到文化背景影响行为的方式，进而对人类行为差异进行科学研究。不同研究者对这一研究领域进行了不同的界定，贝里等（Berry et al，2002）列举了几个有关的界定：

（1）心理学的跨文化研究是为了确定间接导致行为差异的前因和过程，而对不同文化条件下的心理学变量进行的直接、系统的比较。这一定义强调的是不同文化条件与心理现象之间的因果关系。

（2）跨文化心理学是对各种文化群体的成员进行的经验研究。这些群体成员具有不同的经验，因此其行为具有可预测的、巨大的差异。在绝大多数这样的研究中，被研究的群体操不同的语言并由不同的政治组织所统治。这一定义强调的是不同文化中人们所具有的不同经验，可能是导致行为多样性的原因。

（3）文化心理学首先是对文化和精神使每个人成为其人的方式的比较研究。

（4）文化心理学（是）对文化在人类心理生活中的作用的研究。

以上的定义从不同方面强调了心理学的跨文化研究的不同侧面。

与跨文化心理学有关的还有“跨民族的”心理学研究。虽然跨民族比较与跨文化心理学中的比较可能是相同的，但“跨民族的”比较常常对在文化上紧密联系的两个国家的人（例如苏格兰人—爱尔兰人，或者法国人—西班牙人）进行比较。很多国家境内就有很多少数民族或文化群体，他们也有不同的文化，他们的心理、行为与文化之间的关系也越来越受重视。例如，中国有五十六个民族，很多少数民族还保存着本民族的独特文化。另外在中国，根据地域可以分为不同的文化圈，如齐鲁文化、秦文化、楚文化、吴越文化、中原文化、燕赵文化、关东文化、蒙古草原文化等，不同文化圈内人们的行为和心理也有区别（蒋宝德，1997）。这些文化群体内的行为还在继续表现他们的文化特点，在与其他文化相互作用的过程中还保存着自身的特点。这些民族或文化圈之间文化的异同及其对心理、行为的影响，也是心理学的跨民族比较或跨文化比较的重要课题。

2. 跨文化心理学的研究目标

主流心理学的目标是探索人类心理和行为的基本规律，揭示影响心理与行为的各种因素。而进行跨文化心理学研究，其实是对主流心理学的补充，其研究目标的基本精神与主流心理学是一致的，但由于跨文化心理学所关注的是不同文化中心理现象的异同，因此其研究目标有一定的特殊性。

实际上，在上述对该研究领域的界定中，都在一定程度上揭示了跨文化心理学的目标。贝里等（Berry et al，2002）认为，跨文化心理学的研究目标可以分为三个层次。

第一个目标是在不同的文化中检验现存心理学知识和理论的普遍性。这一目标最初由人类学家提出，后来跨文化心理学家认可并重申了这一目标。他们都认为，现存的心理学知识和理论虽然能在一定程度上揭示人们心理和行为的规律，但要想把这些理论应用于所有的文化，却存在很大风险。因此，要在不同的文化中验证这些知识和理论。实际上，跨文化心理学家一直以来做的工作主要是为了实现这一目标。例如，过去一般认为青春期是一个充满“风暴与压力”的特殊阶段，那么是不是所有文化中的青少年到了这一年龄阶段都会充满“风暴与压力”呢？人类学家玛格丽特·米德对此进行了研究，提出了不同的看法。另外，有研究发现，青春期的女孩对自己的身体形象的评价日渐消极，即使是身材匀称的女孩也会通过装作无精打采、穿着松松垮垮的衣服来弥补自己所谓的生理缺陷，那么是不是所有文化中的青春期女孩都会对消极地评价自己的身体形象呢？如果是这样，她们又会以相同还是不同的方式来掩饰呢？为了实现这样的目标，我们需要把成熟的理论运用于多种文化，考察这一理论是否具有跨文化的一致性。当然，在实现这一目标的过程中，不太容易发现主流文化以外的重要的心理现象。

视窗

玛格丽特·米德

在心理学界，人们对“青春期风暴”并不陌生。然而“青春期风暴”是真实存在还是臆想，人们一直存有疑惑。著名的美国女人类学家玛格丽特·米德（Margaret Mead，1901－1978）在跟著名的人类学家博厄斯教授研读人类学博士学位五年以后，决定前往南太平洋上的萨摩亚群岛（Samoa）从事田野研究，试图揭示萨摩亚青春期少年的发展规律。她的这一决定最终使人们对“青春期风暴”这一一般看法产生了巨大的改变。

玛格丽特·米德

米德在萨摩亚群岛生活了大约 9 个月，后来于 1928 年出版了《萨摩亚人的成年》一书。书中描述，对萨摩亚的少女而言，青春期并不是一段困难动荡的时期，在心理上也没有出现危机和突变。米德认为，造成这些少女能轻松度过青春期的主要原因在于：首先是整个萨摩亚社会洋溢着的一种普遍的随和性。萨摩亚人对周围的事情都缺乏深刻的感受，也不会将全部感情或者情绪完全投入进去。婴儿养育是采取漫不经心的方式；子女若与父母不和睦，可以随意离家出走；萨摩亚人对任何事情、任何人从不抱有过高期望，对待人生采取随遇而安的态度。所以，在一个没有强烈情感撞击的地方，青春期的姑娘是不会受到任何过于强烈的心理折磨的。对宗教信仰、道德标准、群体归属、婚姻对象以及职业选择等，萨摩亚不像西方提供多种选择，有时还有矛盾，他们只提供单一的选择，同时也没有选择的社会压力。比如，儿童们不会正在上学时，就考虑今后应该从事何种职业；进入青春期的姑娘也不会忙着选择结婚对象，不用遭受现代社会称为“老姑娘”的压力。当然，萨摩亚人对性的态度以及对孩子进行生死知识的教育方式也不同。对萨摩亚的孩子来说，性交、怀孕、出生、死亡，这一切都是司空见惯的。男女孩子之间的性游戏、婚前的性尝试都未被加以限制，这种自由放任使她们对两性之间的事情能够比较成熟地对待。

当然，由于米德自己是女性，未能亲身参与萨摩亚人只准男性参加讨论政治、宗教、经济的聚会，使她对整体社会的运作体系的了解有了很大限制，而且后来人们发现米德报告的结果有不少臆测和造假的成分。但是，她的报告却影响着心理学家试着考察其他文化，以了解心理发展规律的普遍性。

第二个目标是探究其他文化，以发现主流文化中并不存在的心理现象。在为了追求第一个目标所进行的研究中，可能会出现与过去不一致的结果，此时应从文化背景的角度考察结果不一致的原因。更重要的是，应该主动对新的文化下的一些行为产生兴趣，并从该文化背景中理解这些行为。例如，源于古印度的瑜伽，现在已经演变为一系列修身养性的方法，包括调身的体位法、调息的呼吸法、调心的冥想法等。那么，修习瑜伽对人的身体、心理、行为、精神状态会产生什么影响？为什么会产生这种影响？如何产生的影响？印度当地人如何看待瑜伽？他们为什么修习瑜伽？要回答这些问题，没有现成的理论，从主流文化的角度也无法得到科学的结论。中国的气功也是西方主流文化所没有的现象。练习气功如何对人产生影响？它与主流心理学所揭示的意识状态是什么关系？从主流心理学的角度也无法给出确定的答案。因此，非主流文化中的文化和心理现象，应该从当地文化的角度来考察，从而揭示一些特别的心理与行为现象。

流行于全世界的瑜伽练习

第三个目标是，把前两个目标所得到的结果整合起来，汇集并整合进一个具有更广阔基础的心理学中，产生一个在更广泛的文化中都有效的接近普适性的心理学。这一目标与主流心理学所追求的目标是一致的，与科学研究所追求的最终目标也是一致的。当然，目前的研究状况距离这一目标还相当遥远。树立这一目标是因为，研究者相信全人类的心理过程是可以了解的，不管是主流心理学的知识和理论，还是非主流文化中的心理现象，都应该用统一的心理学理论去解释。实际上，与心理学有关的学科中存在这样的普适性。例如在生物学中，各种动物都有共同的基本需要（例如吃、喝、睡）；在社会学中，存在普遍性的关系类型（如支配、服从）；语言学中也有一些语言的普遍特征（如语法规则）；在人类学中，存在普遍的习俗和制度（例如制造工具以及家庭）。因此，心理学也应努力发现人类行为的普遍特征，尽管这些普遍特征的形成、表现的方式在不同的文化中会有很大差异。实际上，进行心理学的跨文化研究，所要揭示的正是这些普遍特征为什么在不同的文化中存在差异。

在进行心理学的跨文化研究时，不同的理论家持不同的理论倾向，分别是绝对主义、相对主义和普适主义。绝对主义的观点认为，心理现象从性质上说在所有的文化中大体上是相同的，文化不会对心理现象产生影响。例如，绝对主义认为美国的“诚实”跟中国的“诚实”是一样的，日本的“顿悟”跟印度的“顿悟”也是一样的。

相对主义认为，所有的人类行为都是由文化塑造的，都受文化的影响。因此，要避免“种族中心主义”，必须用本地的语言理解本地人，而不能用其他文化的语言去理解。要评价一种现象，也要根据文化群体所赋予这一现象的价值和意义。因此，由于各文化之间没有共同的语言，根本不能对不同文化间的差异进行比较。例如，相对主义认为“青春期”在中国和日本具有完全不同的意义，在二者之间进行比较没有任何意义，或者比较本身就犯了种族中心主义的错误。

普适主义观点认为，所有文化中的成员都具有相同的基本心理过程，而文化使这些心理过程的表现形式出现多样性。要使用某一文化中开发的量表评价另一文化中的心理特征，必须对该量表进行修订，使之适合于该文化。要对两种文化中的心理特征进行比较，则要持谨慎的态度，所采用的方法一定要适当，对相似性和差异性的解释要考虑到特定的文化意义。

3. 跨文化研究的概念框架

进行心理与行为的跨文化研究，需要把纷繁复杂的数据和知识点整合起来，形成一个概念的框架。这样，当遇到新的知识和数据时，就可以把这些知识和数据放入概念框架中，从而可以在更高层次的意义上理解这些知识和数据。

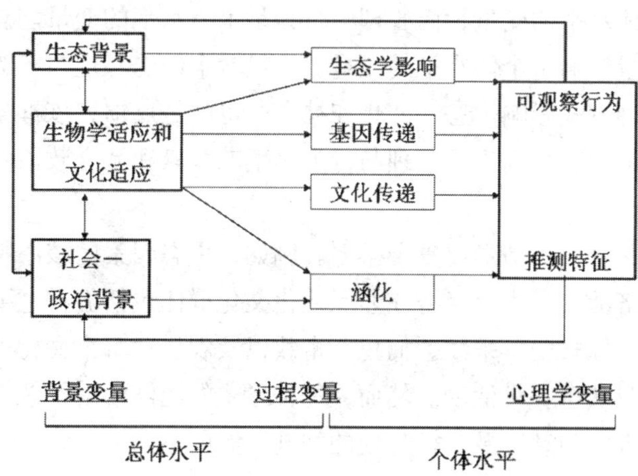

图 1.1　贝里等（2002）提出的生态文化框架
（来自贝里等《跨文化心理与教育——理论与应用》）

使用贝里等（Berry et al，2002）提出的生态文化框架能较好地理解和解释各种知识和数据。该框架的核心是生态—文化—行为之间的关系。在该框架中，生态因素包括气候、水源、地形等自然因素，这些因素与社会中的食物生产系统有密切的关系，对社会系统的运行会产生深刻的影响。生态因素既可能直接影响人的心理与行为，同时它也通过人的生物学适应和文化适应而影响社会政治背景。社会政治背景既可能直接受到生态因素的影响，也可能通过生物学适应和文化适应而受生态因素的影响。社会政治背景既可能影响人的生物学适应和文化适应，又会通过涵化方式影响人的行为。在生态、文化与人的心理和行为之间，还有基因传递、文化传递、涵化等过程变量。正是通过这些过程，背景变量才得以影响人的心理与行为。

该框架还区分了总体水平和个体水平。生态、文化、社会背景是总体水平的变量，而心理与行为是个体水平的变量。总体水平的变量影响了个体水平的变量。当然，个体的心理与行为也会通过某种方式影响生态、文化和社会，也就是反馈，该框架出于简化的考虑，只列出了心理与行为对生态背景和社会政治背景的反馈。

当然，实际情形要复杂得多。例如，生态因素的核心特征是生存经济活动。生存经济在非工业化文化群体包括五种主要的经济活动，即打猎、采集、捕鱼、畜牧以及农耕，每个文化群体一般不会只从事一种活动。然而，每种形式的经济活动都意味着一种当地人群与动物及其栖息地的物理资源的不同关系。

通过这样的框架，可以很好地理解心理特征在群体内以及不同群体间的分布。如果能够确定框架内所涉及的各种因素，就可以揭示人们行为相似性和差异性的原因。以下各章所涉及的各种心理、行为的跨文化研究，主要是在这一概念框架中进行分析的。

第二节 西方心理学的文化特征

德国著名心理学家赫尔曼·艾宾浩斯（Ebbinghaus H，1850－1909）曾说过："心理学虽有一长期的过去，但仅有一短期的历史。"一百年过去了，这段话仍然适用于描述心理学历史发展的特征。

1879年，德国的冯特（Wundt W，1832－1920）在莱比锡大学建立了第一个心理学实验室，标志着心理学脱离了哲学的怀抱，成为一门独立的学科。从那以后，心理学经过一百多年的发展，已经成为一门有自己独特的研究领域、明确的概念和研究方法的学科。更重要的是，心理学在国际科学界获得了自己的科学地位。国际心理科学联合会（International Union of Physiological Sciences，IUPS）已与国际生物科学联合会、国际天文学联合会等科学联合会并列，成为国际科学理事会（The International Council for Science，ICSU）的学科成员之一。

然而，心理学无论是理论方向，还是实证数据的获得途径，都是某个特定地区，特别是西方的产物，都带有欧美文化的烙印。本节讨论在西方心理学发展的过程中，心理学的理论与流派的产生、发展如何受到历史、文化因素的影响。

一、心理科学的起源

西方现代心理学在 19 世纪后期成为一门独立的科学，其诞生和发展有两个重要的历史起源。

1. 心理学的哲学起源

一切科学，包括心理学，最初都是哲学的组成部分。随着时间的推移，一些具体的科学逐渐从哲学中分化出来，成为独立的学科。数学、物理学、化学、生物学等学科都陆续演变为纯自然科学。心理学在 19 世纪之前，还是哲学的组成部分，心理学的历史，也是哲学的历史，特别是有关心灵、认识论、伦理学等哲学领域的历史。

古代的研究者很早就对人类的天性提出疑问：人们如何感知和认识世界？意识的本质到底是什么？疯癫是怎么回事？古希腊的哲学家苏格拉底、柏拉图、亚里士多德等对这些问题给出了一些回答。

在哲学漫长的历史发展中，最初源于古希腊的唯理论和经验论两种传统，长期影响着哲学的发展，并最终影响了心理学的形成和发展。

唯理论（rationalism）的著名代表是17世纪法国著名的哲学家、科学家让内·笛卡儿（Descartes R，1596－1650）。笛卡儿只相信理性的真实性，认为只有理性才是真理的唯一尺度。另外，他还提出了“天赋观念”说，认为人的某些观念不是由经验产生，而是人的先天组织所赋予的。尽管笛卡儿主张唯理论，但他还提出了心身交感论：身能影响心，心也能影响身。他认为身体能够被视为一种机械系统而采用理性的、科学的方法进行研究。科学方法从纯物理系统的研究扩展到了有机体的研究。多年以后，这种思想得到普及，甚至人脑也成为一种为发现心理规律而有目的地去研究的东西。

经验论（empiricism）主张感性经验是知识的唯一源泉，一切知识均来源于经验。这一理论的鼻祖是弗朗西斯·培根（Bacon F，1561－1626），认为科学必须追求自然界事物的原因和规律，要达到这个目的，就必须以感官经验为依据。经验论的杰出代表是英国著名哲学家约翰·洛克（Locke J，1632－1704），他提出了“白板说”，认为人的心灵好比一块白板，人的一切观念都来自经验，根本就没有什么天赋原则。他认为观念有两个来源：一类来自感觉，其源泉是客观的物质世界；另一类来自反省，他是对自己内部活动的观察。

哲学上的唯理论和经验论之间的斗争一直持续到现代，表现在西方现代心理学理论流派的争论中，并成为心理学发展的动力之一。

2. 心理学的科学起源

著名心理学史家黎黑（1998）曾指出，心理学的主题、概念都来自哲学，而作为一门科学的心理学，其灵感却来自生理学。心理学的科学起源，最早可追溯到古希腊的医学。

希波克拉底（约公元前460—前370）被尊为西方医学之父。他认为，人体内有四种液体，分别是黏液、黄胆汁、黑胆汁和血液。四种液体在复合上、力量上、体积上失去了适当比例，人就会感到痛苦。而且，如果脑失去了黏液，还会得羊角风。盖伦（130—200）继承了希波克拉底的四体液说，认为，人的灵魂与这些体液结合，就形成了不同的气质类型，即黏液质、胆汁质、抑郁质和多血质。尽管盖伦的气质学说缺乏生理科学依据，但却比较准确地划分和描述了人的气质类型，启发了后人对人的气质的生理基础进行深入的研究。

1823 年，德国天文学家贝塞尔受到格林尼治天文台 1796 年发生的一桩公案的影响，提出了“人差方程式”，这刺激了人们对反应时研究的兴趣。19 世纪 30 年代，生理学成为实验学科。在这样的背景下，出现了大量研究成果，其中一些推动了心理学的科学化。1811 年，英国人贝尔（Bell C，1774－1842）和法国人马戎弟（Magendie F，1783－1885）首次发现了脊髓运动神经和感觉神经的区别。1850 年，德国著名科学家赫尔姆霍茨（Helmholtz H. V.，1821－1894）用反应时方法测量了青蛙和人的神经传导速度。1861 年，法国医生布洛卡（Broca P.，1824－1880）从尸体解剖中发现，表达性失语症与左侧额叶部分的病变有关，从而确定了语言运动区（后来叫做布洛卡区）的位置。这些研究为心理学的科学化奠定了基础。

不管是哲学上的唯理论和经验论，还是近现代人们对生命、精神现象的看法，都是典型的西方文化的产物，都不能脱离西方文化。与西方的看法不同，在古代中国、古代印度以及古代非洲，都存在人们看待客观现实、看待生命和精神现象的其他方式。

二、心理学早期流派的文化特征

自心理学从1879年开始成为一门独立的学科以后，冯特率先利用内省方法对意识进行了系统的实验研究。随着心理科学的传播，心理学与不同地区的文化、不同的历史时代以及各个历史时代的时代精神相结合，产生了种种心理学流派。在心理学独立之初，各种心理学流派存在着尖锐的分歧。在心理学早期流派纷争的年代，心理学的理论深刻地反映了当时社会文化的影响。

1. 构造主义心理学的文化特征

著名心理学史家黎黑（1998）认为，心理学之所以产生于19世纪后期的德国，与德国的文化不无关系。像冯特这样的德国知识分子受过颇有个性的古典教育。他们认为英国人都是商人，信奉自私自利的功利主义、唯物主义、实证主义和实用主义，而德国人则是英雄，其理想是“牺牲、忠诚、坦率、尊重、勇敢、虔诚、宽容和顺从”，他们与英国人追求个人舒适不同，他们看重牺牲和贡献。德国的思想家是理性主义者，他们反对联想主义，寻求综合，公开宣称反对实用。因此，作为构造主义心理学的代表的冯特，其理论也有这样的传统，反对联想主义，抵制原子主义和还原论，赞成心理综合和意识分析。因此冯特拒绝研究个体差异，而热衷于对人类心理进行近乎柏拉图式的探究。尽管构造主义的另一代表，冯特的著名学生铁钦纳（Titchener E. B.，1867－1927）的学术活动主要是在美国进行，但作为冯特的学生，深受德国的文化和冯特本人的影响，其研究也有很深的德国文化烙印。

冯特及其学派深受德国文化的影响

与这种文化相适应，冯特把实验法和传统哲学心理学的内省法结合起来，对经验或意识的元素进行分析，并探讨心理复合的规律，从而成为构造主义（structuralism）的奠基者。铁钦纳把冯特的心理学带到了美国的康奈尔大学，并正式举起构造主义的大旗。铁钦纳用更严格的内省法对意识经验的结构进行分析，并极力反对心理学研究的应用。

由于构造主义不注重实用，因此注定会被人们所抛弃。现在的年轻心理学家已经很少谈论冯特及其心理学了。

2. 格式塔心理学的文化特征

构造主义心理学强烈反对心理学的应用，受到了广泛的批评。在此过程中，德国的另一个心理学流派——格式塔心理学在批判构造主义的过程中兴起了。格式塔心理学研究的问题和方法也是德国式的，深深植根于德国的文化。其区别于构造主义之处，在于受到了胡塞尔现象学的影响。现象学主张用自然观察去研究纯粹的意识，其方法要求观察者摆脱一切预先的假设，凭直觉发现本质。

受德国文化传统及胡塞尔现象学的影响，格式塔心理学的主要代表惠特海默（Wertheimer M，1880－1943）、苛勒（Köhler W，1887－1967）和考夫卡（Koffka K，1886－1941）主张采用直观的方法研究直接经验，这种经验不带任何前提，既不分析为元素，又不进行人为的抽象，是不偏不倚的、毫无拘束的中立经验。“格式塔”（Gestalt）没有对应的英文单词，其德文原意是“整体”，反对意识的元素分析，认为整体不能还原为各个部分、各种元素的总和；部分相加不等于总体；整体先于部分而存在，并且制约着部分的性质和意义。

惠特海默、苛勒和考夫卡是格式塔心理学的代表

格式塔心理学在知觉、学习、思维等领域进行了大量实验研究，在研究内容和研究方法方面对后来的认知心理学具有一定的启示。也许是因为格式塔心理学所带有的浓厚德国传统在后来的心理学研究中心——美国不受欢迎，格式塔心理学从未成为心理学的主流。

3．精神分析理论的文化特征

与其他心理学流派产生于大学的心理学研究机构不同，奥地利医生弗洛伊德（Freud S.，1856－1939）在治疗神经症的临床实践中创立了精神分析（psychoanalysis）理论。

精神分析之所以产生于19世纪后期的奥地利，与当时的社会文化背景密切相关。当时，弗洛伊德及其同时代的医生面临的问题是社会文化所带来的性压抑问题。随着社会经济的发展，人们经历了从大家庭到小家庭的人口转变过程。在农村社会中，孩子是经济的来源，他们参与劳动，并在父母年老之后承担他们的主要支出。但在工业和上层社会中，孩子加入工作之前，昂贵的养育费用和教育费用耗费了父母的收入，孩子逐渐失去了吸引力。而当时，人们强烈地感受到由于缺乏现代避孕措施而带来的控制生育问题。他们用恐惧和嫉妒的眼光看待下层社会，因为下层社会享有性自由，而且孩子是家庭的资源。而上层社会仍充满维多利亚时代的文化色彩，人们拒不接受他们的天性中包含动物性的观点，文化和宗教强烈反对快乐，尤其是性的快乐。上层社会的男女关系极端保守，包括弗洛伊德在内的人们长期处于性压抑的状况中。许多妇女无法适当地表露与满足性方面的欲望，从而产生歇斯底里（hysteria）的症状。其实在弗洛伊德的研究中，也有很多涉及男性的歇斯底里症。而精神分析的理论和疗法是针对当时的社会背景与精神病理而产生的。

弗洛伊德认为，人类的一切个体的和社会的行为，都根源于存在于潜意识中的欲望或动机，特别是性冲动。这些动机以无意识的形式支配人的行为。动机的冲突是导致精神疾病的重要原因。在精神分析的治疗中，通过释梦或自由联想等手段，可以发现病人潜意识中的动机冲突，从而达到治疗精神疾病的目的。

颇有魅力的弗洛伊德在41岁时就声称："性兴奋对我这种人而言已毫无益处。"

另外，精神分析的理论和治疗方法与犹太民族的背景及文化习惯颇具契合性。精神分析疗法不但由身为犹太人的弗洛伊德创始，施行这一疗法的精神科医师也多半是犹太人，而且接受精神分析治疗的病人也常是犹太人。犹太人素来喜欢内省，习惯与宗教人士或有智慧的人谈论与自己心灵有关的话题，并认为这是有益的事。对犹太人来说，接受精神分析，去检讨自己的心理，是习以为常的行为。

4. 机能主义与行为主义的文化特征

构造主义极力反对心理学应用的做法与美国的文化极不相容，从而在美国受到了更强烈的反对，并伴随着出现了机能主义（functionalism）心理学。机能主义以及后来的行为主义（behaviorism）心理学一脉相承，深刻地反映了美国这个位于新大陆的强大国家的文化和历史的影响。19世纪后半期，美国完成了工业革命，整个社会处于一种大变革的历史时期。城市化运动的兴起、工业生产的需要、政治生活中的进步主义运动，都需要实用的心理学理论来服务。美国的实用主义哲学就是强调行为、实践、生活的哲学，把确定的信念当做出发点，把采取行为当做主要手段，把获得效果当做最高目的，深刻地影响了心理学在美国的发展。

美国著名心理学家威廉·詹姆斯（James W.，1842－1910），在他以文笔优美而为人称道的著作《心理学原理》（*The Principles of Psychology*）中，反对分析意识的元素、内容和结构，而是认为，意识不是一些割裂的片段，而是一种整体的经验，一种川流不息的状态，所以叫做意识流。他认为，意识的功能是使个体达到适应的状态，因而成为机能主义的先驱。机能主义的主要代表是美国哲学家杜威（Dewey J.，1859－1952）和安吉尔（Angell J.，1869－1949），他们都强调心理在人类适应行为中的作用，并推动了美国心理学在实际生活中的应用。然而，机能主义心理学没有严密的组织，也没有对心理学的特定的设计，它的立场从未系统化，因此仅仅被笼统地接受。

詹姆斯、杜威、华生等是美国文化影响下的心理学的代表

由于机能主义对构造主义的反对并不彻底，引起了年青一代心理学家的不满。1913 年，雄心勃勃的年轻动物心理学家华生发表了《行为主义者心目中的心理学》，标志着行为主义心理学的诞生。华生严厉抨击了构造主义心理学对意识和心理内容的研究，认为没必要研究意识、无意象思维、统觉等含混不清的概念，而应该用严格的实验方法研究可见的行为，在刺激和反应之间建立联系。华生的宣言极具影响力，使行为主义迅速成为西方心理学的第一势力，并统治心理学达半个世纪之久。行为主义试图把心理学建设成一门自然科学，对心理学的发展具有巨大的推动作用。但是，行为主义的主张过分极端，不研究心理的内部结构和过程，所以到了 20 世纪 50 年代，便不得不进行转向了。

心理学独立之初的流派纷争，说明了心理学作为一门学科的繁荣。同时，心理学之所以产生如此风格迥异的理论流派，之所以在研究对象、研究领域和研究方法等方面存在如此巨大的分歧，与各个流派所产生的社会文化背景有很大关系。

三、社会文化影响下的心理学晚近取向

第二次世界大战是心理学发展的关键时期。在这一时期，心理学家受雇于不同的职业中，例如研究公众意见和宣传、根据战争需求训练动物、为复杂飞行器设计驾驶员座舱、为人员选拔设计测验、处理战争疲劳和消沉等。

第二次世界大战以后，受新的社会文化背景和科学技术进步的影响，心理学得到迅速发展，传统的行为主义、精神分析两大势力受到猛烈的攻击，新的心理学思潮开始以潮流、发展方向的方式影响心理学各个研究领域。

1. 强势学派的没落和转向

20世纪50年代以后，随着计算机技术的发展，信息论、系统论、控制论等理论的提出，以及语言学的发展，人们开始重新关注以往刻意避免或没有能力研究的内部心理过程。在这样的历史背景下，作为西方心理学第一势力的行为主义尽管影响依然存在，但已开始逐渐丧失发展的强劲势头。较有影响的新行为主义者是斯金纳，他将行为主义的学习理论应用于正规的学习情境，提出了程序学习系统，并进一步催生了计算机辅助教学。新一代的行为主义心理学家的代表班杜拉是（Bandura A.，1925－），他的社会学习理论也产生了较广泛的影响。另外，行为主义理论在行为治疗领域至今还有广泛应用。

精神分析理论发展到20世纪30年代以后，研究者把精神分析理论应用于动机和人格的研究，并更加强调社会文化因素对人的影响。霍妮（Horney K. D.，1885－1952）、沙利文（Sullivan H. S.，1892－1949）、卡丁纳（Kardiner A.，1891－1981）、弗洛姆（Fromm E.，1900－1980）等形成了一个精神分析的社会文化学派。

2. 人本主义心理学的兴起

20世纪50年代末60年代初，美国社会酝酿着种种矛盾和危机，社会生活的异化导致青少年价值观的危机，学校教育方式面临严峻的挑战。在这样的社会历史背景下，人本主义心理学（humanistic psychology）以马斯洛（Maslow A. H.，1908－1970）、罗杰斯（Rogers C. R.，1902－1987）等为代表，在反对行为主义机械的环境决定论和精神分析潜意识的性本能决定论的过程中，以心理学第三势力的名义登上了当代西方心理学的历史舞台。人本主义强调人的本质是好的，并不受外界环境和自我欲望的驱使，而是有自由意志，有自我实现的需要。

尽管人本主义是当代西方一种颇有势力的心理学运动，但它的主张带有纲领的性质，它使用的概念没有明确的定义，它也没有明确说明应采取的研究方法，因而人本主义注定无法进入主流心理学的殿堂。

3. 认知心理学开始占据统治地位

认知心理学是随着更早心理学理论局限的逐步暴露以及新的科学理论的提出、科学技术的发展而逐步兴起的。

早期的认知心理学（cognitive psychology）以瑞士著名心理学家、发生认识论专家皮亚杰（Piaget J.，1896－1970）为代表。他以精心设计的观察和实验，揭示了儿童认知发展的规律。认知心理学更多指的是20世纪50年代末60年代初出现的信息加工认知心理学，这一思潮是在信息论、控制论和系统论已经诞生，随着现代语言学和计算机科学的发展而兴起的。信息加工认知心理学把人看做信息加工者，用精心设计的实验研究人的注意、知觉、记忆、言语、问题解决、决策等心理活动的内部过程。认知心理学逐渐占据了学院派心理科学的统治地位，教育心理学、发展心理学、社会心理学、工程心理学等心理学重要分支学科，也受到认知心理学的强烈影响。

20世纪七八十年代，认知心理学与认知科学的结合产生了认知神经科学（cognitive neuroscience）。这一概念最早出现于20世纪70年代，作为正式学科出现，则与《认知神经科学杂志》于1989年在美国创刊有关。认知神经科学旨在阐明心理活动的脑基础，把阐释心理尤其是人类心理的神经活动机制作为自己的任务，并不单纯研究认知过程（如感知觉、注意、语言、记忆、思维、意识等）的脑机制，人类心理的其他诸多方面，包括知、情、意等心理过程以及智力、性格等心理特征，只要能阐明他们的脑机制，认知神经科学都将纳入自己的研究范围。随着脑成像(brain - imaging）技术的迅猛发展和成熟，认知神经科学自20世纪90年代以来出现了大量有价值的研究成果。因此，很多心理学家认为，认知神经科学成为20世纪90年代以来心理科学发展的突出代表，并有望成为21世纪心理学发展的主流。

心理学的历史发展，同时也是心理学走向科学化的过程。经过几代心理学家的共同努力，越来越多的人已经承认了心理学梦寐以求的科学地位。然而从以上的分析来看，带有科学桂冠的心理学的起源、发展及其课题选择、方法的采用，都是以欧美为主的文化的产物，带有欧美社会历史文化的烙印。可以想象，这些理论应用于其他文化中是否有效难免被人质疑，而在其他文化中也可能产生看待人类心理及行为的不同视角。跨文化心理学的研究是有效解决这些问题的可能途径。

第三节　跨文化心理学的兴起

除了教育心理学，心理学的重要分支学科如发展心理学、临床心理学、工程心理学等都产生于心理学内部，但无论在心理学界还是在人类学界，人们都承认跨文化心理学主要起源于人类学。

一、跨文化心理学的起源

跨文化心理学起源于19世纪和20世纪早期的欧洲人类学、社会学、心理学及进化论（Kagitcibasi，2002），特别是人类学研究文献为早期的跨文化心理学研究提供了资料。由于欧洲国家对外经济和军事扩张的需要，很多学者对野蛮与文明的人类文化产生了兴趣。这些早期研究带有商业和政治目的，但为欧洲学术界带来了大量相异文化背景中人们生活方式的资料，客观上促进了对这一领域的研究。尤其是德国，由于传统的理性主义气氛的影响，使得对这一问题的探讨比其他欧洲国家更为系统。

德国哲学家拉扎鲁斯（Lazarus M）和语言学家斯坦达尔（Steinthal H）于1860年创办了一本《民族心理学与语言学杂志》，他们的研究开始注意艺术、宗教、神话、习俗等社会文化因素对民族心理发展及其差异的影响。冯特于1879年创立了第一个心理学实验室，正式开始其实验心理学研究，但同时他对文化及跨文化心理学也有着浓厚的兴趣。在他十卷本的《民族心理学》（*Volkerpsychologie*）中，冯特通过对语言、艺术、宗教、神话、社会风俗习惯等社会历史产物进行分析和研究，试图揭示文化发展的精神基础，并对当时关于"原始文化"的研究很感兴趣。这期间，许多德国的人种学家研究了南美及非洲的"野人"涂鸦。

受19世纪斯宾塞（Spencer H，1820 - 1903）所支持的进化论分支——"文化进化"的影响，在英国也掀起了研究"原始人群"的热潮。斯宾塞采用生物机制来解释心理现象和社会现象的起源及发展，并将人从简单发展到复杂生活的进化过程与社会从原始到文明的发展过程并行起来。他提出，原始人的思维过多关注于感觉过程，例如，原始人的视觉比欧洲人更敏锐，从而会阻碍他们高级心理过程的发展。英国人类学家米尔（Mill）首次提出"种族学"的概念，认为这一学科既研究个体的心理，也研究个体与其环境间的相互关系。英国人类学家泰勒用比较的方法研究社会习俗、禁忌、语言与行为的关系，并首次给文化这一概念下了定义。在泰勒的影响下，一些心理学家和人类学家组成了一个研究小组，对南太平洋地区的社会进行了大规模研究，这是运用实验心理学方法对非西方人的第一次研究（万明钢，1996）。

与冯特同一时代的美国著名人类学家博厄斯出版了《原始人的思维》（*The Mind of Primitive Man*，1911）一书。尽管两人的学术背景不同，但都相信，尽管“原始人”与“现代人”的文化表现不同，他们的智能及认知过程却是基本一致的。这一观点被鲍亚士称为“精神统一”（psychic unity），他对当时盛行的社会进化观点，即现代人优于低文明人类的观点，提出了挑战。而他们宣称的思维过程具有普遍性的观点，也受到了法国学者列维·布律尔（Bruhl L）的抨击。布律尔在他的文章《低等社会中的心理功能》中，将原始心理称为“前逻辑”（prelogical），并称前逻辑的神秘思维与西方逻辑思维有本质区别。他的这种文化偏见对后世产生了较大影响。19 世纪有关文化人群优于无文化人群的时代思潮对心理学家和社会学家的影响一直持续到 20 世纪，特别是使学者们开始关注原始思维与儿童思维以及精神病患者的思维之间的相似性。

视窗

弗朗兹·博厄斯

弗朗兹·博厄斯（Franz Boas，1858－1942），德裔美国人类学家，博厄斯学派的创始人。他出生于德国，1892 年加入美国国籍。曾任美国哥伦比亚大学体质人类学讲师、教授，美国自然历史博物馆民族学馆馆长。1907—1908年当选为美国人类学会主席。

博厄斯是第二次世界大战之前最伟大的人类学家之一。起初，他坚持环境决定论，后来强调文化和环境相互作用。博厄斯认为，人的本质应当被定义为可变的，是传统习得的产物，而且文化学习基本上是无意识的、非理性的。为此，他以特殊的民族志的例子去说明人类学中理论普遍性的限制。博厄斯的主要思想观点有：尊重每个人的个性而不轻信权力机构的自由主义；要求对具体资料进行深入细致的检验，对理论归纳持高度怀疑态度的经验主义；要求用每个社会自身的标准来评价其制度的文化相对主义；承认人类学调查的所有主题都是诸多力量相互作用的产物的折中主义。博厄斯的主要著作有：《原始人的心理》(1911)、《原始艺术》(1927)、《人类学与现代生活》(1928—1938)、《普通人类学》（合著，1938)、《种族、语言和文化》(1940) 等。

概括来说，早期跨文化研究集中于两个命题：第一，不同文化中人们的思维是否有本质不同，这对理解人类本性至关重要。第二，基本的心理过程在内容和形式上是否有本质的区别。

二、跨文化心理学的创立

第二次世界战以后，对于早期跨文化研究所关注的“不同文化下的思维是否有本质的差异”的问题，有关研究出现了新的特点。受维果斯基理论的影响，这一研究课题重新流行，但摒弃了原先的种族优势的立场，而强调心理过程的环境特异性。

一些西方心理学家在非洲和澳大利亚的一些前文化社会中对人的感觉、知觉、认知进行了研究。他们经常与人类学家协同合作，或搜集人类学及人种志数据资料，因而跨文化心理学的研究和假设受到了人类学的巨大影响，但很少受社会学等其他社会科学的影响。在以后的研究中，研究者的背景、选题、研究地点都更加多样化，并把研究领域拓展到情绪、自我、人际心理学、工业与组织心理学等，而感、知觉等基础研究数量和重要性都不断下降。对认知的兴趣则表现在认知发展、语言、日常认知、社会认知等方面。由于地域性的扩展，研究呈现出两种现象：一方面没有更多的西方心理学家加入文化和跨文化的研究中；另一方面，西方和非西方研究者都更多地把精力集中于现实社会，而很少在与世隔绝的前文化社会进行研究。

有了这样的研究基础，在20世纪70年代，跨文化心理学作为一个专门的研究领域正式形成了。1971年，一个跨文化取向的心理测量大会在伊斯坦布尔召开，布隆巴赫（Cronbach）和德伦斯（Drenth）组织了这次会议。1973年，《心理学年鉴》第一次收录了“心理学与文化”一章。1972年，国际跨文化心理学协会（IACCP）在香港成立，布鲁纳（Bruner J.）当选首届主席。从此协会得到稳步发展，来自71个国家的700多人成为其中的会员。另外，其他心理学的社团也开始关注跨文化的研究，而国际心理科学联盟（IUPS）也逐渐体现出更广泛的国际化。这一趋势为跨文化研究提供了土壤。

三、跨文化心理学的现状与未来

自1972年国际跨文化心理学协会成立以来，跨文化心理学现已成为一项兴旺发达的事业，越来越多心理学家从事着跨文化心理学的研究工作。单在1973年出版的《跨文化研究与研究者指南》就列举了1125名跨文化心理学家，没有列举的专家学者可能更多。绝大多数学者在北美洲和欧洲的大学心理学系工作，也有一些学者在非洲、亚洲、拉丁美洲和大洋州的大学工作。大多数成员属于已经建立起来的专业组织，包括国际跨文化心理学协会（IACCP，1972）、跨文化研究会（SCCR，1972）以及法语跨文化研究协会（ARIC，1984）。现在，以跨文化心理学为主的或专门的学术会议也很频繁，为跨文化心理学家的研究提供了交流机会。迄今为止，从1972年开始的国际跨文化心理学协会每两年召开一次会议，非洲、亚洲、欧洲和美洲也经常召开地区性会议。这些学术会议的会议录的发表，心理学家研究跨文化心理学提供了的资料。

除了组织活动，跨文化心理学的出版物也不断增加，尤其是20世纪80年代和90年代。这些杂志主要包括《国际心理学杂志》、《跨文化心理学杂志》、《跨文化研究》、《文化气质（Ethos)》、《国际文化间关系杂志》、《心理·文化与行为》、《文化与心理学》、《亚洲社会心理学杂志》等。其他一些期刊也采用国际性的、跨文化的视角，证明心理学的国际化和文化、跨文化、民族视角在研究中的重要性不断增加。与此同时，很多国家的学者开始用本国语言出版跨文化心理学教科书，使更多大学生和研究生选择以跨文化心理学作为研究领域。

1974年，朗纳（Lonner W. J.）和贝里编辑的一套跨文化心理学丛书开始出版，截至2002年已经出版超过了20卷，从研究方法到心理健康，从学习心理学到社会心理学等研究领域均有涉及。这些丛书中的参考文献证明，对跨文化心理学的兴趣和跨文化心理学的活动获得了爆炸式的发展。本领域第一份综合信息资料是由特里安迪斯（Triandis）编辑的六卷本《跨文化心理学手册》（1980），由贝里主编第二版于 1997 年出版，分为三卷：第一卷，《理论与方法》；第二卷，《基本过程与人的发展》；第三卷，《社会行为与应用》。

视窗

约翰 · 贝里

约翰 · 贝里（John Berry）是加国际跨文化心理学协会前主席，加拿大著名学府女王大学（Queen's University）心理学系终身荣誉教授，国际知名的跨文化心理学家，加拿大、美国、英国、法国等国政府族群关系问题顾问。贝里教授曾多次到中国访问，2004 年参加了在北京召开的第 28 届国际心理学大会，2008 年、2009 年到中央民族大学、内蒙古师范大学、西北师范大学等大学进行学术交流活动。

万明钢（1996）认为，20世纪80年代以后的跨文化心理学大致有几个发展趋势。首先，六七十年代大批西方心理学家到第三世界国家进行研究的现象逐渐减少，西方心理学家逐渐重视研究自己所生活的社会中的亚文化。其次，不同国家和文化背景的心理学家的合作研究得到加强，这些合作是平等的合作，并非以往由西方学者设计，发展中国家学者只负责搜集资料。最后，跨文化心理学更加重视理论问题的探讨，尤其是方法论方面。

范·维基沃（van de Vijver，2006）对心理学的现状和前景进行的深入分析代表了当前国际跨文化心理学界内部对这一研究领域的观点。他分析了当前跨文化心理学研究的优势、不足、机遇和挑战，认为跨文化心理学研究的主要优势在于最近几十年来，人们对心理学中跨文化心理学表现出浓厚兴趣，表现为从1978年至2003年心理学中跨文化研究出版物的数量日益增长。主要的不足是，该领域存在一些潜在的偏差，例如范·维基沃对《跨文化心理学杂志》前35卷的文章进行了内容分析后发现，这些研究只关注跨文化差异而忽视了相似性。当前跨文化心理学发展的机遇是，目前存在解决个体—问题两元论的需要。解决这一问题有三种极具发展前景的方法：（1）运用连接文化和个体行为的中介作用和调节作用模型进行研究；（2）在国家水平上利用心理变量的作用模型进行研究；（3）运用多层次模型进行研究。当前跨文化心理学面临的主要挑战是跨文化心理学作为一门科学是否具有长久的生命力。

目前看来，只要能避免只重视跨文化差异这一偏颇，把重点转变到对这些差异的原因进行解释上，跨文化心理学就会有美好的未来。

第四节　如何研究跨文化心理学

跨文化心理学的研究目标是在不同文化中检验现存心理学知识和理论的普遍性，探究其他文化，以发现主流文化经验中并不存在的心理现象，并最终建立更具文化普遍性的心理学。为达到这样的研究目标，跨文化心理学需要采取不同于一般心理学研究的方法，并保证跨文化研究的科学性。在此所讨论的跨文化心理学研究方法，主要指对不同文化背景中的人类行为进行比较的方法。

一、跨文化研究的特点

跨文化研究就其实质而言，是一种比较研究。其基本的做法是将不同文化背景中的个体的心理、行为特点等进行比较，并探讨文化的差异及其与心理、行为等差异的关系（董奇等，2005）。但是，进行跨文化比较有其特殊的困难，梁等（Leong et al 2005）对这些困难进行了概括。

进行跨文化研究面临的第一个难题就是无法进行随机化。在典型的心理学实验中，我们把被试随机分配到不同的实验条件中，如实验组和控制组，通过观察不同实验条件下被试的表现，来考察自变量对因变量的影响。但是，文化是跨文化研究的一个自变量，我们无法把被试随机分配到不同的文化中。例如，我们不能把一个中国人分到美国文化组。因此，我们只能从不同的文化中选取被试，假定这些被试代表了他们所在的文化。这样做的问题是，不能自由控制自变量，例如，不能改变一组被试的文化以考察新的文化对他们的影响。

进行跨文化研究的第二个难题是很难对文化差异进行解释。即使我们通过文化比较发现了不同文化中人们行为或心理的差异，但难以理解这些文化差异的原因。例如，如果根据智商测验发现美国人比中国人的智商高，我们可以有无数种解释。可能是因为美国人所受的教育更高，或者美国人更熟悉智力测验，或者是其他价值观、态度、行为模式等方面的文化差异等。

跨文化研究的第三个难题是“文化”的概念过于空泛，很难定义。例如，如果我们发现中国人在追求成绩时比美国人更加强调个人努力，那么我们可以解释为文化差异的影响。但是，文化这个概念包含太多的因素，因此用“文化”来解释这种差异几乎毫无意义，何况这种差异可能也有别的因素，尤其是社会化、父母教养方式、教育体制等的影响。因此，需要将文化这一概念分解成一组因素，并确定哪个因素与我们所了解的文化差异有关。

二、跨文化研究的两种策略

跨文化研究的一个基本问题是，研究的重点是放在某种心理现象的跨文化普遍性上，还是放在该心理现象的文化特殊性上，从而产生两种不同的研究策略。

如果研究重点放在普遍性上，那么这个研究采用的是文化普遍性策略（etic strategy），它所关注的是整个人类对世界的理解、他们行为思想的共同规则和对事件的解释，并以它作为跨文化比较的基础，运用一种文化的指标和概念来分析另一种文化背景中的心理问题。如果研究重点放在特殊性上，那么这个研究采用的就是文化特殊性策略（emic strategy），它所关注的是某一特定文化中的个体对世界的共同理解、他们行为和思想的共同规则和对事件的解释，并以本地文化中的概念和理论框架为依据，采用本地适用的方法、工具和材料，探讨某种心理现象在本地文化中的具体特征和表现。

人类学家一般采用文化特殊性策略，他们强调每个文化的独特性，研究诸如行为、道德、价值、习俗和传统等文化特质。跨文化心理学家则采用文化普遍性策略，侧重研究文化与行为的普遍性，探索和证实具有普遍性的人类行为特征。

为什么要区分普遍性和特殊性策略呢？一般来说，两种策略各有其优越性和局限性。贝里认为，任何研究都必须以某种方式开始研究，通常研究的第一步都是运用产生于研究者自己社会的测验工具和观察技术。研究者认为他们对其他文化也是有效的，进行比较也是适当的，似乎这些工具具有普遍的意义。但贝里认为，这样的研究策略所得出的结论是“强加的普遍性（imposed etic）”，因为我们没有办法知道这些工具运用到其他文化中是否合适。他认为，在其他文化背景中进行研究，要运用参与观察以及其他人类学的方法，通过当地人的观点分析问题，努力接近当地的文化背景。要把研究者自己社会的特殊性同其它文化的特殊性结合起来，从而寻求他们的共同特征。由此，研究者才能得到真正普遍性的行为特征，贝里称之为“获得的普遍性（deprived etic）”。

三、文化对等性

大多数跨文化研究都至少包括两个文化组，也有一些研究采用单一文化组，将研究结果与以往研究结果进行跨文化比较。当对两种以上的文化进行比较时，可能会采取两种形式：结构导向型和水平导向型（Leong et al，2005）。结构导向型研究重视考察不同变量间的关系，并鉴别不同文化中变量关系的异同。例如，在不同文化中，价值观的结构有什么相似点？水平导向型研究关注变量在不同文化间的量的差异。例如，文化A中个体的自尊水平是否高于文化B中个体的自尊水平？

在这两种研究中，文化对等是进行跨文化研究的前提。所谓文化对等是指从不同文化中收集到的数据资料及其处理方法应具有文化的等值性。有人（Malpass et al，1986）曾区分出三种文化等值性，即：（1）机能等值（function equivalence），指不同文化背景中的人对同一问题的行为反应表现出相同的心理机能；（2）概念等值（conception equivalence），指不同文化背景中的人对特定刺激的意义有共同的理解；（3）测量等值（measurement equivalence），指从不同文化背景中所获得的数据资料所反映的特征显示出可比性。

在概念等值方面，我们经常遇到的一个问题是，同一概念在不同的文化中可能具有不同的意义。例如，抑郁对中国人和美国人而言可能有不同的意义，对美国人来说，抑郁仅指心理上遇到的问题，而中国人则喜欢用生理症状来描述心理问题，对他们来说，抑郁还包括肉体上的痛苦。为此，我们必须采取一些方法保证概念的等值。例如，我们用同一量表测量中国人和美国人对“抑郁”的理解，如果结果在心理测量特征上一致，我们就可以认为“抑郁”这一概念在文化中是对等的。我们也可能采用克隆巴赫系数测量其内在的一致性，或用因素分析发现相似的因素结构。另外，我们也可以去发掘不同文化中抑郁与其他变量类似的相关方面。例如，在两种文化中，如果抑郁都与不良生活事件有关，我们就可以肯定抑郁在两种文化中具有相似的意义。

即使所测量的概念是等值的，但由同一量表在不同文化中得到的数据仍不一定可以进行直接对比。例如，如果我们发现，日本人比美国人的自尊水平低，但如果没有其他可以印证的证据，我们不能确定这一差异的真实性。可能的原因有，选项的设置可能使日本人的回答产生偏差，使他们更倾向于选择等级量表的某一部分，也可能他们的社会规范不鼓励他们吹嘘自己的能力，使他们故意报告较低水平的自尊。

因此，在对不同文化中得到的数据进行跨文化比较时，必须首先确立数量等价或者数据的可比较性，必须尽量保证研究对象的对等性、分类系统的机能对等性、所选样本的对等性、测验的对等性、任务的对等性、人物的对等性、程序处理的对等性、动机的对等性和语言的对等性等。

四、跨文化研究程序与方法

进行跨文化研究时，不但要保证文化对等，还要保证各个环节符合跨文化研究的具体要求。

1. 抽样

具体进行跨文化研究时，首先要根据研究的理论假设选择文化样本。例如，如果我们假定集体主义和个人主义文化中的个体对赡养老人的态度不同，我们需要抽取两个文化样本：一个是集体主义文化样本，另一个是个人主义文化样本。要抽取这两个样本，最好首先定义好什么是集体主义和个人主义文化，然后从许多集体主义文化中抽取一个或几个文化样本，从许多个人主义文化中随机抽取一个或几个文化样本。但实际上，真正的随机抽样几乎不可能做到。

在进行跨文化研究时，来自不同文化的被试之间，除了文化背景，其他特征应该是相似的，否则很难确定所观察到的差异是因为文化的差异还是因为样本的误差。因此，研究者应尽可能采取各种有效措施，努力减少抽样代表性对研究结果的影响。

2. 收集数据

在收集数据时，还要特别注意文化公平性。所谓文化公平性（cultural fair）是指研究的问题对所有不同文化中的成员而言都是适当和理解一致的，所有题目的难易程度对所有不同文化的成员而言也都是公平的。造成文化不公平的原因，首先是文化障碍，特别是语言障碍。由于多数智力或人格测验都需要口头表达和文字描述，因此用于其他文化时，需要准确的语言翻译。为保证翻译的准确性，可以使用翻译—回译法。也就是把某种语言的量表翻译成另一种语言，然后再由另一个翻译者把它翻译回原来的语言，从而进行对照修改。但由于某些文化中没有文字，或者能使用文字的只是极少数受过良好教育的人，因此对于依靠文字的测验来说，施测是颇为棘手的问题。

在收集数据时还要注意，测验工具是否适用于所研究的所有群体。如果某个测量项目不适用于某些文化，就需要修订。如果某个量表有太多的题目不合适，就需要研制新的量表。

在把一种测量工具用于不同文化时，要注意实验者和访谈者的人格特征。当主试与被试的文化背景不同时，可能会对被试产生复杂的影响。因此，可以从当地文化中寻找并训练主试，让当地的主试根据研究者的要求进行施测或访谈。

3. 解释结果

进行跨文化研究的直接目的是说明文化对心理现象的影响，因此要尽量排除结果的差异不是由其他非文化的因素引起的，进而确认文化的影响。在具体研究中一般采用比较法（comparative method）来解释研究结果，即依据一定的标准，对不同的文化因素与其他研究变量间的交互作用和相互关系进行比较分析，以揭示出文化与社会条件、个体能力及个体其他心理特点间的复杂关系，对研究结果做出科学的解释（董奇等，2005）。由于跨文化研究的复杂性，在具体解释结果时还要注意如下问题。

（1）在对数据结果进行分析说明时，应把文化因素当做一种特定的变量来考虑，这样才能对不同文化间的差异有较明确的认识。

（2）在分析结果时，研究测量的内容是应加以考虑的重点之一。一般来说，为某一特殊群体设置的研究和测量，其测查内容应能反映被试群体的特征。

（3）由于研究结果的分析和解释很容易受到跨文化研究中翻译、抽样、测量工具、项目的同质性、施测过程与步骤、结果的呈现方式、常模、测量的类型、统计方法、指导语及主试与被试间的关系等因素的影响，因此在解释结果时，应考虑这些因素对研究结果可能产生的影响。

小结

本章讨论了心理学与文化视野的关系。第一节讨论了从文化视野中如何看心理学研究；第二节讨论了西方心理学是如何在文化背景中发展的；第三节讨论了一个新的研究领域——跨文化心理学的兴起过程；第四节讨论了进行跨文化心理学研究的方法问题。由于主流心理学的发展受到欧美文化的制约，其理论、方法未必适合所有的文化，而发展跨文化心理学，是建设更具普遍性的心理学的重要途径。但进行跨文化心理学研究具有一般心理学研究所没有的特殊困难，因而研究过程应格外慎重。

思考题

1. 跨文化心理学的研究目标是什么？
2. 西方心理学早期的主要理论流派是如何受到文化影响的？
3. 跨文化心理学的兴起过程是怎样的？
4. 跨文化心理学研究有哪些特殊困难？

参考文献

董奇、申继亮著：《心理与教育研究方法》，浙江教育出版社，2005 年。

加德纳·墨菲、约瑟夫·柯瓦奇著，林方、王景和译：《近代心理学历史引导》商务印书馆，1980 年。

蒋宝德主编：《中国地域文化》，山东美术出版社，1997 年。

托马斯·H. 黎黑著，李维译：《心理学史》，浙江教育出版社，1998 年。

万明钢著：《文化视野中的人类行为——跨文化心理学导论》，甘肃文化出版社，1996 年。

武德沃斯、施洛斯贝格著，曹日昌等译：《实验心理学》，科学出版社，1965 年。

叶浩生著：《西方心理学研究新进展》，人民教育出版社，2003 年。

约翰·W. 贝瑞：《跨文化关系中的基本心理过程》，见丹·兰迪斯等编：《跨文化培训指南》，（第三版）北京大学出版社，2009 年。

Berry J. H，Poortinga Y. H，Segall M. H，Dasen P. R. Cross –

cultural psychology: Research and applications (2nd Ed). Cambridge: Cambridge University Press, 2002.

Kagitcibasi C.《(跨)文化心理学》，见：Pawlik K, Rosenzweig M. R. 主编，张厚粲主译：《国际心理学手册》（新世纪版）。华东师范大学，2002 年。

Kroeber A. L and Kluckhohn C. Culture: A Critical Review of Concepts and Definitions. Cambridge, MA: Peabody Museum, 1952.

Leung K.《跨文化研究方法》。见：Leong F、T、L, Austin J、T 主编，周晓林等译：《心理学研究手册》，中国轻工业出版社，2005 年。

Malpass R. S & Poortinga Y. H. Strategies for design and analysis. In Lonner W. J. &. Berry J. W (Eds). Field Methods in Cross - cultural Research. Beverly Hills, California: Sage Publications, 1986.

Pawlik. K, Rosenzweig M. R.:《心理科学：内容、方法学、历史及职业》。见：Pawlik K, Rosenzweig M. R. 主编，张厚粲主译，《国际心理学手册》（新世纪版），华东师范大学出版社，2002 年。

van de Vijver F. J. R. 《文化和心理学：跨文化心理学的 SWOT 分析》。见荆其诚主编，张侃等译：《当代国际心理科学进展——第二卷：社会和应用心理学》华东师范大学出版社，2006 年。

第二章　个体发展与文化

世界上很多国家和民族都有一些有趣的成人仪式，仪式过后，就认为少年长大成人。在中国古代流行冠礼（男）和笄礼（女），当代的中国少数民族地区也有一些成人礼，如布朗族男女和傣族姑娘到15岁或14岁时要将牙齿染成黑色，才能进入社交场所，获得恋爱与结婚的权利。国外也有五花八门的成人仪式。洛基地区的印第安少年在成人仪式上要生吞一条活蜥蜴，望而生畏者即被取消成年资格。非洲多哥北部山区的卡布列族每年都要为部族中年满18岁的男女青年举行成人仪式：男的参加摔跤节，女的参加成熟节。包括坦桑尼亚在内的很多非洲国家，青年人在步入成人时要实施割礼手术，也就是去除外生殖器的一部分：男的割除包皮，女的割除阴蒂。在刚果要进行“锉牙礼”，少男在成人仪式上由族长用锉刀将门牙锉成尖刀状。据说这种“锉牙礼”意味着少年已长成“男子汉”，可以与任何野兽搏斗了。澳洲土著人的有些成人仪式上，人们要把少年的门齿折断，并让他们断食。秘鲁要进行“跳崖礼”，男孩在成人仪式上须通过的唯一考试，是从约8米高的悬崖上跳下，胆怯者就永远不能成为“大人”。在墨西哥海滨地区的某个部落，男孩的成人仪式非常奇特：每人须携带一块沉重的大石头游过一条海峡。

这些形式各异的成人礼虽然在我们看来非常有趣，但对于进行成人礼的人来说，是相当重要的一个仪式，是人生发展过程中的一件大事。成人仪式象征着少年成长为成人，拥有了成人的权利，也要担当成人的责任。那么，是不是所有文化中都会重视人生发展过程中的这一阶段呢？这一阶段的重要性是普遍的还是文化塑造的结果？

发展的概念有三层含义：第一是种系发生发展，例如进化理论，关注物种之间的变异以及新物种的出现；第二，社会中的文化变化；第三，个体一生的发展，或者叫做个体发展。本书关注第三个方面的发展。个体的发展在各个文化中有差别吗？由于各个文化中人们生活的环境差别很大，人们养育孩子的方式也是多种多样，所形成的观念、态度也不相同，因此，各个阶段的发展在不同的文化中有差别也是有可能的。本章讨论个体各个阶段的发展与文化的关系。

第一节　早期发展与文化

个体发展是生物有机体与环境的影响相互作用的结果，但对于生物学因素和环境—经验因素的关系，各个学派观点迥异。行为主义的学习理论强调环境的影响，而另一些理论则更加注意有机体与环境之间的交互作用。皮亚杰认为，个体发生发展的关键因素是经验，同时，由于各个文化所提供的经验是相似的，因而各个阶段的顺序甚至时机等都具有跨文化的相似性。另外一些理论认为，个体发生发展遵循不同的道路，发展道路因个体成长所在的文化环境的不同而不同。根据这些理论都可以预测，人类的早期发展应该具有生物学上的普遍性，但由于大多数文化中都有一些特异性的成分，因此在发展的早期也可能表现出文化的特异性。

一、婴儿早期发育与文化

一般来说，越是高级的动物，出生时就越弱小，同时发展的潜力也越大。很多动物出生后很快就会觅食，但人类的婴儿则要由母亲养育很多年。与其他物种不同，人类在出生以后神经系统可以继续发展，这使环境可以对发展产生巨大的影响。可能是进化和文化等多种因素影响的结果，心理、行为的发展有很多普遍性的同时，也表现出跨文化的多样性。

1. 婴儿早期的一般发育特征

新生儿最大的能力之一是具有一整套先天的反射系统，其中一些对婴儿的生存至关重要，被称为“生存反射”，例如呼吸反射、眨眼反射、吮吸吞咽反射等，另外还有觅食反射，也就是当我们触摸婴儿的面颊时，婴儿就把头转向触摸的方向，做出寻找和吮吸的动作。生存反射不仅能保护婴儿免受不良刺激的伤害，帮助婴儿满足基本的需要，而且对看护者具有非常积极的影响。

在欧美发达国家，儿科医生在婴儿出生后的几十个小时之内，就会检查新生儿的发育是否正常，检查项目之一就是婴儿的神经运动特征，特别是“原始”反射。一般来说，欧美婴儿的原始反射在6—10周后就会消失。尽管由于婴儿睡眠状态的变化很快，进行这样的检查并不容易，但现在已经有了严格的医疗方案，能够进行精确的测量。

婴儿出生后第一年的显著变化，是婴儿控制自身运动和执行动作方面的巨大进步。表2.1是重要动作发展的年龄常模（Shaffer，2005）。

表 2.1　重要动作发展的年龄常模（月）
（以欧裔、拉丁裔和非裔美国人为依据）

运动技能	50% 的婴儿掌握该技能的月份	90% 的婴儿掌握该技能的月份
俯卧抬头 90 度	2.2	3.2
翻身	2.8	4.7
扶坐	2.9	4.2
独坐	5.5	7.8
扶站	5.8	10.0
爬行	7.0	9.0
扶走	9.2	12.7
拍“面包”	9.3	15.0
独站片刻	9.8	13.0
独自站好	11.5	13.9
走得很好	12.1	14.3
垒两层积木	13.8	19.0
爬楼梯	17.0	22.0
向前踢球	20.0	24.0

2. 非洲婴儿早熟现象

在较长的一段时间内，欧美的研究者发现非洲的婴儿比欧美的婴儿发展更快，这被称为非洲婴儿早熟（African infant precocity）现象。“早熟”这种说法颇有深意，因为从非洲的角度来看，其实也可以称作欧美婴儿迟滞，而欧美的研究者习惯于从种族中心主义的角度出发，把这种现象称作非洲婴儿早熟，而不是欧美婴儿迟滞。在这里我们姑且称作非洲婴儿早熟现象。

较早发现这一现象的是柏特等（Geber & Dean，1957）。他们以2.5公斤作为标准界定足月新生儿，测查了乌干达首都坎帕拉妇产医院的足月新生儿。结果发现，与西方的婴儿常模相比，这些婴儿的发展明显早熟，他们提前2—6周支撑头部，基本上没有原始反射。这说明，非洲的婴儿发展与欧美婴儿相比是超前的，因而叫做非洲婴儿早熟。这一研究后来受到很多质疑，原因是：（1）没有用统计学测验确定非洲婴儿与欧美常模之间的差异。（2）对非洲和欧美的样本进行测验的研究者不同。（3）非洲以及非裔美国新生儿出生时的平均体重比欧美新生儿的体重要低，因此以2.5公斤作为足月新生儿的标准会导致1/3的潜在被试被排除在外。也就是说，他们测量的对象只是那些不但足月，而且体重偏重的婴儿，而另一些足月但体重偏轻的婴儿却被排除在外了。（4）该测查结果是基于某种现象的缺失（原始反射），这不太适当。因为科学研究结果一般都是根据某种实际观测到的行为进行判断，也就是要证明或不能证明或不能证明“有某种特点”，而不是证明“没有某种特点”。

在质疑格伯等的研究的基础上，后来的一些研究发现，非洲新生儿早熟在一定程度上被夸大了。非洲婴儿在某些方面存在一定程度的早熟，但并非像所描述的那样普遍。

非洲婴儿早熟可能是遗传因素导致的，但也可能是出生前环境因素影响的结果。由于营养因素，欧美国家婴儿的出生体重比非洲的婴儿要重，并且欧美孕妇有假期，她们可以获得较多的休息时间，这也可能使她们的婴儿出生时体重更高。婴儿出生后的环境差别也比较大，例如在西印度以及非洲的很多地方，母亲跟婴儿在一起的时间较多，并经常为婴儿按摩，而在很多西方国家，婴儿在医院出生后的大部分时间并不跟母亲在一起，而是独自待在婴儿床上，这些习惯可能导致西方新生儿的动作发展迟缓。

婴儿出生后，父母的养育习惯也可能导致其他方面的早熟。例如，非洲的母亲与婴儿的身体和情感接触比欧美更加频繁。她们还经常对婴儿进行按摩以促进肌肉运动发展，婴儿会获得更多的触觉、本体感受、视觉和听觉刺激。另外，在很多非西方文化中都会让婴儿参与日常生活，平时或背着或抱着婴儿，这让婴儿有机会保持直立的姿势，而不是像西方婴儿一样绝大多数时间躺在分离的、安静的地方，这也会让婴儿的某些心理功能发育较早。例如在中国，传统上人们带孩子会抱着或背着，这让婴儿有机会受到更多的视觉刺激，对于他们发展视知觉、空间知觉很有好处。

出生以后的训练可能导致婴儿发展的差异。苏泊尔（Super，1976）分别分析了贝雷量表中的每个项目后发现，肯尼亚基普西基（Kopsigi）人的婴儿很早就学会了无扶助的坐直、走路，比贝雷婴儿发展量表的美国常模约早一个月。基普西基母亲非常重视这些肌肉运动发展，她们会专门命名这些动作并进行专门的训练，而那些几乎没有接受训练的其他肌肉运动行为，例如爬行，却比西方常模发展落后了。他们还研究了东非的6个群体，以确定这些群体是否重视爬行，是否进行训练。他们得到的发展数据与获得的平均年龄的相关系数是0.77，而如果消除这些动作技能的练习机会因素的影响，则相关系数达到0.97。这说明，练习的确能提高运动技能的发展水平。

布里尔等系统研究了与文化有关的养育习惯对动作发展的影响。在其中一项研究（Bril et al，1986）中，他们在马里的班巴拉（Bambara）人中对4个4—23周的婴儿进行了为期两天的详细观察，记录了婴儿的情况，并同时录像。结果发现，父母的观念与婴儿的运动发展之间存在重要关系：班巴拉人认为，婴儿在3—4个月就应该能坐，于是向着这个目标训练，这使婴儿有更多的练习机会并使动作发展水平提高。他们还记录了婴儿日常生活中所经历的姿势（倾斜、仰卧、端坐、站立），以及父母在照看他们时对他们的姿势进行的调整。发现这些日常姿势与他们的运动发展有很大关系。

视窗

班巴拉人

在非洲的马里，居住着一个人口最多、对国家的文化和历史有举足轻重影响的民族，这就是班巴拉人。班巴拉人是马里最大的一个部族，除沙漠地区外，遍布全国。他们是一个勇敢而有智慧的部族，坚持自己的传统宗教和风俗习惯。班巴拉人喜欢制作木雕和瓷器，但羚羊是班巴拉人的象征，他们喜欢制作以羚羊为题材的木雕。

班巴拉妇女在制作陶器

班巴拉人崇拜大自然，热爱土地。他们认为土地广阔而睿智，供他们的吃喝，还决定他们的生活方式。班巴拉人就是靠出售自己种植的稻米、棉花、甘蔗、黍和花生为生。有的人养有绵羊和山羊等家畜，有人靠猎羚羊糊口。但他们从不猎杀猛兽，因为他们把猛兽看成自己的亲兄弟。

据一些西方社会学者的看法，班巴拉人的社会可能比西方社会更为和谐。他们没有严格的官职等级，每个村庄都有自己的头领，村里人称他为父亲。他通常都是这个村庄创始人家年纪最长的男性，他的弟兄便理所当然成了“叔叔”。头领无权单独做出任何决定，凡事都得同“叔叔们”和村子各家各户的家长商量。当然，任何一个人间团体都存在吵架的现象，班巴拉人之间也少不了矛盾和冲突。有时候这种争执要由受到全体居民尊重的长老联席会议出面裁决。班巴拉人还有一个特点，就是善于恪守秘密，这也是他们入盟必须承担的义务。由于泄密有可能带来性命之虞，所以班巴拉人轻易是不多嘴的。

应该说，老一代班巴拉人的专利和责任是思考，但这种思考绝不像东方式的思考。往往是一伙老人在日落之前在村中间广场的一个小木台上坐下来，默不做声，只偶尔彼此说上一两句话。实际上老人之间是在进行一种不表现为谈话形式的紧张对话。班巴拉人把这种默默无声的交往看成最和谐的“交往”。

有人说，所有的民族都是沿着一条历史大道前进，有的跑到了前面，有的落到了后边，但大家都是朝着一个目标前进，朝着人类的进步前进。这到底对不对呢？也许就不该去乞求什么人类进步？可班巴拉人说，幸福不在这里，只需享受现成的生活就足够了。因此，只要用上最低限度的技术发明，生活就相当不错了。当然，马里的班巴拉人并不完全摒弃技术进步。

3. “妈妈语”与文化

父母或其他成人在与婴儿说话时喜欢用非常短小、简单的句子跟婴儿说话，这种语言的普遍特征是语速很慢，音调较高，音调变化范围大，经常重复某些关键词语，特别是某些名词。心理语言学家把这种语言叫做儿向语言（infant - directed speech），或称作“妈妈语”（motherese）。有意思的是，随着儿童的语言变得越来越复杂，父母也慢慢增加了儿向语言的长度和复杂性。详细的分析表明，音调模式可以通过交流目的进行区分，例如寻求婴儿的注意，或者安慰哭闹的婴儿。在这些方面，各个文化之间具有相当程度的普遍性。

“妈妈语”在某些方面也存在一些跨文化差异。伯恩斯坦等（Bornstein et al，1992）对阿根廷、法国、日本和美国母亲与5—13个月的婴儿交流的过程进行了观察，结果发现，妈妈语可以分为表达感情和表达信息两类，分别称为“感情—凸显”言语和“信息—凸显”言语。日本母亲比阿根廷、法国、美国母亲更多使用“感情—凸显”言语，她们使用更多不完整的言语、歌曲和无意义的发声。而阿根廷、法国、美国母亲更多使用“信息—凸显”言语。这种差别与日本文化和西方文化的内在要求是一致的：日本文化更强调集体，强调家庭和家庭成员之间的相互依赖，因而日本母亲更愿意理解婴儿的需要；而西方文化更强调个人，强调独立性，因而西方母亲更鼓励婴儿独立发声。

二、依恋与文化

依恋（attachment）就是两个人形成的亲密的情感联系，以相互关爱和希望保持亲近为特征（Shaffer，2005）。婴儿与养育者之间的依恋是成年期心理健康的基础。由于男女的生理差异，在欧美文化中，抚养婴儿的责任一般都由母亲承担。研究者试图通过某种程序区别婴儿与母亲之间依恋模式的类型，从而预测其成人期行为。然而，并非所有的文化中都由母亲一人承担婴儿的养育，由此导致的问题可能就是，根据婴儿和母亲之间的依恋来推断其成人期行为也许并不适当。

1. 依恋的理论与研究

人类的婴儿需要由成人照顾很多年才能达到独立，在这一过程中，婴儿与成人建立起一种依恋关系（Bowlby）。用于解释这种关系的依恋理论最初是由英国精神分析师鲍尔贝提出的，他试图理解婴儿与父母相分离后所体验到的强烈苦恼。鲍尔贝发现，被分离的婴儿会以极端的方式（如哭喊、紧抓不放、疯狂地寻找）力图抵抗与父母的分离或靠近不见了的父母。之前的精神分析理论家认为，婴儿的这些表达是他们仍不成熟的防御机制的表现，这种机制被调动起来，以抑制情感痛苦。但鲍尔贝指出，在许多哺乳动物中这种表达是很常见的，他认为这些行为可能具有生物进化意义上的功能。因此鲍尔贝提出，这些依恋行为，如哭喊和搜寻，是与原有依恋对象相分离后产生的适应性反应，其原因是，因为人类和其他哺乳动物幼儿都不能独自获取食物和保护自己，他们都依赖于“年长而聪明”的成年个体提供照顾和保护。鲍尔贝认为，在进化的历程中，能够与一个依恋对象维持亲近关系（依恋）的婴儿更有可能生存到生殖年龄。在鲍尔贝看来，自然选择渐渐地“设计”出一套他称为“依恋行为系统”的动机控制系统，用以调整与所依恋对象的亲近关系。

与养育者之间的依恋为儿童探索世界提供了一个安全的基础。哈洛等（Harlow et al，1959）著名的恒河猴实验证明了这一点。在实验中，把恒河猴隔离在笼子里，笼子里面有两个假的猴母亲，一个用金属丝编成，并有一个乳头供猴子吃奶；另一个外面包了柔软的布，但没有供猴子吃奶的乳头。结果发现，恒河猴饥饿的时候会到“金属丝妈妈”那里吃奶，吃完奶再跟“布妈妈”依偎在一起。当把陌生的或可能产生威胁的物体放入笼中时，猴子紧紧依附的是“布妈妈”而不是“金属丝妈妈”。当给猴子提供玩具时，猴子依偎着“布妈妈”才敢接近玩具。显然，决定依恋行为的是温暖和安全，而不是食物。该领域的理论家假定，安全的依恋形成了健康的情绪和社会发展的基础。

鲍尔贝相信儿童的依恋模式并不一致，在儿童如何评价依恋对象的可亲近性以及儿童面临威胁时如何调整自己的依恋行为方面，儿童之间存在个体差异。艾斯沃斯（Ainsworth）等所开发的“陌生情境”是评价儿童依恋类型的标准程序。该程序包括一系列实验室情境，最初，儿童跟妈妈一起来到一个陌生的房间；过了一会儿，一个陌生人进来；接着妈妈离开；然后陌生人离开；然后妈妈回来。观察儿童在每一个阶段的反应。在艾斯沃斯的研究中发现，当父母离开房间时，大约60%的儿童变得心烦意乱，但当父亲或母亲返回时，这些儿童主动寻找父母，并很容易在父母的安慰下平静下来。表现出这种行为模式的儿童通常称为安全型。父母离开房间时，约20%或更少的儿童最初会不安，在分离后会变得极为痛苦。而更重要的是，当重新与父母团聚时，这些儿童难以平静下来，并经常出现相互矛盾的行为，显示出他们既想得到安慰，又想“惩罚”擅离职守的父母。这些儿童通常称为焦虑—抵抗型。大约20%的儿童在父母离开房间时显得不会因分离而过于痛苦，并在重聚时主动回避与父母的接触，有时会把自己的注意力转向玩实验室地板上的物体，这些儿童通常称为回避型儿童。

婴儿期的依恋类型会对后期的发展产生广泛的影响。谢弗（Shaffer，2005）总结了大量文献后提出，早期的安全依恋有助于以后形成更好的问题解决能力，有复杂的和创新性的象征游戏，有更多积极情感，更少的消极情感；这样的儿童好奇心强，喜欢学习，自主性也高。更重要的是，婴儿与养育人之间形成的依恋类型会影响儿童形成一种内部工作模型，这种模型会用于解释各种事件以及形成对人际关系的期望。

2. 依恋行为与文化

依恋理论提出及陌生情境实验作为考察婴儿依恋类型的方式，其前提是成人对婴儿的照顾，以及母亲作为婴儿的第一照看人。然而从全球文化的角度来看，在其他文化中以“陌生情境”作为评价程序并不适当。

在很多社会中，儿童会一直由他人陪伴，一般来说婴儿的首要照看者是母亲，但各个文化中的习惯并不一致。例如，在多数社会中，妈妈作为首要照看者的角色还是最重要的，也是唯一的；在属于卑格米人的阿卡族中，父亲会花相当多的时间跟数月大的婴儿在一起；在很多游牧打猎社会和农业社会中，例如过去的中国，人们在白天携带孩子时，会让孩子保持垂直姿势，能够有长时间的身体接触；在某些环境下，儿童成为扩大家庭或村庄社区的一部分，在这样的环境中，很多成人和其他年龄较长的儿童承担了照看较小儿童的任务；最近，西方城市环境中很多家庭已经习惯于把几个月大的婴儿送到日托中心。因此，以母亲和婴儿在陌生情境中的反应作为了解婴儿依恋类型并不适当。可以想象，平日在日托中心的婴儿跟母亲到了陌生的情境，表现出安全依恋类型行为的儿童也可能不是安全依恋类型的。

尽管谢弗（Shaffer，2005）等认为早期的安全依恋会对成人以后的发展产生全面的积极影响，但对这一问题进行的跨文化研究还相当少。门罗等（Munroe et al，1997）在西肯尼亚进行的一个小型研究发现，在婴儿期被妈妈抱的频率与12岁时的情感意向测量之间存在相关性，而与认知能力测量之间没有相关。因此可以说，早期依恋与晚期的情绪发展有关，但与其他领域的发展没有关系。科纳特等（Kornadt et al，1999）进行了一项持续9年的跨文化追踪研究，发现早期的父母养育行为与9年后的社会行为之间存在重要关系。在他们的报告中，来自东亚和西欧的8个文化群体的儿童的攻击性表现与体现安全依恋的儿童养育变量之间存在高相关性。要研究早期依恋和后期发展之间的关系，比较理想的研究方法是跨文化的追踪研究。但因为这种研究的成本太高，这类研究并不多。相反，倒是有一些不太严谨的研究，例如成人访谈研究，要求成人回忆他们的早期依恋经验，考察这些依恋经验与现在行为之间的关系。但对这类研究结果的解释存在不少争论。

尽管多数社会中子女的第一照看人都是母亲，但不同文化中照看子女的方式并不完全相同，因此使用“陌生情境”作为评价依恋类型的程序并不适当。但是，在母亲作为第一照看人的文化中进行的为数不多的跨文化研究表明，早期的依恋经验跟成人期的行为有一定的关系。因此，为了人们长期的心理健康着想，在生命的早期形成健康的依恋类型是十分必要的。

第二节 儿童期的社会化与文化

社会发展（social development）是指个体在成长阶段，由于社会文化因素的影响，使其在对待自己与对待别人的一切行为，随年龄增长而逐渐变化的历程。也可以叫做人格发展（personality development）或人格成长（personality growth）。社会发展的历程叫做社会化（socialization）。在此历程中，个体由原本单纯的自然人，经过社会环境中与人、事、物的互动，逐渐学习到认识自己、了解别人，并进而在人、己关系中学习到如何待人、律己、循规、守纪等合于社会规范的一切态度、观念和行为（张春兴，1998）。

儿童期是社会化过程的重要阶段。在这一阶段，儿童各方面的心理功能持续发展，通过接受一定的训练，习得自己生活环境周围的文化。在各个不同的文化中，儿童所接受的训练、习得的文化并不相同，从而形成了不同的人格。本节讨论儿童期的社会化过程与文化的关系。

一、文化传递与儿童训练

儿童社会化的最终目的，是让儿童学会适应当地的文化，其最终结果是，文化在代与代之间进行传递，并且文化之内人们的行为具有相似性，文化之间人们的行为具有差异性。正常情况下，儿童会自然而然地习得文化。但在更大的社会环境的影响下，儿童可能被迫学会其他的文化，从而使本民族的文化中断。

视窗

“被偷走的一代”

2002年，一部名叫《防兔篱笆》（Rabbit - Proof Fence）的澳大利亚电影在各大电影节上获得无数好评，这部电影反映的是澳大利亚“被偷走的一代”的故事。

电影《防兔篱笆》剧照

从20世纪初开始，澳大利亚政府针对原住民实施一项计划，以改善土著儿童生活为由，把白人在那些部落里留下的混血子女强行从他们的土著母亲身边带走，很多部落的孩子在莫名其妙中就被政府派出的人员偷偷带走了，甚至他们的父母还在懵懂中认为孩子失踪了。被带走的孩子被集中在保育所等处，接受白人文化教育。他们稍大一点被送到女童和男童收养营；另一些肤色较浅的孩子则被送到白人家中收养。澳大利亚政府之所以这么做，是因为政府视土著为低等种族，必然要在物竞天择的自然生存法则下被淘汰、灭绝。为了“保护”他们，政府决定通过这项政策以逐步“改良”他们的血统。从1910年到废除这项政策的1970年，全澳大利亚有近10万名土著儿童被政府从家人身边强行带走，这些人后来被称为“被偷走的一代”。

“被偷走的一代”在收养营里生活在非人的条件下，且经常受到性骚扰。他们不仅童年凄惨，成年之后的生活也始终伴随着悲惨的阴影。很多人不知道他们出生于哪个家庭，不知道来自哪个部落，无法确定自己的身份。他们为此而忍受着极大的折磨，往往感到生活没有乐趣，没有目标。因为他们天生就是远离所谓文明生活才感到有乐趣。苦闷之下，他们常常酗酒、吸毒。

澳大利亚政府曾经几次对土著推行“同化”政策，其实质是要土著民族放弃自己的传统文化和生活方式，因此遭到了土著人的抵制和抗议，甚至引发了多次大规模的土著暴乱。近年来，澳大利亚政府对土著民族从原来的歧视和“同化”政策转向“一体化”政策，特点是承认土著人有权保留自己的种族文化特征和生活方式，有权决定自己的未来。土著居民的政治地位有了进一步提高。

实现文化传递的过程也是儿童社会化的过程，这一过程是通过社会对儿童的训练进行的。对于各个文化中儿童训练的研究，很多都是通过称为人类关系地区档案（Human Relations Area Files，HRAF）的人种学报告进行的。怀廷等（Whiting & Child，1953）利用人类关系地区档案，考察了各个社会儿童训练的情况。他们从人类关系地区档案中提取了75个社会的人种学数据，考察了五个行为系统，分别是口唇、肛门、性、依赖和攻击。

视窗

人类关系地区档案

1937年，在默多克（Murdock）的领导下，耶鲁人类关系研究所的研究者们开始设计一个分类系统，以组织某一社会中各种文化、行为及其背景信息。其结果就是《文化材料概要》（*Outline of cultural materials*）和《世界文化概要》（*Outline of world cultures*）

1949 年 2 月 26 日，来自哈佛大学、宾夕法尼亚大学、俄克拉荷马大学、华盛顿大学和耶鲁大学的代表齐聚康涅狄格州纽黑文市，加入位于耶鲁的非盈利研究联盟。其计划是对与人类社会和文化有关的有组织的信息进行开发和归类。这一校际组织及其所组织的人种志材料称为人类关系地区档案（Human Relations Area Files，HRAF）。

人类关系地区档案是巨型的人种志档案文件。这些文件以地理位置和文化特征进行分类，包括世界范围内超过 350 个不同种族、文化、宗教和国家群体的信息，共包括 350 万页来自专著、文章以及其他地方所不能见到的未发表的手稿及其英文翻译稿。社会科学家利用这些文件，可以研究特定的文化、文化特质或进行跨文化分析。

该研究得出了两个颇具普遍性的结论：第一，全世界的儿童训练从某些方面来说都是一致的，即都与某些普遍的行为问题有关；第二，儿童训练在不同社会之间存在差异。这两个结论带有普遍主义的性质：有些一般的维度能把人类联系起来，同时个体和群体带有其典型的地区特点，而在这些维度上存在差别。

另外一些利用人类关系地区档案的研究者，集中考察了六个被认为是普遍存在于所有社会的关于儿童养育的核心维度。巴里等（Barry et al，1957，1959）界定了这六个维度：

（1）依从训练（obedience training）：儿童通过接受训练在多

大程度上能够服从成人；

（2）责任训练（responsibility training）：儿童通过接受训练在多大程度上能够为生存和家务劳动承担责任；

（3）养育训练（nurturance training）：儿童通过接受训练在多大程度上能够照看和帮助兄弟姐妹及其他需要帮助的人；

（4）成就训练（achievement training）：儿童通过接受训练在多大程度上能够向优秀的标准努力；

（5）自立（self – reliance）：儿童通过接受训练在多大程度上能够照顾他们自己且不需要他人的帮助而能满足自身需要和欲望；

（6）一般独立训练（general independence training）：儿童通过接受训练在多大程度上能够（超越于上面界定的自立）向往自由而摆脱控制、统治和管理。

巴里等的分析表明，六个维度中的五个倾向于形成两个集群。一个集群把责任和依从训练结合起来，养育训练只是这一集群的边缘部分。另一集群结合了成就、自立和独立训练。两个集群呈负相关。

另外，社会化存在性别差异。巴里等发现，在五个维度中的四个维度上具有比较明显的差异。除了依从训练维度，女孩的社会化更多的为了“顺从”（Compliance）；相反，男孩的社会化更多的是为了“坚持”（Assertion）。

二、生态文化与儿童训练

一个特定的社会为何会选择一种儿童训练习惯，以产生特定类型的典型人格？是不是因为这种典型人格能够适应于该社会的成人生活？

以人口与其生态系统之间的经济关系为例：对于任何社会，都属于采集、打猎、捕鱼、畜牧或农耕之一。这些生存经济形式分布在一个具有两极的维度上，一极是畜牧业，必须严格遵守能够保持牧群健康的固定活动，可以保证将来拥有充足的食物。另一极是打猎和采集，每天的食物来自当天的收获，获得食物的能力和技巧能直接导致奖励或惩罚。农业和捕鱼的社会位于两极之间。经过对这些社会的考察，可以概括地把这些社会的儿童养育模式区分为两种，即依附训练和独立训练（Haviland，2006）。

1．依附训练

依附训练（dependence training）能够增进在执行指派任务时的顺从性，并鼓励个体留在群体中。在畜牧和农耕社会中，耕作土地、照料牲畜以及其他副业经济需要大量劳动力，因此需要扩大家庭。然而，扩大家庭存在潜在的破坏性紧张关系。例如，掌管家庭的成人做出家庭决策，所有其他成员必须服从这一决策。另外，招入的配偶无论是丈夫还是妻子都必须服从群体的意愿，但这并不容易做到，很可能产生某种不服从。因此，要进行依附训练，这样才能解决潜在的问题。

中国和非洲的儿童经常需要照看弟弟妹妹

依附训练包括两方面：支持和惩罚。所谓支持，包括多个方面。成人会纵容年幼的孩子，特别是纵容他们得到长期的口头满足，表现为喂奶持续达到数年。另外，成人经常分配儿童负责照看更小的孩子以及指派其他任务。

在惩罚方面，儿童的攻击行为和性行为遭到严厉阻止，并要求个人完全服从。这种支持和惩罚合乎理想地塑造了顺从的、与世无争的、具有责任心的人，他们不敢越雷池半步，不做任何具有潜在破坏性的事。在这样的社会中，人们应该会倾向于比较"尽责、独断和保守"。

2. 独立训练

独立训练（independent training）强调个人的独立性、自力更生和个人成就，一个人成为他自己的自我和能力的拥有者。在独立训练的社会中，核心家庭由丈夫、妻子和他们的后代组成，他们是独立的而不是大家庭的一部分。独立训练是打猎和采集的社会以及美国那样的工业社会和后工业社会所具有的特点。在这些社会中，自力更生和个人成就对人们来说，尤其是对男子而言，是生存的重要特质。

独立训练包括两方面：鼓励、劝阻。在鼓励方面，侵犯行为和性行为受到鼓励，或者受到较大程度的容忍。在学校、家庭，儿童之间的竞争都得到鼓励。在美国的家庭中，竞争已经走向极端，婴儿期的生物学功能——吃、睡、哭叫、排泄——都转变为父母和子女之间的竞争。在学校，竞赛运动受到鼓励，在教室里也充满各种竞争，如拼单词比赛、有奖竞赛，排列考试成绩等。学生很快就进入相互竞争的状态中，如果奖学金很高，学生们还会千方百计为同学设置障碍，防止其他人也表现太好。因此，在美国社会，成年人非常清楚的一点是，成功在某种程度上以别人受损为代价。

在劝阻方面，不重视口头满足，喂奶不是根据需要，而是根据时间表。喂奶的时间不长，然后就开始喂食物，并试图让他们独立进食。孩子出生后尽快给他们独立的空间，使他们与父母分开来，他们得不到前面所说的那么多照料。对儿童来说，集体责任感不受鼓励，直到儿童晚期才被分配其他任务，而且这些任务较少。父母经常鼓励孩子完成游戏任务，而不是为家庭福利作贡献。

总之，独立训练一般鼓励个人去寻求帮助和关心，而不是给出帮助和关心，而且鼓励个人努力施加个人的支配力。在这样的社会中，人们都会小心留意他们自己的利益，比较“个人主义、自信和冒险”。

3．独立训练和依附训练的结合

独立训练和依附训练是一个统一体的两个极端，某些社会中会同时兼具两种训练的某些要素。例如在寻食社会，分享是日常的秩序，竞争被劝阻，因为可能会与合作相抵触。婴儿会从成人那里获得许多积极的照料和长期的口头满足。同时，也鼓励个人的成就和独立性，因为那些自力更生的人往往在寻食活动中获得成功。

美国人一般认为宽容的儿童养育方式会造就无责任感的人，然而在寻食社会中，宽容的儿童养育方式也造就了有责任感的人，这与美国人的观念是不同的。

4．生态文化与儿童训练的关系

根据独立训练和依附训练的分布可以预测，在畜牧和农耕社会中食物积累的程度较高，人们应该会倾向于比较“尽责、独断和保守”；而在打猎和采集社会中，食物积累的程度比较低，人们应该会比较“个人主义、自信和冒险”。巴里等（Barry et al，1959）的一个跨文化研究考察了生存经济与儿童训练之间的关系。他们假定，社会将为培养适当的成人行为来训练儿童，因此预测在生存经济和儿童养育习惯之间会有关系。在以46个社会下为样本进行研究发现，食物积累跟社会化习惯的责任心和依附训练之间存在正相关，而跟社会化习惯的成就、自立和独立训练之间存在负相关。当采用社会化的更加综合的测量时，这些关系就更加清楚了，这一综合的顺从—独断得分与食物积累程度之间的相关得分为+0.94。在顺从—独断评估中得分中等以上的23个社会中，有20个是食物积累程度高的，而在23个在顺从—独断评估中得分中等以下的样本社会中，有19个是食物积累程度低的。因此社会化重点与广泛的生态和文化环境之间具有很大的相料性。

三、社会化中的性别差异与文化

社会化过程中有性别差异的问题吗？研究发现，在所有的社会中都有行为的模式化性别差异，在所有的社会中都按性别进行劳动分工。这两种现象不但是普遍的，而且二者之间可能存在函数关系。

1. 行为性别差异的文化普遍性

一般认为，男女的行为性别差异大体上表现为：男性更加个人独断、成就定向和支配性，而女性更加响应社会、被动和顺从。

对于这一认识，需要注意的一点是，尽管这些行为差异是普遍的、几乎没有相反的，但这种差异在某些社会中可能是极大的，在另一些社会中却可能是极小的。因此需要考察的是，在不同的文化中性别差异的方向是否具有普遍性，以及不同的文化中性别差异的量是否有差异。

2. 性别差异与社会化过程

男女之间行为方式存在差别已经是一个普遍存在的现象，但是，社会化中的性别差异和行为的性别差异之间是什么关系呢？

性别差异与社会化过程关系的第一种解释是，由于男性和女性具有不同的生物学特征，因而社会化的过程顺应了这种区别。人类学家很早就发现，很多文化中都根据性别进行劳动分工，而且劳动分工的方式也具有普遍性。例如，几乎在所有的社会中，准备食物都是女性的事情；照看儿童通常也是女性的责任，尽管有时男性也会分担照看儿童的责任，但没有一个社会是男性负主要责任的。这种分工的原因是：（1）男女的生物学差异造成的身体差异，特别是女性总体上力量较差；（2）生育孩子主要是女性的责任。男性和女性担任不同的经济角色，其中女性主要负责家务活动，这是一种功能性的反应。

第二种解释是，男女实现社会化的方式之所以不同，是因为社会要求儿童提前承担与他们的性别相联系的成人职责，以为成人以后的职责做准备。因而，行为差异可以看做不同的社会化的产物，而社会化又反映了不同的成人活动，也可以看做为形成成人活动而进行的适当训练。

尽管男女在社会活动中的分工是基于生物学因素，但在不同的文化中，男女分工的方式并不相同。一个典型的例子就是，在一些社会中男性和女性在重要的生存经济活动中承担的责任差别不大，双方的贡献相当，这与男性和女性承担责任差别大的社会相比，社会化的过程、男女的社会地位等都会有差异。

首先，不同的社会中，男女社会化的过程并不相同。对于社会化过程，在定居、食物积累程度高的社会中，如农耕社会，女性不但受更多养育和顺从的训练，而且不同性别训练的差异也是很大的。在食物积累程度低的社会中，例如采集或打猎社会，较少根据性别区分劳动，不论男性还是女性，几乎不需要进行顺从的训练。在这样的社会中，妇女对基本生存活动的贡献也是生存活动的一部分。因此，男性重视妇女的工作，因此不会贬损妇女或坚持让妇女从属于他们。

其次，在不同的文化中，由于男女分工的方式不同，妇女对于生存的贡献的程度也不相同。女性参与生存经济活动或多或少，取决于活动的方式。例如，席雷格尔等（Schlegel et al，1986）提出，如果通过采集获得食物，妇女的参与程度通常较高；在人种学报告所编码的 14 个采集社会中，妇女在 11 个（79%）社会中是高贡献者。与此相反，在 16 个打猎社会中，妇女在其中的两个（13%）社会中是高贡献者。如果主要的生存活动是采集或者农耕（除了精细农耕），妇女倾向于贡献较大；如果主要生存活动是动物饲养、精细农耕、捕鱼或打猎，妇女贡献就会较小。

他们还发现，妇女在生存活动中的作用的差别有广泛的影响。妇女对生存的贡献与妇女的社会生活有关系。在妇女对生存的贡献较大的社会，就会盛行一夫多妻、异族结婚、彩礼、控制生育以及以工作为导向训练女孩。在这样的社会中，女性比较受重视、有自由，一般不会成为男性满足性需要和繁殖需要的工具。最近的一项研究（de Munck et al，2007）还发现，在夫妻较为平等的文化中，双方的关系更为亲密，表现在夫妻晚上休息时更为亲近、更为私密，双方在一起吃饭时间更多，更经常地在一起度过休闲时间以及丈夫会参加孩子的生日会等。

这说明，生态文化背景对男女社会化的方式具有广泛的影响：不但对社会化的具体方式产生直接的影响，而且还对男女的社会地位、夫妻关系等产生微妙的影响。

四、养育信念系统的文化差异

如前所述，不同文化中的婴儿、儿童的心理发展水平、社会化的方式是不同的，这与文化的影响有关。而文化则通过人们所持的观念产生影响。也就是说，在不同的文化中，人们对婴儿发育有不同的要求，对儿童进行训练的方式和目的也有区别。例如，在特定文化中，父母和其他照看者有着一些关于养育儿童及其他共同习惯，如提供感情、温暖，喂养和排泄的时间表，甚至发展本身（例如，什么时候儿童应该走路、说话、骑自行车、选择朋友）的适当方式的信念、价值观和习惯。这种养育领域的知识和信念，叫做养育信念系统，或者叫做养育种族理论（Parental ethnotheories）。

1. 关于睡眠的信念

对于年幼婴儿，只要不喂养的时候就让婴儿独自待着，还是当他们表现出不高兴时就把他们抱起来？我们的一般观察发现，中国的母亲在看到婴儿哭泣时就会把他们抱起来。如果在该睡觉的时候不睡觉，母亲会把孩子抱起来轻轻地摇，说一些轻柔的话或唱有助于睡眠的歌曲，让婴儿尽快睡着。其实，这些行为的背后是关于儿童睡眠的一些信念。

关于儿童睡眠，不同文化中的观念并不相同，例如，美国母亲和荷兰母亲的认识就有差异。苏泊尔等（Super et al，1996）研究了不同文化中调节年幼儿童睡觉的模式。他们通过访谈和直接观察，研究了荷兰和美国城市环境中 6 个月到 4 岁零 6 个月的年幼儿童及他们的父母。对荷兰母亲来说，强制养成有规律的睡眠模式是一件很重要的事情。荷兰母亲认为，如果儿童没有足够的睡眠，就易激惹，而且年幼儿童需要睡眠才能生长和发展。事实上，这样的观念在荷兰的健康保护系统中也很受重视。在美国，人们认为儿童有规律的睡眠模式随着年龄的增长会逐渐习得，而且认为，睡眠的规律性一般不能引发。从荷兰父母的日记中可以看出，荷兰的儿童在早年有更多的睡眠。直接观察也发现，当醒着时，荷兰儿童更多的处于"安静的觉醒"状态，而美国儿童更多处于"活跃的觉醒"状态。

2. 掌握技能的时间表

在中国的传统社会中，成年人尤其是男性要进行复杂的耕作活动，因此也比较注重让年幼的儿童学习一些成年人的技能。而在现代中国以及西方社会，则更加强调让儿童尽可能多玩游戏，特别是与其他儿童一起玩游戏，因而社会交往的技能就比较好。

威廉来等（Willemsen et al，1997）进行了一项研究，考察各个文化中人们对儿童发展的期望。研究者把儿童应该掌握的77种技能分为六个不同的领域，分别是身体技能、知觉技能、认知技能、个体内部技能、人际技能和社会技能，然后对68位荷兰母亲、50位居住在荷兰的土耳其移民母亲和60位赞比亚母亲进行了访谈，要求母亲指出这些技能应该在多大年龄掌握。结果发现：

第一，母亲期望儿童掌握身体技能的年龄在各文化之间的差别很小，但对于社会技能，例如，在家庭内部帮忙，与兄弟姐妹玩，记住阿姨和叔叔们的名字等，赞比亚母亲报告的掌握这些技能的年龄显著高于另外两个样本，而土耳其—荷兰母亲给出的年龄又高于荷兰母亲给出的年龄。对于另外四个技能领域，各个样本之间的差异比社会领域的差异要小。

第二，随着儿童掌握某技能的年龄增长，跨文化的差异就越大。在5岁之前，差别是随着年龄增长而增大，但对于在较大年龄才掌握的技能来说，三个样本之间的差异减小了。

第三，特定的背景变量可以解释这些差异。母亲的职业地位、她的教育水平、孩子的数量和年龄等因素结合起来，可以解释1/3的跨文化差异。教育水平和孩子的数量的预测结果最准确：教育水平高的母亲提出的掌握技能的年龄偏低，孩子多的母亲提出的掌握技能的年龄偏高。

这种养育信念系统决定了不同文化中人们抚养儿童的方式是不同的，进而影响婴儿和儿童各个方面的心理发展。

第三节 社会性发展与文化

对于儿童的社会性发展，父母除了希望儿童具备良好的道德感，能够明辨是非以外，还希望做到两点：第一，能够避免伤害他人，也就是在不伤害、不攻击他人的前提下满足自己的需要；第二，有亲社会的行为表现，也就是能够无私地为他人着想并愿意付诸行动，表现出分享、安慰以及助人的亲社会行为。

在不同的文化场景中，儿童的道德观念、攻击行为与亲社会行为可能受文化的影响从而表现出一定的差别。本节讨论儿童的道德观念、攻击行为和亲社会行为与文化的关系。

一、道德发展与文化

1. 道德发展概述

道德就是调节社会行为的原则或观念。个体发展是一个社会化的过程，在这个过程中，个体要逐渐学会按照社会规则做事，并逐步掌握社会的道德规范。心理学家所研究的道德，主要包括三个成分：（1）情绪或情感成分，包括与正确的或错误的行为相联系的感受（如内疚、关心他人的感觉等）以及能够激发道德观念和行为的情感；（2）认知成分，关注是非概念的界定和对行为做出决定；（3）行为成分，是指当个体撒谎、欺骗或受其他违背道德规范诱导时的行为表现。心理学对道德发展的研究，主要涉及道德认知的发展，并主要沿袭了皮亚杰和柯尔伯格的方法和理论。

皮亚杰在观察儿童玩游戏的过程中发现，儿童对游戏规则的解释方式随年龄的增长而改变。他以独创的临床研究法（谈话法）为研究方法，给儿童讲述包含道德价值内容的对偶故事，然后在观察和实验过程中提出一些问题，分析儿童的回答，尤其是错误的回答，从中找出规律，揭示儿童道德认知发展的阶段及其影响因素。

对偶故事之一：

A. 一个叫约翰的男孩在他的房间里，家里人叫他去吃饭，他走进餐厅，但在门背后有一把椅子，椅子上有一个放着15只杯子的托盘。约翰并不知道门后有这些东西，他推门进去，门撞倒了托盘，结果15只杯子全撞碎了。

B. 一个叫亨利的男孩，一天母亲外出了，他想偷偷从碗柜里拿一些果酱吃。但是果酱放的地方太高，他的手臂够不着，他试图取果酱时，碰倒了一只杯子，结果杯子掉下来碎了。

问题：这些孩子的过失是否相同？这两个孩子哪一个问题更严重，为什么？

皮亚杰认为儿童的道德认知发展经历了从自律到他律的过

程，在此之前，还经历了一个具有自我中心的规则概念的阶段——前道德阶段。

另一位著名的道德发展理论学家是美国哈佛大学教授柯尔伯格（Kohlberg L，1927－1987），他继承了皮亚杰的理论，采用纵向研究，以72个10—16岁的男生的道德判断为题，研究达数十年，后来提出了他的三期六段道德发展理论（柯尔伯格，2004）。

柯尔伯格在研究中给被试讲述故事，这些故事中的人物处于两难境地，从而使不同的道德原则处于针锋相对的境地，然后向被试提出问题，根据被试的回答来推断其道德发展的阶段。

道德两难故事之一：

在欧洲，一位妇女因为得了一种特殊的癌症而濒临死亡。医生认为有一种药也许能挽救她的生命，这种药是本镇一位药剂师最近发现的。这种药很昂贵，但药剂师所要的价格是制这种药成本的10倍。他制这种药需要花费400美元，但卖一点药他就要价4000美元。这位妇女的丈夫海因茨去找所有他认识的人借钱，尝试了所有合法的手段，但他只能借到大约2000美元，仅仅是药价的一半。他告诉药剂师，他的妻子快要死了，央求他便宜一点卖给他或者晚一点再付钱。但药剂师说："不，我发现了这种药，要靠它赚钱。"海因茨尝试了所有可能的合法手段后绝望了，于是他闯入药店给他妻子偷药。

问题：海因茨应该不应该偷药呢？为什么？他是对的还是错的？为什么？他有责任和义务去偷药吗？人们竭尽所能去挽救另一个人的生命是否重要？为什么？他偷药是违法的吗？他偷药在道义上是否错误？为什么？仔细回想故事中的情境，你认为他最负责任的行为应该是什么？为什么？

柯尔伯格分析了被试回答的理由，认为存在三个主要的道德推理水平，分别是前习俗水平（包括惩罚和服从定向阶段以及工具性的相对主义定向阶段），习俗水平（包括人际协调的定向阶段和维护权威或秩序的定向阶段）和后习俗水平（包括社会契约定向阶段和普遍道德原则定向阶段）。

2. 道德发展阶段与文化

柯尔伯格（2004）提出，道德推理的发展在所有文化中都遵循同样不变的顺序，最终导致发展的最高水平，也就是普遍的伦理原则。然而，他承认发展的速度和所达到的最高水平会有差异。然而，是不是所有的文化中道德发展都符合柯尔伯格的理论呢？尤其是所有文化中的道德发展都遵循同样的顺序吗？

在一个综述中，塞纳瑞（Snarey，1985）考察了来自 27 个文化群体的 45 个研究。他发现相当多的研究支持柯尔伯格所提出的不变的顺序。前两个水平在很多社会中都得到确认。关于道德推理的最高水平，在收集数据的 8 个民间或乡村社会中，在任何一个社会中都没有发现证据表明存在后习俗阶段。因此，后习俗道德推理仅仅是复杂的城市社会的特征。然而，即使是城市样本中，典型的水平是习俗推理水平，而不是后习俗水平。其他证据表明，道德推理在文化之间存在差异。例如，爱德毕兹（Edwards，1986）认为，文化群体会有道德推理阶段或水平的差异，这是因为价值观和社会组织的不同所致。塞纳瑞还声称，每一个文化都会出现后习俗推理，但另一些研究提出，更高的阶段并非分离的发展阶段。

从这些研究来看，道德发展存在不同的发展阶段，但在不同文化中所出现发展阶段并不完全相同。至少后习俗阶段可能是特定社会塑造的结果，并非在所有社会中都会出现。

3. 道德意义的文化差异

即使在所有文化中都存在柯尔伯格理论的阶段，各个阶段的道德观念在不同文化中的意义都是一致的吗?

施威德等（Shweder et al，1987）向印度和美国的5—13岁的儿童和成人提出了39种行为，让他们判断这些行为是不是错的，如果是错的，那么错误是否严重。例如其中的三种行为：

一位年轻的已婚妇女没有得到丈夫允许就去看电影，结果被丈夫打得身上青一块紫一块，虽然她的丈夫一再被警告不得这么做。

哥哥和姐姐决定结婚生孩子。

在父亲死的那一天，他的长子去理发，还吃鸡肉。

结果发现，两种文化中对于什么行为是对的行为具有显然不同的认识。而且随着年龄增长，印度儿童表现出越来越多的普遍道德原则性质的问题，而同样的问题在美国儿童那里表现得越来越少，而有越来越多的社会常规问题，这些常规在不同社会中是不同的。

施威德等（Shweder et al，1990）还在研究中让一个美国城市社区和印度奥里萨的一个群体判断一个社会规定，例如寡妇是否应该吃鱼，然后比较了二者的判断。结果发现，在两个社会中对道德行为的认识是不同的。他们提出，存在以自然法则和争议的观念为基础的“替代的后习俗道德”，而不是以个人主义、世俗主义、社会契约为基础。米勒等（Miller et al，1990）以印度和美国的儿童和成人为被试研究了道德观念。400名被试分为三组，分别对当某人面临下述三种假定的情境时进行道德推理：没有帮助面临生命威胁的另一个人、没有帮助非常需要帮助的另一个人、没有帮助一个有点需要帮助的人。某人与需要帮助的另一个人的关系在不同情况下分别是父子关系、好朋友、陌生人。结果发现，印度人认为所有条件下不能帮助别人都具有道德意义。而美国人只有在当人的生命受到威胁时不能帮助他才具有道德的意义。印度人观念中的道德行为是承担社会责任。米勒及其同事早期进行的研究表明，印度的判断反映了倾向于优先考虑社会责任的道德规范，而美国的判断反映了倾向于优先考虑个人权利的道德规范。但米勒发现，如果要判断的是严肃的情境（例如威胁生命的），印度和美国的观点具有相似性。然而还是存在重要的文化差异，表现为适当的道德行为的社会责任的范围不同，以及用以判断这些事情是否构成道德义务的标准有差别：印度人在更大范围的事件上认为有道德义务，比美国人更强调需要。

马（Ma，1988）在柯尔伯格理论的基础上，对中国人的道德发展进行了研究。后来又对香港、中国大陆和英国的被试进行了研究（Ma，1989），并据此提出了对柯尔伯格理论的修正。他认为，中国人的道德观念跟西方不同，中国人重视“中庸之道”（以社会中绝大多数人的行为方式行事）和“好意”（顺应自然的美德）。香港和中国大陆的被试表现出很强的利他行为和遵守法律的倾向，比英国被试的倾向要强。总的来说，中国人重视“情”（人类情感或感受）甚于“理”（理智、理性），他们重视孝道、群体一致性、集体主义和博爱。马等（Ma et al，1996）还以620名中国香港人、100名英国伦敦人和353名美国人为被试，考察了柯尔伯格的道德发展阶段在不同文化中的表现。结果发现，总体的情况符合柯尔伯格的层级结构。但对第四阶段的理解方面，各文化中存在一些差异。中国被试倾向于认为第四阶段的表述很像第五和第六阶段，而英国和美国的被试则认为第四阶段的表述更像第二和第三阶段。研究者认为，这与不同文化中看待社会秩序、规范和法律的观点的差异有关。

视窗

孝道在中国

在中国，古代的典籍和现代法律中都有很多对孝的要求，如：

弟子入则孝，出则悌。——《论语·学而》

父母呼，应勿缓；父母命，行勿懒。——李毓秀《弟子规》

夫孝，天之经也，地之义也。——《孝经》

新中国的法律中也有诸多对孝的要求，如：

《中华人民共和国宪法》第四十九条规定：禁止破坏婚姻自由，禁止虐待老人、妇女和儿童。

王祥卧冰求鲤

《中华人民共和国婚姻法》第二十一条规定：子女对父母有

赡养扶助的义务，子女不履行赡养义务时，无劳动能力的或生活困难的父母，有要求子女付给赡养费的权利。

《中华人民共和国刑法》第二百六十一条规定：对于年老、年幼、患病或者其他没有独立生活能力的人，负有扶养义务而拒绝扶养，情节恶劣的，处五年以下有期徒刑、拘役或者管制。

元代郭居敬曾经编辑了古代24个孝子的故事，编成《二十四孝》，成为宣扬孝道的通俗读物。其中卧冰求鲤的故事说的是王祥的故事。王祥是琅琊人，生母早丧，继母朱氏多次在他父亲面前说他的坏话，使他失去父爱。父母患病，他衣不解带侍候，继母想吃活鲤鱼，适值天寒地冻，他解开衣服卧在冰上，冰忽然自行融化，跃出两条鲤鱼。继母食后，果然病愈。王祥隐居二十余年，后从温县县令做到大司农、司空、太尉。

从印度、中国的道德发展研究来看，各个国家、民族由于受深层次的价值观、态度等的影响，人们所认同的道德观念以及道德的发展规律并不完全相同。

二、攻击行为与文化

1. 攻击行为概述

攻击行为是任何对生物体有意的伤害行为，且被伤害者会力图避免这种行为（Coie et al，1998，转引自 Shaffer，2005）。这一定义按照行为者的意图而非行为的后果来界定攻击行为。一般来说，攻击行为通常可以分为两类：分别是敌意性攻击和工具性攻击。如果行为者的目的是伤害对方，其行为就是敌意性攻击；如果是通过伤害他人而达到其他目的，就是工具性攻击。

2. 攻击行为与文化

攻击行为是不是在不同的文化中普遍存在呢？还是不同文化中的攻击行为存在差异？跨文化研究和人种志研究都发现，某些社会和亚文化群体会比另外一些社会和亚文化群体更有暴力倾向和攻击性。例如谢弗（Shaffer，2005）提到，巴布亚新几内亚的阿拉佩什人（Arapesh）、锡金国的雷布查人（Lepchas）以及中非的卑格米人都是用武器狩猎，但他们却很少表现出对人的攻击行为。而巴布亚新几内亚的卡布什人（Gebusi）却鼓励孩子好战，对他人的需要漠不关心，他们的凶杀率比任何一个工业化国家都要高50倍以上。

对于攻击行为的跨文化差异，原因之一可能是文化通过父母的教育而产生的影响。1岁左右的幼儿已经开始有一些工具性攻击行为，2岁左右幼儿的工具性攻击行为有增无减，但有时会采用协商而非攻击的方式解决冲突。解决问题的方式受文化的影响，具体表现为不同文化中父母对儿童攻击行为的态度不同。一项研究（Zahn - Waxler et al，1996）考察了文化对日本和美国的学前儿童攻击行为的影响。日本文化是一种集体主义文化，人们倾向于用协商的方式解决冲突。研究发现美国儿童比日本儿童表现出更多愤怒、攻击的行为和语言。而表现出西方文化的美国母亲和东方文化的日本母亲，对儿童的情绪表达具有不同的容忍度，相对来说，日本母亲更加不能容忍儿童的暴力和攻击行为。

攻击行为跨文化差异的另一种解释是邦德等（Bond et al，2004）提出的理论模型。他们认为，任何社会都要在进行资源分配的同时保持社会的稳定，因此进行资源分配必须遵守规则，即社会规范。而对这些规范的违反被称为攻击行为。不同的文化中所形成的分配规范不同，从而影响了攻击行为的发生。

三、亲社会行为与文化

1. 亲社会行为概述

1 岁左右的幼儿已经开始表现出亲社会行为，如同情、分享等。尽管 2—3 岁的幼儿对同伴的悲伤表现出同情和怜悯，但他们并不热衷于自我牺牲行为。只有父母教育儿童要考虑他人的需要，或者一个同伴主动要求或强迫他们做出分享行为时，儿童才会表现出利他行为。但从全世界多种文化中进行的研究来看，从小学低年级开始，亲社会行为越来越普遍。

影响儿童亲社会行为的因素很多。不同婴幼儿表现出的亲社会行为有差异，首先受他们个人气质的影响。其次，父母在儿童伤害他人后的反应也会影响儿童的亲社会行为。在儿童发展过程中，社会认知和情感因素对儿童的利他行为具有重要影响。

2. 亲社会行为与文化

根据上一节的分析，不同的社会化过程可能表现为重视依附训练和重视独立训练，其结果就是有的文化中的人“尽责、独断和保守”，而另一种文化中的人“个人主义、自信和冒险”。据此也可以推测，前者可能会表现出更多的亲社会行为，而后者的亲社会行为可能较少。

谢弗（Shaffer，2005）提到，著名人类学家怀廷等人曾经对肯尼亚、墨西哥、菲律宾、日本、印度和美国这六种文化背景中的儿童进行了观察。他们发现，来自非工业化社会的儿童表现出更多的亲社会行为。需要注意的是，其实不论在工业社会还是非工业社会，亲社会行为总是受到鼓励，只是程度不同，人们对这种行为的具体态度有所差别而已。例如李康等（Lee et al，1997）对加拿大和中国的儿童进行了一个跨文化研究，要求儿童对四个故事进行评价。其中在两个亲社会故事中，主人公做了一件好事，当故事中的老师问是谁做的时，其中一个故事中的主人公坦率地承认，另一个故事中的主人公不承认是自己做的。对于承认还是不承认做好事，两国的儿童表现出显著的差异，中国的儿童更倾向于认为不应该承认，而加拿大的儿童则认为应该承认。

上述结果与社会化过程可能有关。在依附训练的文化中，人们通常生活在大家庭中，儿童通过做家务和照看弟弟妹妹等方式促进维持家庭的运转，因此他们习惯于表现出亲社会行为，并倾向于认为这样的行为是应当的，没有必要承认。而在独立训练的文化中，社会和家庭不会给儿童分配家庭责任，即使要做一些家务劳动，也是以自我服务为主，跟家庭的关系不大，因而较少表现出较少的亲社会行为，即使有亲社会行为，也没有必要掩饰。

上述结果也可以用集体主义—个人主义的维度（详见第六章第二节）进行解释。西方发达国家大多是个人主义社会，这些社会强调竞争和个人的目标，因此自我牺牲并非应尽的义务。而较落后的非工业国家多是集体主义社会，比较强调抑制个人主义，为了集体的利益而与他人合作，因而表现出更多利他行为。

第四节　青春期与文化

通过简单的观察就可以发现，青少年发展到12岁、13岁到15岁、16岁左右，其生理、心理各方面会出现显著的变化，从而使这一现在称作青春期的阶段看起来非常特别。但是，青春期作为一个单独的阶段被人们注意，并不是一直就有的，而是在20世纪初随着工业社会的发展而出现的事情。而且，西方主流社会认为青春期的青少年会遭遇“风暴”的情况，也并非存在于所有文化中，或者至少程度有所不同。因此，青春期是一个普遍的现象还是文化塑造的结果，青春期生理、心理发展与文化之间的关系究竟如何，还是一个复杂的、值得深入研究的。实际上，由于玛格丽特·米德的著作，才引起了西方心理学界对青春期是否具有文化普遍性的思考。本节讨论青春期生理、心理发展与文化的关系。

一、青春期发育的文化差异

青少年期的开始在生理发育变化方面有两个明显的先兆：第一是进入青春发育加速期，身高和体型发生了巨大的变化；第二是到达了青春期，个体达到性成熟，并开始具备生育能力。

1. 青春期发育

青春期发育的明显表现就是“发育加速期”，也就是身高和体重加速增长，标志着青春期的开始。女孩的发育加速期一般开始于10.5岁，到12岁发育速度达到最高峰，13—13.5岁回落到较慢水平。而男孩的发育加速期滞后2—3年，到13岁时进入发育加速期，14岁达到高峰，16岁回落到较缓慢的速度。

对于女孩来说，进入发育加速期后，乳房开始发育，性器官开始成熟。在西方国家，女孩一般12.5岁开始初潮，初潮的第二年，随着乳房发育的完成和腋毛的出现，女孩的性发育告一段落。对男孩来说，大约11—12岁性成熟开始，这时睾丸增大，阴毛出现，到14.5—15岁时阴茎已充分发育，大多数男孩达到性成熟。

2. 文化对青春期发育的影响

尽管青春期发育是生理现象，但也受到社会和文化的巨大影响。伊文莱斯等（Eveleth & Tanner，1990）对世界范围内的人类发育进行了广泛的调查，发现不同时代、不同文化中青少年的生理发育具有很大的差异。一方面，在过去的140年里，女孩月经初潮开始的年龄逐渐前移。美国至少在20世纪20年代开始，女孩的初潮年龄明显提前，同样在日本现代化进程中，女孩月经初潮的年龄也大大提前。数据表明，在1950—1975年之间，日本女孩初潮年龄每10年就提前一岁。另一方面，月经初潮开始的年龄存在着很大的文化差异。在对150多个地区青少年的调查研究中，月经初潮开始的平均年龄从委内瑞拉的12岁到新几内亚丘陵地区的18岁不等。

是什么导致了月经初潮开始年龄的跨文化差异和历史变化？伊莱斯等认为，影响女孩月经初潮开始年龄变化的主要因素是营养。营养摄入总体上的文化差异和历史变化导致了月经初潮年龄的重大变化。因而，发达国家少女初潮来得较早，发展中国家少女来得稍迟；家庭经济条件好的女孩来得早些，条件差的较晚。例如，对尼日利亚少女的调查结果显示，家境较好的少女比家境贫困的少女月经初潮大约要早5年。同样，由于城市居民普遍比农村居民饮食状况好，所以城市女孩比农村女孩初潮的年龄小。开罗市少女月经初潮的平均年龄在12—13岁之间，而埃及农村女孩初潮年龄平均接近14岁。长期的营养不良往往也会导致月经初潮的推迟。例如，在美国东部阿巴拉契亚山脉地区，由于人们长期缺乏营养，当地少女初潮的平均年龄是14.4岁，比同一区域营养状况良好的少女初潮平均年龄的12.4岁晚了两年。除了营养因素，体能消耗因素（从事强体能消耗运动易导致初潮的推迟），生态因素如海拔（高海拔地区的女孩月经初潮往往推迟）也会影响初潮的早晚。

文化因素对青少年的生理发展的影响还表现在身高方面。波金（Bogin，1999）对世界不同文化的青少年晚期和成年早期的身高、体重进行了比较，结果发现，全世界 20 岁的成年人中，荷兰人身高最高。男性平均身高为 182 厘米，女性平均身高为 168. 3 厘米。此外，非洲卑格米人在 19 岁到 29 岁步入成年早期时，其身高水平处于世界最低。其男性平均为 144. 9 厘米，女性平均为 136. 1 厘米。玻利维亚艾玛拉的印第安人和危地马拉玛雅的印第安人的身高也相对较低。这两个地区都比较贫困，人们长期遭受营养不良及传染病，这些因素阻碍了身高的增长。

二、青春期是文化“创造”出来的？

青春期是由生物学还是由社会所决定的人生阶段？至少在 20 世纪以前，人们还没有把青春期作为一个特定阶段来看待。大约到了 20 世纪初，随着社会的发展，儿童和青少年开始接受义务教育。这时，青少年突然摆脱了成人，有了大量时间跟自己的同伴在一起，发展起本年龄阶段所特有的文化，人们才开始把青少年作为一个独特的群体。他们显然与无知的儿童不同，但还没有到像成人一样可以承担责任的时候。第二次世界大战以后，越来越多的中学毕业生推迟结婚和工作，去接受大学或研究生教育，因而青少年的经历更加丰富，这一阶段也更加独特了。因此，青春期这一阶段也存在进一步扩展的可能。

1. “青春期风暴”

1916 年，著名的发展心理学家斯坦利 · 霍尔（Hall G. S，1844—1924）发表了《青春期》一书，从此开始了心理学家对青春期的系统研究。当时认为，青春期是一个独特的人生阶段。从此之后，青春期作为一个独立的阶段在心理学、社会学、人类学和医学界受到很多研究。

根据西方主流学术界的研究，青春期是一个充满“风暴和压力”的时期。在青春期，至少在青春期的开始阶段，身体会发生巨大的变化。身体发育进入加速期，性成熟，荷尔蒙发生变化，大脑也发生相应的变化。在青春期中期，身体发育成熟，可以从事一些成人的工作，并具备了生育后代的能力。但是，对于青少年来说，他们的心理发育还不成熟，社会地位、经济收入等还不足以让他们承担成人的责任。特别是在要接受更长时间的学校教育的工业和后工业社会中，情况更是如此。这种生理成熟和社会功能成熟的分离，必然导致一个困难的青春期。与这种特殊情况相联系的，青春期容易出现种种问题行为，如犯罪、抑郁等。

2. “青春期风暴”与文化

席雷格尔等（Schlegel et al，1991）研究了 170 多个前工业社会的人种志数据以后提出，大部分社会中都有青春期的概念。其中在很多社会，到了青春期的某个时间要进行一个公开的正式仪式，也就是成人仪式，标志着青少年成长为成年人，同时也具备了成年人的责任。来自全世界的人类学证据清楚地表明，青春期不管在哪里都是一个伴随着心理紧张的学习新的社会角色的时期。但是，是不是就像整个 20 世纪的西方发展心理学家和临床心理学家所宣称的，青春期是一个风暴和重压的时期呢？

首次对“青春期风暴”这一概念提出疑问的是人类学家玛格丽特·米德，她最初对萨摩亚群岛青少年无忧无虑的青春期进行了描述。她发现，萨摩亚的青少年不会经历强烈的情感撞击，处在青春期的姑娘不会受到任何过于强烈的心理折磨。对宗教信仰、道德标准、群体归属、婚姻对象以及职业选择等，萨摩亚不像西方那样提供多种选择且有矛盾，她们只有一种选择，但也没有选择的社会压力。在这里，并没有“青春期风暴”。尽管这一研究是否真实还存在争论，但激发了人们对青春期与文化关系的研究。从那时起，有关青春期的跨文化研究越来越多。

萨摩亚少女

在席雷格尔等的研究也发现，某些文化中并没有青春期这个特殊阶段的概念。例如，洛伦茨的因纽特人仅仅把男孩从男人中区分出来，或把女孩从女人中区分出来，遵循很多有文字记录以前社会的传统，在这些文化中，青春期是通向成年的路。然而，也有些文化中对人生阶段的描述比西方社会中的描述要复杂得多。例如，东非的阿拉萨把男性至少分为六种富有意义的年龄层：男孩、初级武士、高级武士、年轻长辈、资深长辈和退役长辈（Shaffer，2005）。但从全世界范围来看，大多数文化中的青春期通常比较短，女孩大约 2 年，男孩 2—4 年，如果针对成人角色的训练比较多，需要的时间会长一些。在某些情况下，例如在印度农村，儿童从很小就要从事成人的工作，他们青春期的时间以及受到的关注都比西方以及富裕的印度城市要少得多(Saraswathi, 1999)。在传统的中国社会中，男性很早就从事生产劳动，不到20岁就会结婚生子，其生活跟成人没有什么不同，因而也不会经历青春期的过度紧张。例如张世富（1982）对中国云南傣族自治州的克木人和基诺人的青少年进行了研究，发现这两个社会中对青少年采取尊重、信任态度，认可他们的成人感和独立感，青少年在婚前有交往自由和性自由，因而在青春期也不存在什么危机。

因此，青春期虽然是一个生理变化剧烈的时期，也是快要步入成年的标志，这必然带来心理的紧张和新的责任，从而对青少年形成冲击。但总的来说，青春期的时间并不算太长，青少年在这一阶段所受到的压力在一定程度上是文化塑造的结果。如果文化要求青少年接受更多教育，更晚结婚和担任成人的角色，那么他们将感受到更多压力；如果青少年能够较早接受训练并担当成人的工作角色和婚姻中的角色，青春期也可以不是风暴和压力的特殊时期。

小结

本章讨论了个体发展与文化的关系。第一节讨论了文化对婴儿期发展的影响；第二节讨论了文化与儿童期训练以及儿童社会化的关系；第三节讨论了道德发展、攻击行为和亲社会行为与文化的关系；第四节讨论了青春期的普遍性与文化建构的问题。有关的研究表明，个体发展的各个阶段的特点具有相当程度的普遍性，但某些具体方面又广受特殊文化的影响，表现出文化特异性。

思考题

1. 文化如何影响非洲婴儿发展，从而表现出非洲婴儿早熟现象?

2. 不同文化对儿童训练有什么特殊要求?

3. 道德发展的最高水平有什么文化差别?

4. 为什么说“青春期”在一定程度上是由文化塑造的?

参考文献

柯尔伯格著，郭本禹译:《道德发展心理学·道德阶段的本质与确证》，华东师范大学出版社，2004 年。

张春兴著:《教育心理学》，浙江教育出版社，1998 年。

张世富:《云南省西双版纳傣族自治州克木人和基诺族的青少年品德形成的调查研究》，载《心理学报》，1982 年第 4 期。

Barry H, Bacon M. K, Child I L. A. Cross - cultural survey of some sex differences in socialization. Journal of Abnormal Psychology, 1957, 55: 327 -332.

Barry H, Child I L, Bacon M. Relation of child training to subsistence economy. American Anthropologist. 1959, 61: 51 -63.

Bogin B., Patterns of human growth (2nd Ed). Cambridge, U. K: Cambridge University Press, 1999.

Bond M. H., Culture and Aggression - From Context to Coercion. Personality and Social Psychology Review, 2004, 8 (1): 62 - 78.

Bornstein M. H et al., Functional Analysis of the Contents of Maternal Speech to Infants of 5 and 13 Months in Four Cultures: Argentina, France, Japan, and the United States. Developmental Psychology, 1992, 28 (4): 593 -603.

Bril B., Sabatier C., The Cultural Context of Motor Development: Postural Manipulations in the Daily Life of Bambara Babies (Mali). International Journal of Behavioral Development, 1986, 9 (4): 439 -453.

de Munck V. C, Korotayev A. V. Wife Husband Intimacy and Female Status in Cross - Cultural Perspective. Cross - Cultural Research, 2007, 41 (4): 307 -335.

Edwards C. P, Cross - Cultural Research on Kohlberg's Stages: The Basis for Consensus. In Modgil S and Modgil C (Eds.) Lawrence Kohlberg: Consensus and Controversy. Brighton, England: Falmer Press, 1985.

Eveleth P. B., Tanner J. M, Worldwide Variation in Human Growth (2nd Ed). Cambridge, U. K.: Cambridge University Press, 1990.

Geber M and Dean R. F, The state of development of newborn African children. Lancet, 1957, 272: 1216 -1219.

Harlow H. F. and Zimmermann R. R. Affectional Response in the Infant Monkey: Orphaned baby monkeys develop a strong and persistent attachment to inanimate surrogate mothers. Science, 1959, 130: 421 -432.

Haviland W. A.:《文化人类学》，上海社会科学院出版社，2006年。

Kornadt H. J and Tachibana Y., Early child - rearing and social motives after nine years: A cross - cultural longitudinal study. In Lonner W. J, Dinnel D. L, Forgays D. K & Hayes S. A. (Eds). Merging past, present, and future in cross - cultural psychology: Selected papers from the Fourteenth International Congress of the International Association for Cross - Cultural Psychology. Lisse, The Netherlands: Swets & Zeitlinger, 1999.

Lee K., Cameron C. A, et al. Chinese and Canadian Children's Evaluations of Lying and Truth Telling: Similarities and Differences in the Context of Pro - and Antisocial Behaviors. Child Development, 1997, 68 (5): 924 -934.

Ma Hing - keung. The Chinese perspectives on moral judgment development. International Journal of Psychology, 1988, 23, 201 -227.

Ma Hing - Keung. Moral Orientation and Moral Judgment in Adolescents in Hong Kong, Mainland China, and England. Journal of Cross - Cultural Psychology, 1989, 20 (2): 152 - 177.

Ma Hing - keung and Chau - kiu Cheung. A Cross - cultural Study of Moral Stage Structure in Hong Kong Chinese, English, and Americans. Journal of Cross - Cultural Psychology, 1996, 27 (6): 700 - 713.

Miller J. G, Bersoff D. M, Harwood R L. Perceptions of social responsibilities in India and in the United States: moral imperatives or personal decisions? Journal of Personality and Social Psychology. 1990, 58 (1): 33 -47.

Munroe R. H, Infant experience and late - childhood dispositions: an eleven - year follow - up among the Logoli of Kenya. Ethos, 1997, 25: 359 -372.

Saraswathi T. S, Adult - child continuity in India: Is adolescence a myth or an emerging reality? In Saraswathi TS (Eds). Culture, socialization and human development: Theory, research and applications in India. Thousand Oaks, CA: Sage Publications, 1999.

Schlegel A, Barry H, The cultural consequences of female contribution to subsistence. American Anthropologist, 1986, 88: 142 -150.

Schlegel A, Barry H, Adolescence: An anthropological enquiry. New York: Free Press (Macmillan). 1991.

Snarey J., The Cross - Cultural Universality of Social - Moral Development: A Critical Review of Kohlbergian Research. Psychological Bulletin. 1985, 97: 202 -232.

Shaffer D. R. 著，邹泓等译，《发展心理学——儿童与青少年》（第六版），中国轻工业出版社，2005 年。

Shweder R. A., Mahapatra M., Miller J. G., Culture and moral development. In: Kagan J, Lamb S (Eds). The Emerence of Morality in Young Children. Chicago: University of Chicago Press, 1987.

Shweder R. A., Cultural psychology - What is it? In Stigler J. W., Shweder R. A. & Herdt G. (Eds). Cultural Psychology: Essays on Comparative Human Development. Cambridge: Cambridge University Press, 1990.

Super C. M., Environmental effects on motor development: the case of "African infant precocity". Developmental Medicine and Child Neurology. 1976, 18 (5): 561 -567.

Super C, Harkness S, van Tijen N et al. The three R's of Dutch childrearing and the socialization of infant arousal. In: Harkness S,

Super C M（Eds）. Parent's cultural belief systems：Their origins，expressions，and consequences. New York：Guilford Press，1996.

Willemsen M E，Van de Vijver F J R. Developmental Expectations of Dutch，Turkish – Dutch，and Zambian Mothers：Towards an Explanation of Cross – cultural Differences. International Journal of Behavioral Development，1997，21（4）：837 – 854.

Whiting J W M，& Child I，Child training and personality. New Haven，CT：Yale University Press，1953.

Zahn – Waxler C，Friedman R J，Cole P M，Mizuta I，Hiruma N. Japanese and United States preschool children's responses to conflict and distress. Child Development，1996，67（5）：2462 – 2477.

第三章　认知与文化

生活在中部非洲森林里的卑格米人被称为非洲的“袖珍民族”，成年人平均身高1.30—1.40米。他们体力过人，自食其力，常年生活在热带雨林中，自称是“森林的儿子”。有的卑格米人从来没有见过开阔的原野，他们跟其他文化中的人群具有截然不同的经验。一位叫托恩布尔的人类学家曾经与扎伊尔（现在的刚果）的卑格米人共同生活，研究他们的生活和文化。有一次，当他跟一名叫肯基的卑格米男性一起驾车穿越一个开阔的平原时，肯基的反应相当令人惊奇。他曾经记述了那段有趣的经历（Turnbull，1962）：

“肯基远眺平原上几英里以外一群大概一百头左右正在吃草的野牛，问我那是一种什么昆虫。我告诉他那是比他所认识的森林野牛还要大一倍的野牛。肯基大笑着让我别讲这种蠢话，并再次问我它们是一种什么昆虫。然后他自言自语，为了找出合理的比较，他试图拿那些野牛跟他所熟悉的甲虫和蚂蚁作比较。

当我们坐上汽车向这些野牛吃草的地方行进时，肯基还在进行这样的比较。尽管肯基和其他卑格米人一样勇敢，但是，当他看到那些野牛变得越来越大时，还是坐得离我越来越近，嘴里嘀嘀咕咕，说一定有什么魔力……当他最终认识到它们真的是野牛时，他不再害怕了，但仍然感到困惑，为什么刚才它们看起来那么小，是否刚才真是那么小而现在突然变大了，或者是不是有什么骗术?”

肯基的故事说明，人的经验也许对知觉具有重要的影响。由于肯基跟其他卑格米人一直生活在热带森林，很少见到距离较远的物体，因此，当现实的距离超过了他的日常经验时，就不能像有这种经验的人那样保持知觉的恒常性。这是人类认知现象在特定文化中的表现。

“认知”这一概念与很多其他概念一样，虽然是心理学中的重要概念，却总是难以界定，模棱两可，总是有争议，并不断出现全新的阐释和界定。著名认知心理学家弗拉维尔等（2002）提到，传统上认为，认知是人类心智的比较特别、比较明确的“智力”过程的产物，它包括知识、意识、智力、思维、想象、创造、计划和策略的形成以及推理、推测、问题解决、概念化、分类、符号化等。

我们感兴趣的是，认知过程的诸方面是否受文化、生态因素的影响？或者说，这些认知过程是否会与文化、生态环境相互作用，从而表现出跨文化的多样性？本章将讨论智力、知觉、认知风格、认知发展、语言等认知活动与文化、生态环境的关系。

第一节 智力与文化

我们很容易认为，某些人比另外一些人聪明，也就是智力更好。那么对于不同的文化中的人群，他们之间的智力是否相同呢？他们对智力本身的看法是否有差异呢？尤其是，当面临选拔、竞争的时候，一个统一的心理测验能否公平地对来自不同文化的人群做出鉴别呢？

智力是一个难以定义的概念，很多教科书都回避对智力的界定。心理学家对智力的定义，一般有两种取向：第一种定义是操作性定义，根据由具体可操作的方法或程序所得到的结果来界定智力。例如，智力是由智力测验所测定的分数。由于智力测验首先要基于一定的智力理论，因此智力的操作性定义缺少理论上的价值。第二种定义是概念性定义，只对智力的内涵进行抽象描述，不进行具体解释。例如，智力是一种一般心理能力，包括推理、计划、问题解决、抽象思维、理解复杂思想、快速学习和从经验中学习等能力。还有一些智力的定义特别强调对环境的适应。

由于智力本身的定义存在争论，加之各个文化环境差别很大，因此不同文化中的人们对智力的看法可能存在差别。如此看来，同样的智力测量用于不同的文化，也许是不适当的。本节讨论智力的概念以及智力水平与文化的关系。

一、历史上的智力与文化

1. 社会进化论与智力

1859 年，达尔文在《物种起源》中系统地阐述了生物进化学说，此后，“适者生存”、“优胜劣汰”的观念深入人心，对社会科学也产生了深远的影响。在孔德、斯宾塞、莫顿、泰勒等人的努力下，社会进化论的观念产生了。他们认为，社会进化跟生物进化一样，也是一个缓慢的、渐进的过程，是从低级到高级、由简单到复杂的直线式的发展，各个发展水平不同的民族处于不同的发展阶段。由此可以推论，各民族的智力水平是不一样的。一些研究者也致力于寻找这方面的证据。

例如，19 世纪美国人种学家莫顿（Morton S G），从 19 世纪

20 年代开始，共收藏了多达 1000 多具各种各样的人的颅骨，用于研究不同人种的平均脑容量的差异。他发现，人种的平均脑容量从高到低依次是：高加索人，蒙古人，马来人，美洲人，埃塞俄比亚人（即黑人）。看来，白种人最聪明，黑种人最愚蠢，而其他人种介于其间。在高加索人种中，还可以划分等级，位于顶端的是英国、德国人，位于底部的是印度人，中间是犹太人，这与当时的社会偏见完全相符。

当然，后来在 1977 年，美国生物学家古尔德（Gould S T）检验了莫顿的原始数据后发现，经过严格测算以后，各种族的平均脑容量几乎没有差别。但在 19 世纪末 20 世纪初，人们关于不同人种的智力有差异的观念异常深刻，与这种观念相适应，以欧洲的科学家和殖民者为主要代表，社会上存在一种观念，认为欧洲人最文明、最聪明。

社会进化论思想对心理学的影响异常深远，著名发展心理学家如皮亚杰、维果斯基、霍尔等都受到社会进化论思想的影响。社会进化论使种族主义者找到了证据，他们更有理由认为，非西方的民族处于发展的较低阶段，他们的智力水平相应的处于较低阶段。但是，这种观念是西方的观点，如果从其他民族文化的角度考虑，他们的智力也许并不低。

2. 前逻辑思维

万明钢（1996）提到，法国社会学家布律尔认为非西方的思维可以称作“前逻辑”。布律尔强烈反对社会进化论。他没有亲自进行田野调查，而是利用旅行家和传教士的报告进行研究，提出了“前逻辑”思维的概念。尽管前逻辑思维带一个“前”字，但它不是非逻辑，不是反逻辑，甚至也不是逻辑思维之间阶段的思维，而是一种看待世界的全然不同的方式。在论述过程中，布律尔跟社会进化论的支持者一样，把一些非西方文化称作“原始的”，这非常容易让读者认为非西方的文化以及前逻辑思维就是不好的，但布律尔的解释是，用这个词的确不太合适，但用它是因为比较方便，而且在当时比较流行。

布律尔认为，前逻辑思维有两个特征：第一，没有二元逻辑的观念，不必避免矛盾。例如，布律尔曾引用了一位传教士的报告：一位南美印第安人梦见他的邻居偷了他的南瓜，第二天早晨他去找他的邻居，发现他的邻居最近几天一直在150公里之外的城里。这位印第安人认为这不是不在犯罪现场的证据，当邻居返回后，就控告他偷窃。布律尔认为，印第安人不能分辨梦境和现实，并且认为没有必要在不一致的两种选择之间进行区分。前逻辑的第二个特征是“分享律”，也就是所谓在人类和物体或动物之间的混淆。在图腾社会中，例如澳大利亚原住民中，人们认为某种动物跟自己具有共同的祖先，有时甚至说他们“就是”那种动物。他们没有对个人实体的清晰认识，区别不清个人和群体的关系。

另外，原始的心理活动缺少分化，没有纯粹的智力活动，智力活动总是与情绪和动机成分混在一起。布律尔认为，原始人与我们的思维完全不同，这种区别并非因为生物学的原因，而是因为环境，周围的环境不同，他们对周围环境的理解方式也就与我们不同了。

3．人类精神统一性

人类精神统一性的学说可以追溯到18世纪的启蒙运动，特别是爱尔维修的著作中，而19世纪德国的两位学者正式提出了这一学说，认为人类整体具有共同的基本观念和概念，因此世界各地可以独立地发展出相似的文化特质。在现代人类学中，博厄斯（Boas，1911）第一次提出这一概念，并由其他人类学家进行了发展。根据人类精神统一性的观点，人类无论其种族和社会形态如何，心理的发生、发展都遵循共同的规律，心理的差异并不表明他们本性的差别。不同种族的认知能力之所以不同，是因为他们具有不同的社会与生态环境。

这种观点的问题在于，它与19世纪的文化进化论的某些成分有关。另外的问题是，如果不同种族的心理过程是一致的，那么就没有必要进行跨文化研究了。实际上我们一般认为，如果没有进行实证研究，就不能假定普遍性的存在。

二、智力测验及其文化局限

在人们对智力的本质取得一致意见之前，出于实用的考虑，智力测验已经产生了。遗憾的是，智力测验从产生之日起，就广受批评。特别是在某些时候，智力测验成了种族主义的帮凶。智力测验受到批评最多的一点是，它的实际使用范围往往超过了应有的范围。

1．智力测验的历史

英国科学家高尔顿（Galton F，1822－1911）是智力测验的先驱。他受达尔文进化论的影响，对人们在能力上的不同及原因非常感兴趣，如为什么有些人聪明、事业成功，而另一些则相反。他在1869年出版的著作《遗传的天才》极大影响了后来有关测验的方法、理论和实践。

高尔顿的思想既具有积极的一面，又具有消极的一面，这种两面性与后来智力测验的命运非常相似。一方面，高尔顿曾系统地提出了智力测量的重要思想，即：第一，可以对智力水平数量化；第二，智力在人群中呈正态分布；第三，智力可以由客观测验测得；第四，两套测验成绩之间的相关程度可以由相关的统计分析来确定。后来的事实证明，他的这些思想具有长久的价值。同时，高尔顿相信天才是遗传的，教育只有很小的影响。他据此提出了臭名昭著的优生运动，鼓吹通过鼓励生物上优等的人群进行异种交配，并阻止生物上劣等的人群生育后代，以达到提高人类物种的目的。他的这些思想极大影响了后来研究智力的心理学家，并间接被纳粹独裁者希特勒利用。

1904 年，法国教育部要求心理学家比纳（Binet A）研究一种办法，以鉴定那些学习能力有问题、需要特别辅导的小学生。或者说，要找出一种鉴定学生智力高低的办法。在此之前，比纳试图研究脑袋大小与智力的关系，结果失败了。比纳接受任务之后，在助手西蒙（Simon T）的帮助下，于 1905 年发表了最初的智力测验，即比纳—西蒙智力测验。他们计算了不同年龄儿童在测验中的平均分，某一儿童的测验结果用达到某一特定分数的正常儿童的平均年龄来表示，被称为心理年龄。如果心理年龄低于生理年龄较多，就认为该儿童发育迟滞。

比纳的智力测验恰好契合了美国的需要。20 世纪初的美国是一个混乱的国家，移民问题和教育问题同时需要某种测量来对移民成人和儿童进行识别、记录和区分。第一次世界大战爆发后，军队中也需要对志愿者进行筛选、分类。美国的心理学家受比纳—西蒙智力测验的启示，迅速开发出各种形式的智力测验。有两种智力测验至今还在广泛应用，也就是斯坦福—比纳智力测验和韦克斯勒智力测验。在斯坦福—比纳智力测验中提出了智商（intelligence quotient，IQ）的概念，即心理年龄除以生理年龄再乘以 100 之后去除小数后的值。韦克斯勒智力测验使用了离差智商的概念，并开发出适用于成人、儿童和学前儿童的智力测验。

2．智力测验的文化局限

比纳设计智力测验的初衷是选择出需要帮助的儿童，他警告说，如果根据测试结果说一个8岁小孩有7岁或9岁的智力，那只是一种简单化的、主观的说法，容易让人们误解为智力测试测量的确实是智力。其实比纳本人非常清楚，他发明的这套测试只是一种实用性的测试，目的是发现学习能力有问题而需要帮助的儿童，并不是真正在测量智力，也不用于对正常儿童划分智力等级。那些被发现学习能力有问题的儿童，也不一定是天生如此、不可改变，通过特殊的训练有可能提高其能力。然而，比纳所担心的事情恰恰发生了，智力测验被频繁用于进行智力诊断。如果诊断的结果可用作入学或就业的标准，或者被用来证明种族的优劣，那么智力测验是否公平地对待各种文化就显得至关重要了。

智力测验难以保证公平的原因是，智力测验的设计总是不可避免地带有不同的文化痕迹。智力测验的编制者能够预选设定测验项目，使男性和女性有可能获得相等的智商分数，也可能编制一个测验使白人和黑人获得相等的智商分数。因此，智商分数上的差异不是一个天然的事实，而是由测验编制者决定的。在实际测验中，白人往往在由白人编制的智力测验中得分较高，而黑人往往在由黑人设计的智力测验中得分较高。例如，库恩等（2007）提到，来自圣路易斯城的黑人高中生和白人高中生各100人参加了一个智力测验，测验材料是来自一本非裔美国人俚语词典中的100个词编制的，结果发现，黑人组的平均分比白人组高出36分。在西方心理学界，由于绝大多数心理学家都是白人，他们所编制的智力测验倾向于符合白人的经验，测试情境也对白人更为有利。

因此，当把专门为西方文化所设计的智力测验用于非西方文化时，必须考虑其他文化中的价值观、传统和经验可能对测验结果所产生的影响。为避免此类问题，一些心理学家试图编制出对不同群体没有偏向的文化公平测量（culture - fair test），即在测验中尽量减少可能在技能和知识等方面有文化差异的内容。但是，由于文化因素的影响是通过个体主观内化后反应出来的，即使在文化背景完全相同的前提下，不同个体接受文化影响程度也会不同，因此，智力测验要做到完全文化平等是非常困难的。

三、智商分数的文化差异与解释

1. 不同种族的智商分数差异

据说早在1921年，耶基斯（Yerkes）测量了参加第一次世界大战的10936名白人和26640名黑人的智力，结果发现白人的智商比黑人的智商高17分（白学军，2004）。后来，很多心理学家都热衷于研究不同种族的智力差异问题。

林恩（Lynn，1991）考察了关于不同地理位置和气候条件下种族的IQ的研究，结果是，蒙古人种、欧洲的高加索人种、南亚的高加索人种、美洲印第安人、澳大利亚人、高加索人种的黑人、黑人的IQ值分别是105、100、91、90、90、84、75。而且发现，各种族的能力模式不同，蒙古人种有很强的空间能力、逻辑思维能力，但言语能力相对较弱；黑人有很强的言语能力，但空间能力和逻辑思维能力较弱。

第二次世界大战后，亚裔美国人，尤其是日裔和华裔美国人在学业和职业上表现都非常优异，例如在学校成绩和GRE考试中都能得到好的成绩。这很容易让人以为亚裔美国人的智商更高。但从20世纪60—80年代的研究都表明，日裔和华裔儿童的智商一般都在97分和98分左右，没有超过100分的。很多心理学家认为，学校成绩的差异不能反映智力水平的差异，例如，有人认为日裔和华裔儿童的空间能力较好，从而导致了数学成绩的优异。美国还有大量从墨西哥、拉丁美洲移民到美国的西班牙裔美国人，他们的智商得分一般在黑人和白人之间。这可能与他们的英语水平较差有关。美国还有很多印第安人部落，各地的印第安人大约共有200多种语言，他们的文化和生态环境差别很大。一般来说，美国印第安人在言语智商中的得分都较低。

非裔美国人的智商得分是受讨论最多的。狄更斯等（Dickens et al，2006）回顾了大量研究后发现，美国的黑人和白人的智商分数差异过去一般在17分左右（大约1.1个标准差），但这种差别在过去的30年有了缩小，大概缩小10分左右。

2. 智力文化差异的解释

根据日常观察可以发现，不同的文化群体之间、同一文化群体中的不同社会经济阶层之间，人们的社会地位、认知能力、学业成就、工作能力等方面都存在着很大的差别。这与以往的智力测验结果是一致的：不同群体之间的确存在一定的差别。对于如何看待这些差异，曾经有两种不同的观点，即文化“缺陷”的观点和文化相对主义的观点。

（1）文化缺陷假设。文化缺陷的概念出现于19世纪30年代，用这一概念解释黑人与拉丁美洲和欧洲移民后裔之间在各方面的差别。万明钢（1996）曾对文化缺陷假设如何解释智力的差异进行了总结。

文化缺陷的假设试图解释种族和社会阶层智力差异的根源，认为贫困条件下的社会是一个无组织的混乱的社会。这样的社会作为影响儿童发展的环境，在各个方面都是不足的。文化缺陷最普遍的根源是儿童的抚养方式，贫困家庭的儿童缺乏父母足够的关怀，城市中少数民族聚居区私生子的比率很高，他们从小就失去了父亲，表现为父爱的缺失。他们的母亲必须去工作，与中产阶级家庭的孩子比较，母亲较少照顾和抚养她们的孩子，孩子和成年人缺少有规律的相互作用，他们不能从父母那里获得生活指导，也没有积极的强化，这便是人际相互作用的缺陷。贫困儿童的语言环境只存在一些简单的符号和语言规则，导致这些儿童语言能力的缺失，不足以应付或处理复杂的环境，这便是语言环境的缺陷。贫困文化群体中，儿童的游戏都比较简单，缺少想象力和策略，不利于儿童的发展。他们的家庭充满了攻击和噪声，狭小的环境和贫困的物质条件，使儿童缺少延迟强化或言语强化替代物质强化，这便是儿童发展中智力刺激的缺陷。

持文化缺陷观点的学者们进一步认为，贫困的文化影响智力的发展，智力低下又导致文化和经济的贫困，他们又把低劣的基因传给了后代。这种理论把文化缺陷假设和生物决定论联系起来，在20世纪60年代的西方颇为盛行。为了遏止这样的恶性循环，60年代以来，一些学者提出对文化缺陷群体进行早期干预或补偿教育。以中产阶级和优势文化的标准制定出的干预或补偿模式，并不能从根本上改变他们的贫困状况，也无法使亚文化群体接受中产阶级的价值标准。因此，早期干预和补偿教育只能是一些学者的美好愿望。

（2）文化相对论的观点。传统上人们都以西方主流心理学的标准作为评判不同文化群体智力差异的尺度，但20世纪80年代以来，以贝里和西格尔等为代表的跨文化心理学家对上述方法提出了质疑。他们用文化相对主义的观点来解释不同文化群体的智力差异。他们认为西方主流心理学关于智力的理论及其定义并不具有跨文化的普遍性，把这些理论和方法运用于非西方文化群体，对少数民族群体是不利的，其结果只能得出少数民族群体文化缺陷的结论。文化缺陷的观点夸大了种族之间的差异，因为测量的标准是人为的、不客观的，所测量的是操作（performance）水平而不是能力（competence）水平，是内容（content）而不是过程（process）。

文化相对主义并不否认差异的存在，但认为应该使用一种非评价的方式解释这些差异。其实，少数民族或亚文化群体选择了最适合于他们生存的文化生态环境的行为方式和价值系统。例如，霍华德 1981 年在夏威夷的研究发现，夏威夷的美国儿童总是倾向于把勤奋与作为一个群体成员的需要联系在一起。美国本土的白人儿童则普遍地把勤奋与个人的竞争和成就联系在一起。拉勃夫（ Labov ）于 1970 年调查了非洲裔美国人居住区的语言状况，他认为如果仔细地加以观察，他们的语言与中产阶级标准的英语有相同的语法能力，他们有自己的规则而不是偏离了标准的规则。在一个多文化或多种族的社会中，少数民族或亚文化群体不得不认同占支配地位的主流文化的行为和价值标准，这样才能获得经济和社会地位的报偿。在这一认同或学习主流文化的过程中，用主流文化的标准作为判断尺度，亚文化群体显然处于不利的地位。因而，文化群体之间智力的差异应当归因于复杂的社会文化的多元性以及社会经济资源占有的不平等，而不是他们内在的或先天的能力不足。

（3）有关智力与种族关系的社会争论。对于种族和智力的关系，曾有过两次著名的争论。一次是在 20 世纪 70 年代，詹森（Jensen）发表文章，公开鼓吹白人和黑人的智力测验得分差异是遗传的作用。艾森克（Eysenck）等在 1971 年出版了《种族、智力和教育》一书，提出白人和黑人智力测验得分的差异部分是由遗传原因造成的。其主要证据是，当白人孩子与黑人孩子在受教育程度和父母社会经济地位等方面匹配后，白人孩子的智商仍然比黑人孩子要高。同时期也有遗传学家声称，白人和黑人的智商得分差异可以用环境因素来解释。很多持不同观点的学者也加入到争论中。

20 世纪 90 年代又迎来了种族和智力关系的第二次争论。智商得分的跨种族差异是纯粹社会、经济和文化的问题，还是遗传的问题，社会各界不断卷入争论。1994 年，美国心理学家赫恩斯坦（Herrnstein）和政治科学家默里（Murray）发表了《贝尔曲线》，引起了广泛的争论。其核心观点是，智力能够很好地预测经济收入、工作表现、未婚先孕和犯罪，而不能很好地预测父母的社会经济地位或教育水平。该书中一个广受争议的观点是，一直存在的智商差异是遗传导致的。1996 年，美国心理学会（APA）针对这一问题发表了一份题为《智力：已知与未知》（Neisser et al，1996）的声明，声称尽管证据还不充分，但现有的证据并不支持遗传决定智商的说法。

由于有关智力是否能够遗传的问题极易引起有关种族歧视的争论，因此在证据还不充分的情况下，科学组织倾向于否认智力可以遗传。然而更大的问题在于，即使智力真的可以遗传，某些群体的智商得分不高是否能够说明他们的智力确实比其他群体差呢？或许不同的文化具有自己的评价标准或有自己特有的智力概念。

四、本土智力概念

心理学界对于不同种族群体智力差异的研究都基于两个假设：其一，人类不同的文化群体都以相同的方式定义或理解智力；其二，在不同的文化群体中智力都能被有效地测量。然而，对智力概念进行跨文化比较极其困难，即使是在某一个社会中，不同地方、不同的亚文化也有不同的认知特征，这种差别导致各个不同的文化和亚文化的人们对智力概念的看法不同。20 世纪 80 年代以来，许多心理学家在智力问题的跨文化研究中倡导文化相对主义的观点，强调研究智力的本土概念及其文化特性的本土智力理论，即不同生态文化情境中的人们，有其与经典心理学智力观不同的本土智力概念。万明钢（1996b）曾对不同文化中的智力概念进行了总结。

1. 非洲的智力概念

20 世纪 70 年代初，拉亚（Laya）等人首次考察了非洲尼日尔的逊哈（Sunhai）人对“拉卡”（Lakkal）（逊哈语，相当于英语中的智力一词）概念的理解。拥有“拉卡”表示个体知道许多事情并具有做这些事的技能，同时他还应该是一个遵循社会规则的本份人。逊哈人认为“拉卡”是上帝的礼物，人生来就有，在 7 岁以前是看不出来的。当孩子知道如何计数到 10 的时候“拉卡”就出现了，儿童拥有了“拉卡”，他就能够理解许多事物，他有良好的记忆力，能自发地或迅速地去做社会所期待的事情，尊重老人，遵守社会规则等。因此，“拉卡”这一概念有两个方面的含义，一个涉及能力和技能，另一个涉及社会能力和个人的德行。

沃伯（Wober）研究了乌干达的巴干达（Baganda）人与智力相似的概念。巴干达人的智力概念除了表示个体的聪明程度外，还包括冷静、坚定、谨慎和友好的特征。沃伯还调查了生活在都市或受过学校教育的巴干达人，他们所理解的智力与西方人的理解则是比较一致的。

达森（Dassen）等人于1985年对非洲萨哈拉地区的鲍尔人（Baoule）进行了研究，鲍尔人的语言中“n'glouele”。一词与英语中的智力（intelligence）同义。如同在非洲的许多地方一样，这个概念有一个社会性维度，操作的或认知的维度则是从属于社会性维度的。“n'glouele”概念包括许多不同的内容，人们最常提到的一个内容是“Otikpa”（a willingness to help，意为“助人为乐”），如果孩子自愿地提供服务或承担家务和农活，那么这个孩子就被认为聪明。鲍尔人的成年人在描述一个孩子的“Otikpa”时，常常讲“他帮父母干活而不去和同伴玩”，“在父母并未要求的情况下主动做家务，主动照顾弟妹”等。瑟佩尔等人在非洲的几十个种族群体中都进行了类似的调查，结果也证明，助人为乐或利他行为是这些文化群体智力概念的重要内容。

2. 其他地区的智力概念

在加利福尼亚进行的一项研究中，有人（Okagaki et al，1993）向来自柬埔寨、墨西哥、菲律宾和越南的移民以及本地欧裔美国人、墨西哥裔美国人询问对儿童智力概念的看法，结果除了欧裔美国人以外，其他所有群体的父母都认为动机、社会技能在智力概念中的重要性程度等于或比认知特征更加重要。《智力：已知与未知》中还列举了一项研究结果：北卡罗莱纳州的不同种族群体具有不同的智力概念。例如，同样是沟通技能，言语技能和非言语技能在不同的种族中具有不同的重要性，具有良好适应性和优秀技能的人只要掌握本文化所看重的技能就可以了。然而，这两种技能在智力测验中却有不同的价值。这很容易导致不同种族在智力测验上的得分差别。

西格尔等（Segall et al，1999）列举了一些对亚洲、大洋洲和南美洲的人们对智力的定义。吉尔（Gill）和凯茨（Keats）

1980 年分别在马来西亚和澳大利亚进行了一项调查，要求被试定义智力的概念，并描述哪些个人行为表明个体具有较高的智力或缺乏智力。从结果来看，两种不同的文化群体对智力的描述有很高的跨文化一致性。相对来看，澳大利亚人更强调阅读、表达和写作，马来西亚人则侧重于表达、社会交往和生活技能。

凯茨 1982 年对中国人和澳大利亚人进行了比较研究，他询问被试聪明人的主要特征有哪些，结果显示，两种文化群体对心理的某些特征，如创造性、新颖性、问题解决的技能、知识的掌握水平等方面给予了同样的重视。相对而言，中国人较多选择模仿力、观察力、细心精确的思维，澳大利亚人则更重视沟通和语言技能。中国人认为聪明者的人格特征应该有坚韧、努力、果断和社会责任感等，澳大利亚人则强调信心、乐观和社会关系的有效性等。

克莱因（Klein ）在 20 世纪 70 年代多次研究了危地马拉农村中的拉地诺（Ladino）人。在拉地诺人的语言中，“Lisno” 一词与英语中的“智力”（intelligence）相似。它意味着生气勃勃、机灵、足智多谋等特征，具有 “Lisno” 的孩子有能力表现自己、有良好的记忆力、独立性强、身体健康灵活。克莱因让年轻的农村妇女判断她们熟悉的儿童的 “Lisno”，同时对这些儿童施以不同的心理测验。研究者在一个较小的男孩的样本中研究者发现，判断的 “Lisno” 与 “隐蔽图形测验” 以及短时记忆测验之间有显著的相关，与语言能力测验之间则没有相关。在女童样本中，“Lisno” 与以上所有的心理测验都有显著的相关。几项研究的结果并不十分一致，说明了危地马拉人对 “Lisno” 的定义涉及了西方心理测验所测量的智力的内容。

西方社会以外的智力概念与西方社会的智力概念有较大差

异，而且很多都表现为重视社会关系、道德品质等方面。由于各个文化中人们对智力的界定不同，因此，如果用西方社会中所使用的心理测验在其他文化中进行测量，那么所测得的结果未必能反映智力的本质，作为评价智力的标准并用于选拔则是不公平的。

第二节 知觉与文化

一般来说，知觉是客观事物直接作用于感官而在头脑中产生的对事物整体的认识（彭聃龄，2001）。根据信息加工心理学的观点，知觉是将感觉信息组成有意义的对象，即在已储存的知识经验的参与下，把握刺激的意义（王甦，1992）。在知觉研究领域，时间知觉、空间知觉、运动知觉、字词识别、模式识别等都是重要的研究课题，其中，心理学家对图画知觉、面孔识别进行了较多的跨文化研究，发现了很多有趣的结果。本节介绍与图画知觉和面孔识别有关的跨文化研究。

一、图形知觉与文化

信息加工认知心理学在解释人的图画知觉或模式识别时，一般认为，这一过程是用感觉信息与长时记忆中的有关信息进行比较，从而确定这些信息与长时记忆中的项目有着最佳匹配的过程。能够进行图画或模式识别的前提是，记忆中已经存储了有关的图画或模式，至少是与这些图画和模式相似的信息。这些信息可能以模板、原型或特征的形式存储。可以假定，如果记忆中没有这些信息，或者没有相应的经验，图画或模式的识别就是不可能或困难的，从而出现不同的结果。

1．复杂图形知觉与文化

影响复杂图形知觉的因素可能比较多，与文化背景知识和教育水平都有较大关系。有人（Deregowski et al，1972）在一项研究中，以当时还几乎没有见过图画表征的埃塞俄比亚的（Mekan）为被试进行了一个实验。当向他们呈现一只豹子的图画时，他们几乎无一例外全都认出这是一只豹子，但是要花较多时间和努力。在测试的过程中，一些被试不但用视觉进行观察，他们还会触摸印有图画的布，有时甚至会闻一闻。这一研究结果与很多有关的研究结果是一致的：在没有图画传统的文化中，并不总是能够直接识别清晰的图画甚至照片，可能要花点时间，其识别过程跟其他文化中的识别过程也可能是不同的。

其他研究也表明，带有某一文化特征的描述也可能导致理解的困难。例如，温特（Winter，1963）向南非的黑人工人呈现一系列安全标志图，问他们看到了什么。结果发现，由于图画的象征意义被误解，他们很多时候都无法正确理解标志图作者的意图。例如一颗红星表示有人受伤，但他们不一定能正确理解。在这一实验中，城镇被试产生的误解数量比农村被试少，学历高的被试产生的误解数量比学历低的被试少。意图和所知觉到的信息经常出现不一致。例如，一个人伸出手是希望得到某种东西，但这个动作经常被看做是给予。根据非洲的习俗，两只手表示接受，而一只手则表示给予。

图画过于复杂，往往包含复杂的文化信息和绘画方式，不易研究。更多的心理学家对简单模式和图形进行了研究，主要包括视错觉、对称、深度知觉。

2．视错觉与文化

曾有研究者认为视错觉是人类知觉活动的普遍规律，应该具有跨文化的普遍性。但另外的心理学家通过实验发现，视错觉也会受到文化的影响。

西格尔等（Segall et al，1966）最早对视错觉进行了开创性的跨文化研究，他们用 14 个非西方样本和 3 个西方样本进行了错觉测试，所用的错觉图形是 Sander 平行四边形错觉、缪勒—莱耶错觉、垂直—水平线错觉、潘佐错觉和波根多夫错觉。

视窗

几种错觉图形

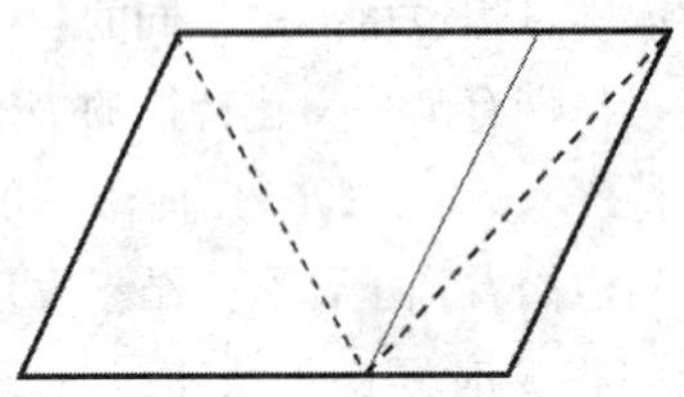

Sander 平行四边形

在 Sander 平行四边形错觉中，在相连的两个大小不等的平行四边形中，两条对角线等长，但看起来不等长。

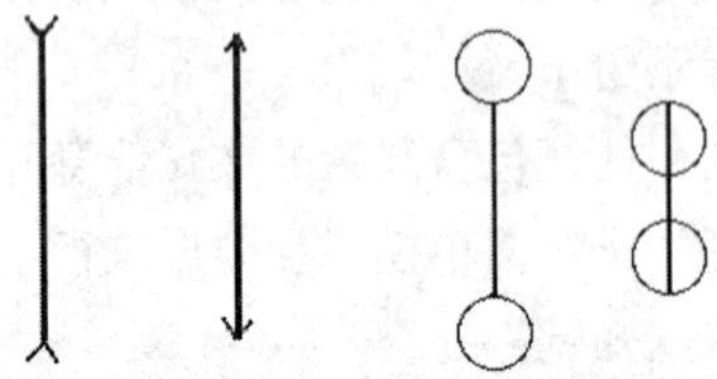

缪勒—莱耶错觉

在缪勒—莱耶错觉中，两条竖线本来一样长，但竖线两端加了箭头或圆圈，似乎就不一样长了。

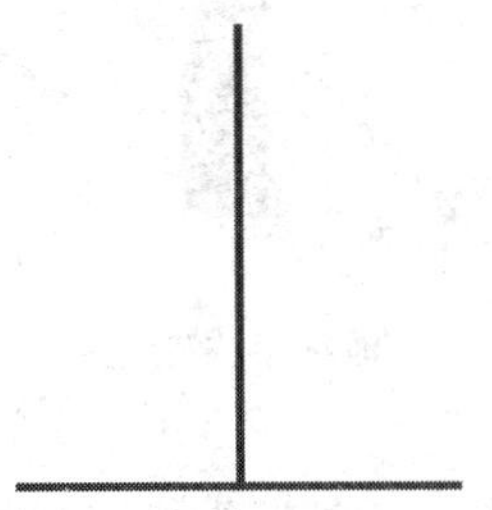

垂直—水平线错觉

在垂直水平线错觉中，横线和竖线完全等长，但看起来竖线更长。

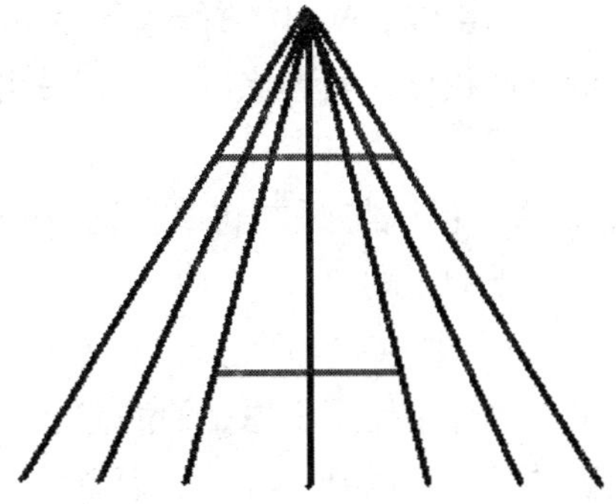

潘佐错觉

在潘佐错觉中，完全等长的两条横线，加了放射线以后似乎上面的横线更长了。

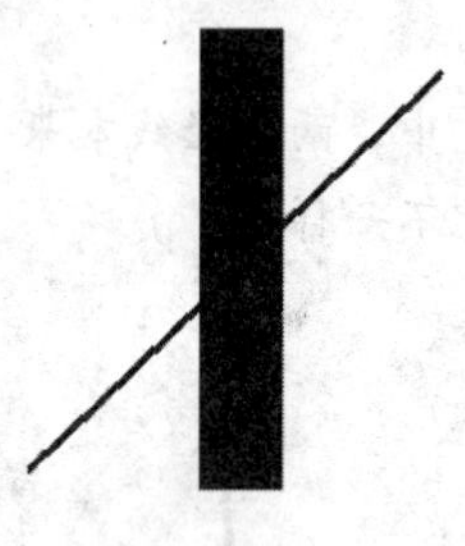

波根多夫错觉

在波根多夫错觉中，一条直线被一个长方形遮住一部分形成分离的两段直线后，这两段直线似乎不在一条直线上。

西格尔等经过研究发现：

（1）西方被试比非西方被试更容易受 Sander 平行四边形错觉和缪勒—莱耶错觉的影响。来自视野开阔地区的被试样本与来自视野闭塞地区的被试相比，前者比后者更容易出现垂直—水平线错觉。

（2）所有整非西方被试与西方被试相比，前者比后者更容易受垂直—水平线错觉的影响。

（3）用潘佐错觉图形进行的研究只出现了较弱的效应。

在后来的跨文化研究中使用了原始的潘佐错觉（两条平行线段中最上面的线段并没有与其他两条中的任意一条相交），结果出现了明显的错觉效应。对潘佐错觉的敏感性受背景丰富程度的影响。后来有研究者（Brislin et al，1976）甚至用木板做成的三维图形做研究，并将其放在距反应者大约 10 米远的地方。他们发现，来自美国的被试与来自太平洋的被试相比，前者比后者更容易受错觉图形的影响。

后来的研究者还进行了视错觉的其他研究，西格尔等（Segall et al，1999）在大量实验研究的基础上进行了总结，概括出三种假设来解释错觉现象的跨文化差异。

（1）木工化世界假设（carpentered world hypothesis）。这种观点假定，在木工所塑造的环境中（矩形的房子、家具和街道），人们习得一种倾向，把非矩形的形状解释为符合视觉透视的矩形。按照假说，工业化城镇环境中的人对缪勒—莱耶错觉应该更敏感。由于人们倾向于把视觉中的物体看作三维物体，缪勒—莱耶错觉中向内箭头的线容易看作扇形部分的最远端，或者房间中最远的墙角，而向外箭头的线段看上去像是从观察者角度向远方伸展的一堵墙，构成墙角的线看上去距离我们较近。

（2）透视假设。从观察者的角度看，垂直线容易看做向远方伸展的线，而水平线则是左右伸展的。生活在视野宽阔的环境中的人们知道，在视网膜上的垂直线代表较长的距离。而生活在如热带雨林这样的环境中的人，可能没有这样的经验，因此前者对垂直—水平错觉更敏感。

（3）经验假说。经常看到或学习模式或图画，能使人们对以两维方式呈现的几何错觉更敏感。在西方工业社会中，人们生活环境中有大量符号和图片，其中大量图片是以二维的形式呈现三维空间的物体。人们已经习惯于根据错觉来知觉这些图片，因此可能对相应的错觉更敏感。

上述研究在一定程度上证明了这三种假设。总的来说，所有人，至少在某种程度上，会出现所有的错觉。也就是说，错觉是人的一种基本的心理现象，在相当程度上具有普遍性。但由于人们生活在不同的生态环境和文化背景下，视觉经验差别较大，这使错觉在不同文化中的效应并不相同。

3. 对称图形知觉与文化

图画知觉的另一个例子是用对称完成测验（symmetry completion test）进行的一系列关于对称的研究。这个测验中所使用的大部分形状中，每个图形由三个矩形图片组成，两个是灰色的，一个是黑色的。给被试一个与矩形大小相同的黑色长方形，要求将这个黑色长方形放在纸片相应的位置上，使之与纸片上其他三个矩形形成一个对称的模式图。该研究使用两种对称方式分别是轴对称（镜面对称）和中心对称。如果一个图形转了180度后仍然一样，那么这个图形是中心对称图形。

有人（Reuning et al，1973）用这个测试研究了各种未受过教育的群体，包括喀拉哈沙漠的布希曼人。结果发现，他们很容易掌握轴对称的概念。令研究者大感意外的是，布希曼人很容易就学会处理这些不熟悉的图形了。他们中间最不聪明的人也能找到少数几个图形的解决办法，大多数人能解决大概一半的问题，一些聪明的人能解决几乎所有的问题。甚至在中心对称测验中也能得到相当高的分数，尽管在用足够的执行程序解释和说明这种对称形式方面有困难。后来的研究者对布希曼人和其他南非群体在研究任务中的错误答案进行了分析，发现大多数错误可以分为两类：第一类错误是，在将长方形准确地放在正确的位置方面缺乏精确性；第二类错误是，产生了规则的图形，但不符合所要求的对称原则。他们常常不会形成轴对称而是形成平移对称，也就是图形的两半是一样的，但它们并不能形成镜面对称。

视窗

布希曼人

布希曼人在练习使用弓箭　　布希曼人的家庭

看过《上帝也疯狂》的人想必对非洲喀拉哈沙漠的布希曼人印象深刻。布希曼人的英文名称为 Bushman，意思是“丛林人”、“灌丛人”。这是英国殖民者对非洲南部的一个民族的称呼。布希曼人的身材矮小，最矮的女人只有 1.38 米左右，而男人最高也不超过 1.60 米。他们的皮肤黄里透红，眼睛像蒙古人，颧骨高，头发浓密而卷曲，呈颗粒状。来主要以游猎、采集为生，少数从事农业，但近年来在现代文明冲击下，保持原始生活方式的部落越来越少了。一些布希曼人受私人保护区业主之邀，住在保护区附近的村落中。只要观光客一到，这些布希曼人便换下现代服装，穿上兽皮，匆匆赶赴游客中心。他们在那里表演舞蹈、回答游客问题，并贩卖手工艺品。南部非洲的布希曼原住民曾被美化为与大自然亲密异常、四处为家的狩猎采集者，然而现在他们大部分无家可归，只能借居在非他们所有的土地上。

值得研究的一个问题是被试错误反应的非随机特征。当要求被试重新绘画或重构图形时，被试提供的摹本与最初图形之间出现了方位的变化，特别是受教育水平低的被试容易产生与原始图形方向不同的图形。

贝里等（Berry et al，2002）还概括了一些其他研究。这些研究发现，对于用木板重建图形，加纳儿童比苏格兰儿童犯更多的方向错误，有一部分原因可能是，不同文化中人们对“一致”的意义的理解有所不同。当问他们两个结构相同方向不同的图形是否一样时，加纳学龄儿童比苏格兰儿童更容易说它们是“一样的”。进一步研究发现，指导加纳的学龄儿童注意图形的方向，并在开始的时候就这样做，会使加纳的学龄儿童在实验过程中忽视方向的问题。

以上证据表明，简单图形的认知具有跨文化差异，其原因主要是不同文化群体的人们具有不同的经验。但是，这样的解释也无法让我们精确预测某一项任务对某一群体而言是简单的还是困难的。例如，虽然布希曼人可以很好地处理对称问题，但加纳儿童即使得到精心指导仍然会出现方向错误。但很显然，文化因素的影响是很明显的，即使是简单的认知任务在不同的文化中表现出差异。

4. 深度知觉与文化

在现实生活中，人们总是能轻松地辨别远近不同的物体或同一物体远近不同的部分。实际上，人们通过很多线索才能做到这一点，这些线索包括双眼线索（双眼视差和辐合）和单眼线索（对象大小、对象重叠、线条透视、空气透视、运动视差、运动透视）。

贝里等（Berry et al，2002）对深度知觉的研究进行了总结。

最初比较有名的研究是哈得逊（Hudson）等进行的，他们在南非进行了图画中深度线索的研究。研究中使用的一对图画中都有一个人、一只羚羊和一头大象，图画中包含了对象大小、对象重叠、透视三种深度线索。

图 3.1 哈得逊等所使用的图画
（来自贝里《跨文化心理学—理论与应和》）

首先确保被试能够认出图画中的人、羚羊和大象，然后问他们：图画中的人在干什么？羚羊和大象哪个离人更近？如果回答是人正把矛头指向羚羊，或者羚羊比大象离人更近，就被认为是三维解释。将其他的回答（大象是指向的目标，或者大象离人更近）视作二维解释。哈得逊的研究以教育和文化背景不同的南非人为被试，结果发现，受过教育的被试基本上都给出了三维答案，而其他被试几乎全部给出两维答案。哈得逊的研究结果以及后来的一些研究结果都证实：个体如果经过涵化或受到一定程度的学校教育，他们对西式图画材料的理解能力就会得到提高。

上述研究最受批评的一点是，之所以给出三维答案，可能因为大象比羚羊小所以认为大象比较远。德瑞果斯基（Deregowski）进行了一系列实验，他设计出来测量图画表征中的深度知觉的替代的方法。他在实验中要求被试按照二维图画构造三维模型。其中一个任务是要求被试用细木棒和橡皮泥小球构造抽象几何图画的模型。研究发现，如果将哈得逊的刺激和德瑞果斯基的抽象几何图画模型进行比较会发现，赞比亚人更倾向于对后者做出三维反应。因此，被试的反应随着任务本质的改变而改变，被试在抽象图形中的表现要优于在哈得逊更接近真实环境的图画中的表现。

有研究者认为，图画知觉是一系列技能。熟练的知觉者可以处理大量线索，并把这些线索运用于适当的环境中。也就是说，某些认知需要运用一些技能，其中一种技能是个体能够把图画看做真实情境的表征。正如前面所说的，埃塞俄比亚的梅肯人在这方面天生就有困难，这是因为他们没有这方面的经验，或缺少这种技能。另一种技能是如何理解少得可怜的线索，例如西方被试已经学会理解哈得逊图画中所画的线条透视了。

将图画知觉看做一系列技能，这一理论说明，各个文化中所使用的线索，以及不同的线索的重要程度在不同的文化中也存在差异。因此可以假定，不同文化的具体情况会影响图画知觉的技能。包含相似深度线索的图画，在西方和其他文化中引起了不同的反应，这说明图画知觉需要一定的技能。

总结所有的证据，可以得到下述结论：几乎毫无疑问的是，世界各地的学龄儿童很容易认出一般事物的照片以及清晰的图画。相对简单的绘画材料在很多文化下都是可以用于教育的。如果人们知觉图画的经验较少，或者用高技术设计的图形模式非常复杂，就会出现知觉困难，如果两种情况同时出现，就会更加困难。

经过几十年对图画知觉的集中研究，研究者已经逐渐了解到，由于不同文化中人们接触图画的经验不同，他们对图画的理解会有差异，因此有时用图画进行交流会出现一些困难。但是，人们的知觉机制和环境经验相互作用的机制到底是什么，还没有整合的理论可以详细地解释。

二、面孔识别与文化

面孔识别是我们鉴别人的最常用的方法，在我们的生活中有至关重要的作用。有意思的是，面孔识别在很多方面与其他形式的识别不同，例如有的面孔失认症患者不能识别熟悉的面孔，连自己的镜像也不能识别，但他们在识别其他物体时一般却没有问题。可见，面孔识别是一种特殊形式的知觉，具有其独特的心理机制。

1. 面孔识别的一般研究

在面孔识别实验中，通常以每次一张的方式给被试呈现一系列照片，经过一段时间以后，再把这些照片（或者部分照片）与之前没有给他们看过的照片（分心物）混合呈现，要求被试确定这些照片或者照片中的人是否呈现过。

在这样的实验中，给被试呈现刺激和要求被试识别刺激之间的延迟时间，面孔刺激的呈现时间等，都可能影响实验结果。另外可能产生影响的因素是，被试第一次见到照片时是否意识到自己在参加一个识别实验。在面孔识别研究中经常使用信号检测模型，实验中有四类回答，分别是：（1）正确接受了之前见过的面孔（是—是）；（2）正确拒绝了之前没有见过的面孔（否—否）；（3）错误地拒绝了之前见过的面孔（否—是）；（4）错误地接受了之前没有见过的面孔（是—否）。信号检测模型中会产生敏感性和标准偏向（criterion bias）两个参数之间的差异。敏感性是指回答正确或者错误的比例；标准偏向是指被试没有识别出之前见过的面孔的倾向性（导致错误的否定），或者对之前没有见过的面孔“识别”的倾向性（错误的肯定）。其中错误肯定这种标准偏向更为常见。

那么在面孔识别中，会涉及哪些认知加工呢？艾森克（2002）综合了很多研究后认为，在面孔识别中，人们会对面孔进行完型加工，但也会对面孔进行成分加工，特别是在加工倒置面孔时会进行成分加工。在不能识别熟悉的面孔时，也会有一些关于这些面孔的内隐知识。

2. 跨民族面孔识别

有关面孔识别的经典研究都是在西方背景下进行的，参加研究的被试以及被试要识别的面孔都是西方白人。那么西方白人识别白人跟识别其他种族的人的面孔，或者其他种族的人识别本种族跟识别白人是否会有什么不同呢？

在面孔识别的跨文化研究中，要求被试识别的照片会包括本群体成员的照片以及其他民族群体成员的照片。常见的研究结果是，人们更容易记住本种族成员的面孔。在美国进行的研究，主要是欧裔美国人和非裔美国人面孔的相互识别，也出现了容易记住本种族成员面孔的结果，这叫做跨民族效应，或跨种族效应、本种族偏见。尽管这类研究仅是在有限的部分国家进行的，但无论在哪里调查，都会发现类似的现象。

对跨民族效应的直觉解释是，之所以对其他群体的识别能力低，是因为对这些群体有刻板印象或负面态度。然而，这样的社会心理学解释几乎没有得到实验研究结果的支持；而更可能的解释是与知觉机制有关的“接触性假设”。接触性假设认为，正确的识别是因为接触频率较高。这个变量本身不能区别群体内和群体间的识别正确率的差别，但与接触质量结合起来，就可以解释群体内和群体间识别正确率的差别了。例如，贝里（Berry et al, 2002）提到，李（Li）等发现，热爱篮球的欧裔美国人对非裔美国人的面孔识别要好于不喜欢篮球的欧裔美国人，这是因为美国有很大数量的非裔美国篮球运动员，而且这些球迷都有很多辨认各自球员的经历。有研究者（Bar - Haim et al, 2006）测查了3个月的居住在高加索环境中的以色列婴儿、居住在非洲环境中的非洲婴儿以及居住在高加索环境中的非洲婴儿为被试，考察他们对配对呈现的高加索面孔和非洲面孔的偏好。结果发现，居住在高加索环境中的非洲婴儿对高加索面孔和非洲面孔没有偏好差异，然而其余两组被试都表现出对本族面孔的偏好。

知觉学习模型是被广泛接受的解释群体内和群体外识别差异的理论，而接触性假设可以看做是知觉学习模型的一个实例。根据知觉学习模型，知觉技能包括学习分辨相关任务和无关任务的线索，各种知觉线索可以用来辨别面孔。由于面孔的特征在不同的群体中有不同的变化方式，因此人们在本群体中长期生活，就获得了更多区别本群体的面孔的丰富的经验，而对于区别其他群体面孔的经验则较少。事实上，人们对本民族群体面孔的描述和对其他民族面孔的描述在使用类别上有所不同。各种知觉学习理论假定面孔储存在一些假想的空间里，相关特征或特征的组合在这些空间里形成维度。随着经验的增加，外群体的面孔在这个空间里变得更好区分；看起来更相似的外群体面孔与看起来更有差异的内群体面孔相比，前者在知觉空间中的位置更紧密。

有研究者对知觉学习理论进行了批评，他们对两个种族群体（例如西班牙裔美国人和非洲裔美国人）的典型特征进行平均，从而使这些面孔在种族上是模棱两可的，给这种模棱两可的面孔提供一个“民族标签”，也就是加上西班牙裔美国人的发型，或者非裔美国人的发型。这样，这些具有相同的面部特征（除了发型）的面孔，应该有一半被识别为西班牙人，另一半被识别为非洲人。然而，当西班牙裔美国学生对这些面孔进行识别时，有西班牙裔美国人发型的面孔得到更好的识别。研究者认为，是民族标签这种知觉信息促进了按照民族进行的分类，而不是因为对外群体面孔经历较少受到较高的知觉相似性影响。作者声称，如果差异性识别效应确实开始于对记忆中刺激的编码，那么通过增加对这种效应存在的注意而改变这种效应是很难的。

梅斯内尔等（Meissner et al，2001）进行了一项元分析，分析的有关研究包括 39 篇文章，涉及 91 个独立的样本，总数接近 5000 名被试，这些研究大多都是对非裔美国人和欧裔美国人的种族比较。分析发现，被试正确肯定（之前见过，现在回答见过，是—是）本民族面孔高于正确肯定其他民族面孔的 1.4 倍，而且，被试错误肯定（之间未呈现过，但现在回答见过，否—是）本民族的面孔高于错误肯定其他民族面孔的 1.6 倍。可见，人们对内群体面孔的识别标准要比外群体面孔的识别标准低，这是一个倾向。

除了包括接触假设在内的各种社会认知理论外，还有面孔表征理论和加工过程理论（周国梅等，2009），这些理论实际上并不矛盾，而是各自揭示了跨民族面孔识别的一部分事实。尽管内外群体面孔识别差异的机制还不明确，但要清楚这一问题的重要性。例如，在法庭上，陪审团对犯罪的目击者提供的证据会相当重视，一个民族的成员呈现的涉及其他群体的目击证据可能会导致歧视，尽管未必是有意的。因此，这一问题还需要进一步的研究。

第三节 认知风格与文化

认知风格（cognitive style）是指个人所偏爱使用的信息加工方式，也叫认知方式（彭聃龄，2001）。例如，有人喜欢跟别人讨论问题，从别人那里得到启发，而有的人则喜欢独立思考；有的人能够迅速解决问题，得到问题的答案，却经常出错，而有的人虽然解题的速度很慢，但很少出错。认知风格是人格的一个重要方面，表现为个体之间在思考问题、解决问题方面的风格差异。一般来说，认知风格有多种分类方式，如场依存性与场独立性、冲动与沉思、同时性和即时性等。

任何一种文化中都存在多种不同的认知风格，但在不同的文化中某种认知风格的人是否都有相同的比例呢？如果某种文化中人们的认知风格有一种区别于其他文化的整体倾向，这种倾向的文化根源是什么呢？或者说，生态和文化背景又是如何影响人们的认知风格的呢？本节讨论认知风格与生态环境和文化背景的关系。

一、认知风格的理论与研究

1．场独立性—场依存性

最著名的认知风格研究是威特金及其同事（Witkin et al, 1962）关于场独立性与场依存性的研究，以及他们提出的心理分化理论。他们在垂直视知觉的一系列实验中发现，当判断一个刺激物是否垂直时，个体之间存在明显的差异，表现为人对外部环境（也就是“场”）的依赖程度不同。有些被试主要依据身体内部的线索，如身体固有的感觉或对自身姿势的感觉；而另一些被试主要依据外部的参照，尤其是视觉线索。这种内部参照与外部参照的个别差异在其他实验中也得到了验证。例如，在“棒框测验”中，在倾斜28°的方框中有一条倾斜度数不等的直杆，要求被试根据自己的感受把直杆调整到垂直方向。有些被试几乎不受倾斜方框的影响，迅速地调整了直杆；而另一些被试显然受到了倾斜的框架的影响，注意力被分散，调整的速度相对较慢。另一个测验是“镶嵌图形测验”，测验图形是一种复杂的图形，其中隐藏着一个简单的图形，要求被试从复杂的图形中辨认出简单的图形。在这个测验中，有的人比较容易找到简单图形，而另一些人则容易受周围复杂图形的影响，难以找到简单图形。

威特金等根据他们自己的研究以及对大量文献的回顾，提出了心理分化理论，认为在个体的发展过程中，心理机能从一个几乎混沌的状态发展为复杂的结构，所有的个体都经历了一个从小的分化到大的分化的过程。不同分化程度的成人具有不同的认知风格，通过上述测验可以测试出来。在测验中，主要依据身体内部线索，较少受周围环境（“场”）影响的被试，心理分化水平较高，可以称为场独立性；在测验中较少依据身体内部线索，而主要依据外部参照，受周围环境（“场”）影响较大的被试，心理分化水平较低，称为场依存性。场依存—场独立的认知风格是一种个体功能的普遍维度，在知觉、智力、个性、社会领域中都会表现出来，并且对某一个个体来说，具有跨时间和跨情境的稳定性。

2．其他认知风格

彭聃龄（2001）提到，卡根（Gagan）等区分了两种不同的认知风格：冲动与沉思，其主要差异是对问题的思考速度。冲动型的特点是，反应快，但精确性差，他们使用的信息加工策略多为整体性策略。沉思型的特点是，反应慢，但精确性高，他们使用的信息加工策略多为细节性策略。由于反应速度与正确率之间存在复杂的关系，奥尔特（Ault）等认为，除了上述两种认知风格外，还应该有另外两种：一种是快—正确型，反应既快又准；另外一种是慢—非正确型，反应慢，准确性也差。另外，达斯（Das）等区分了同时性和即时性两种认知风格。即时性认知风格（successive cognitive style）的特点是，解决问题时，能一步一步地分析问题，每一个步骤只考虑一种假设或属性，解决问题的过程在时间上有明显的步骤和前后时序。同时性认知风格（simultaneous cognitive style）的特点是，在解决问题时，采取宽视野的方式，同时考虑多种假设，并兼顾解决问题的各种可能性。其解决问题的方式是发散式的。

二、认知风格与文化

认知风格的研究在20世纪六七十年代风靡一时，但后来有所减弱，到了90年代又重新受到关注，因为认知风格提供了一种看待个体和团体认知活动差异的不同视角。而且，当认知风格与跨文化中经常使用的生态文化方法结合起来时，更提供了一种无争议的、价值中立的定位。

1．生态文化与认知风格

生态文化环境是群体在长期的社会实践活动中，与客观环境相互作用而形成的生存空间。地球上各个地区的生态文化环境差别相当大，这些环境对人类的心理活动可能会产生很大的影响。曾有研究者用生态文化环境来解释认知风格的差异，主要是场独立—场依存的认知风格差异，贝里等（Berry et al，2002）对这些研究进行了总结。

由于生态环境会严重影响人类的心理分化，因此，不同的生态文化环境中人们的认知风格可能具有很大的差异。例如，视觉能力的发展就与个体适应生存环境的需要有关。根据这一假设，因纽特人生活在白茫茫的雪地环境中，而西非的特姆尼人生活在杂色灌木丛生的地带，因此前者应具有很强的视觉技能才能维持生存。他们应该在镶嵌图形中比较容易区分出简单图形。正如假设，贝里在研究中发现了预期的结果（见图3.2）。

前因变量	认知风格的预测 场独立	场依存
生存模式	狩猎，聚居	农业
居住模式	游牧	家中劳动
人口密度	低	高
家庭类型	核心	大家庭
社会/政治阶层	分散	聚居
社会化	坚持	服从
西方教育	高	低
工资待遇	高	低

图3.2 生态文化与认知风格的关系
（来自贝里等《跨文化心理学—理论与应用》）

图3.2列举了生态文化与认知风格之间的关系。游牧狩猎者和聚居者可能是相对场独立的人，他们在社会结构中相对松散，并且在社会化中强调坚持性；相反，家庭农业者可能是相对场依存的人，他们在社会结构中相对聚居，并且在社会化中强调服从。进一步说，与那些没有经验的人相比，受到涵化的，特别是

接受较多西方教育的人更可能是场独立的人。

认知风格的性别差异模式虽然不断变化，但也可以理解。过去的研究表明，女性与男性相比更加场依存，但因纽特人和北美印第安人没有出现这样的结果。可以这样解释：在狩猎—采集的社会中，男孩和女孩社会化的过程是相似的，其他生态和文化经验也是相似的，因此导致了这样的结果。在大多数狩猎—采集社会中，对于男性和女性来说，场独立的认知风格更有利于适应个体的经济、家庭生活以及狩猎和采集活动。相反，在更结构化的社会中，例如农业社会，男性和女性的社会化过程是不同的，他们家庭生活、经济活动、生产活动具有不同形态，因此，适应于这些活动的区别，普遍存在认知风格的性别差异。

认知风格还可能受到涵化的影响。在涵化过程中，通过正规的学校教育以及工业化过程，社会与社会之间发生接触。很多研究都证明，涵化经验能够增强场独立性。然而，涵化也许是从根本上改变了个体的认知风格，但也可能只是由于对测验材料更加熟悉并找到了窍门，从而改变了处理测验材料的方法。因此，涵化，尤其是教育，对个体的认知活动有一种深刻、复杂的影响。

贝里等（Berry et al，2002）提到，到目前为止，认知风格最大的跨文化研究项目是由辛哈（Sinha）及其同事在印度实施的。他们采用了生态文化框架，并从印度寻找被试来验证该模型的预测。在第一个研究中，辛哈（Sinha）研究了比哈尔邦的一个游牧狩猎采集群体，一个已经过渡到定居农业群体，还有一个长期农业者群体。该研究预测，认知风格得分将随着社会化习惯的变化而变化。被试样本是自来三个群体的8—10岁的男孩和女孩，要求他们完成一个镶嵌图形任务。在这个任务中，要在复杂背景中发现简单图形。结果显示了显著的群体效应，辛哈认为，这一结果支持了他的假设以及生态文化框架。

有人研究了印度比哈尔邦的三个本土群体，两个群体分别代表游牧狩猎—采集群体和定居农业群体，第三个群体过去是狩猎者，但现在已经成为农业者。该研究预测，生态和涵化背景会导致群体差异。所使用的测验包括认知风格测验，如镶嵌图形测验，以及认知能力测验，如图片解释。结果出现了预期的差异：与农业者相比，狩猎者更倾向于场独立，高度“接触涵化”的人也是如此。此外，涵化也影响了能力测验成绩，这种影响超过了源于生态背景差异的影响。但涵化对游牧的狩猎—采集群体的影响并没有这么强。

人类学和心理学关于认知过程的研究继续提出，认知风格与文化有关系。随着学习过程在环境的影响下逐渐形成，人类心理在信息组织的内在模式的基础上形成了制订计划、确定策略和解决问题的独特风格。

2. 东西方思维差异

假如看到下面的两个陈述，人们能否看到其中的矛盾？人们会如何处理这样的矛盾？文化因素会影响人们的推理或判断吗？如果有影响，会如何影响？

陈述 A：两位数学家发现，中国北京的一只蝴蝶显著影响了旧金山海湾地区的气温。

陈述 B：两位气象学家发现，旧金山海湾地区当地一只蝴蝶的活动跟这一地区的气温没有任何关系。

从理论上说，处理两个陈述之间关系的方式可能有四种：第一，否认，也就是不处理矛盾，或假装没有矛盾；第二，打折扣，也就是不全相信任何一种陈述；第三，区分，也就是比较鉴别两种陈述，确定谁对谁错；第四，辩证思维，也就是在一定程度上认为两种观点都是正确的，尽管两种观点之间可能存在矛盾。著名华裔心理学家彭凯平等（Peng et al，1999）针对上述问题进行了一项研究，结果发现：不同文化中的被试表现不同，这与他们的思维方式有关。在一系列实验中他们发现，当遇到社会冲突情境或逻辑矛盾信息时，中国学生相对来说更喜欢用辩证的思维解决问题，而美国学生更倾向于极化冲突事件，并选择一种正确的方法。例如在研究中发现，美国学生用意第绪语表达出他们不喜欢辩证谚语的倾向。另外，在矛盾情境中，美国学生会对两个选择项进行比较，并对他们所选择的给以更高的可能性，而中国学生更倾向于对两种选项都有一定程度的信任。研究者认为，这样的结果反映了东西方两种不同的认知传统。利用来自包括人种志和哲学研究等其他来源的证据，研究者将他们的发现扩展到科学史的差异中。他们的结论是："我们相信，辩证推理和非辩证推理将被证明是亚洲人和西方人之间唯一一种相互关联的认知差异。"

但这个研究结论并没有被完全接受。陈（Chan，2000）认为，从关于形式逻辑的文献看来，这种思维形式的差异不尽合理。他说："我坚决反对由彭凯平与尼斯比特提出的两种主要主张：第一个主张是，中国人的辩证思维与形式逻辑的规律是不一致的；第二个主张是，有两个不同的思维方式（逻辑与'辩证'）。"而且还有一个问题，美国学生和中国学生在反应的分布上有相当大的重合，许多中国学生按照"美国人"的方式回答而许多美国人按照"中国人"的方式回答。

后来，尼斯比特等（Norenzayan & Nisbett 等，2002）以欧裔美国人、亚裔美国人和东亚人（中国人和韩国人）为被试，进一步研究了东亚和美国人在范畴学习、分类和相似性判断、推理中的跨文化差异。结果发现，在这些任务中，欧裔美国人更多的使用形式推理，而中国和韩国被试更多使用直觉策略。

总的来说，亚洲人和美国人在多种认知任务上表现出跨文化差异，这些差异不仅表现在基本的认知过程中，而且表现在较复杂的认知过程中。

3. 中国境内不同生态环境下的认知差异

陈中永和郑雪（1995）以生存策略为依据，在中国境内选择了粗耕、精耕、捕渔、游牧、狩猎、林业、工业、商业8个亚文化群体，对他们的认知活动进行了系统的研究。他们发现，认知操作和认知方式与生态环境和生存策略有密切的联系，一定的生态环境和生存策略要求其社会群体发展出与之相适应的认知操作和认知方式类型。农耕、捕渔、游牧组被试的空间和时间认知操作、具体和抽象认知操作、分析和综合认知操作倾向于水平较低，认知操作较不准确，但农耕和捕鱼组认知操作较慢的，而游牧组认知操作较快。狩猎、工业组被试的空间认知操作、抽象认知操作水平都较高。而且发现，学校教育、信息媒介等现代化影响因素对个体的认知操作和认知方式的变化和发展有重要的促进作用。

这一研究是国内为数不多的研究境内多元文化差异与认知活动方式之间关系的高水平研究，所研究的问题和选用的方法都值得思考和借鉴。

三、认知风格跨文化差异的应用

以往的研究已经证明，认知风格的整体分布在各文化下的确是有差异的。在现实工作和生活中，已经有研究者考虑根据这样的文化差异进行教育或产品设计。

1. 认知方式与学习方式的偏好

基于网络和计算机的学习已经风靡全球。对于教学设计者来说，一个重要的挑战是，在设计电子学习系统时应考虑到个体差异，如民族、性别以及认知学习风格的差异。格拉夫等（Graff et al, 2004）对中国和英国的大学生进行了研究。他们把认知风格分为分析式和直觉式。分析式认知风格的个体根据推理和细节的信息加工进行判断；而直觉式推理的个体基于感觉、总体式信息加工策略进行判断。结果发现，直觉式认知风格的个体更多使用计算机，而分析式认知风格的个体较少使用计算机。中国学生比英国学生使用计算机和网络学习的积极性更高，而且不同年龄组的差异较大。因此，在设计基于网络和计算机的学习系统时，应多考虑这些差异。

2. 认知方式与网站设计

有人（Faiola et al, 2005）研究了文化认知风格与网站设计的关系。他们首先假定，网站设计者的文化认知风格将反映在网站设计的过程中，可能会影响使用者的使用情况。与设计者共享同一文化的使用者，与设计者会有较一致的认知风格，他们在使用网站的过程中会更高效，而来自其他文化的使用者，在寻找信息、阅读文本和浏览网站的过程中会有困难。这种差别不在于网站设计的优劣，也不在于使用者的智力，而在于设计者与使用者认知风格的匹配。在实验中，他们研究了中国用户和美国用户在使用中国人和美国人设计的网站时的情况，结果证实了他们的假设，即设计者的文化背景会促进同一文化中的使用者更有效地使用网站。

该研究虽然不能提供网站设计的具体建议，但其启示意义也是明显的：在网站设计中，意识到认知风格的文化差异是必要的，而且也有助于网上的沟通。

第四节 认知发展与文化

当一般意义上的认知心理学（即信息加工认知心理学）还远未出现的时候，已经有人提出了认知发展理论，这就是伟大的瑞士心理学家皮亚杰所提出的认知发展理论。这一理论认为，人的认知发展可以分为四个连续的阶段，每个阶段都表现出不同的特点。尽管皮亚杰并不强调文化因素对这些阶段发展的影响，但依然有心理学家认为，文化或生态环境可能会影响每个阶段实现的速度和程度。

一、皮亚杰的认知发展理论

皮亚杰对儿童认知发展的贡献是任何其他理论家都无可比拟的。他声称所研究的也是“智力”，但跟其他心理学家所研究的“智商”差别很大。他在对自己早期感兴趣的动物学和认识论加以整合的基础上，发展出“发生认识论”这一新的学科，用以解释人的认识的起源和智慧的发展。

1. 发生认知论的基本概念

根据皮亚杰的解释，婴儿出生后就开始运用他与生俱来的基本行为模式来适应环境、获取知识。这些基本的行为模式可以看做个体了解周围世界的认知结构，皮亚杰把这些认知结构称作图式（schema）。最初的图式并不包含认知，随着年龄增长，图式开始成为心理性的行为模式。在个体与外界接触的过程中，个体的认知结构或图式可能因环境的限制而主动改变，这就是适应。

适应的方式有两种：一是把新异的事物纳入已有的图式之中，这叫同化；二是在已有图式不能同化新知识时，个体会主动修改已有的图式，从而达到目的，这叫顺应。如果个体已有的图式能够轻易同化环境中的新知识，心理上就会感到平衡。如果不能同化环境中的新知识，心理上就感到失衡。个体就是在适应环境的过程中交替出现平衡、失衡，从而使认知结构不断发生变化，人的认知水平就会逐渐发展。

2. 认知发展阶段理论

皮亚杰认为，人的认知发展分为四个连续的阶段，分别是感觉运动阶段、前运算阶段、具体运算阶段和形式运算阶段，每个阶段都有该阶段特有的认知特点。在感觉运动阶段（0—2 岁），婴儿通过感觉和运动来应对外在环境，最初只是简单的反射，后来逐渐包含认知活动。在前运算阶段（2—7 岁），儿童开始运用思维活动，但这些思维活动常常是不合逻辑的，表现为知觉集中（其表现之一就是不能理解守恒）、自我中心主义和思维的不可逆性。在具体运算阶段（7—11 岁），儿童能够遵循逻辑法则进行推理，但推理思维能力仅限于具体情境或熟悉的经验。在形式运算阶段（11 岁以后），儿童就开始能够进行假设演绎推理和科学的思维活动。

皮亚杰认为，影响认知发展的因素主要有四类：第一，生理因素，这是神经系统成熟的基础，与社会或文化因素没有关系；第二，平衡因素，是随着生理有机体与自然环境相互作用而发展的自动调节，这个因素也是普遍的，因为任何地方都会有与有机体相互作用的物体；第三，社会因素，这是所有社会共同的因素，因为任何地方都会发生社会相互作用；第四，文化传递因素，包括教育、风俗和制度，在不同的文化中都是不一样的。

二、发展阶段的跨文化研究

尽管皮亚杰认为文化传递因素可以解释认知发展的跨文化差异，但皮亚杰只是简单地涉及这一问题。除了皮亚杰，其他的实验认知心理学家，不管是研究概念形成还是问题解决，或者人工智能、认知科学，都尽量排除文化的影响。但是，这样的绝对主义取向不断受到批评，原因之一是，根据标准的发展顺序来解释文化差异，很容易认为非西方人的认知水平是“落后”、“有缺陷的”，而这种结论带有价值判断的成分，也是不正确的（Dasen等，1979）。很多研究者考察了文化因素对认知发展各个阶段的影响。

1. 感觉运动阶段和前运算阶段

西格尔等（Segall et al，1999）提到，达森（Dasen）等在1978年在科特迪瓦的保莱进行了一项纵向研究，被试从6个月到30个月。结果表明，保莱的婴儿的表现与皮亚杰对自己三个孩子的观察结果完全一致，表明皮亚杰所提出的感觉运动阶段分为六个亚阶段的顺序具有普遍性。唯一的区别是，保莱婴儿坐在照看者的膝盖上准备回答问题时，表现出更多向妈妈寻求帮助以解决问题的行为。他们为了得到够不到的东西，会把母亲的胳膊推向要够的物体。

2. 具体运算阶段

具体运算阶段的儿童可以符合逻辑地解决包含具体物体操作的具体问题，能够理解守恒，能够理解可逆性，也就是能够进行某些心理操作的相反操作。具体运算阶段的思维与很多概念有关，包括数字、测量、空间和时间等。研究具体运算阶段的发展，可以通过标准化情境进行，在标准化情境中进行的任务与心理测验不同。这种任务包括与被试进行半结构化的交互对话，在研究中通过临床方法呈现。研究最彻底的概念是守恒、基本逻辑和空间。

两种典型的皮亚杰任务是液体的守恒和“水平”空间任务。在液体守恒任务中，向儿童呈现两个完全相同的玻璃杯（A = B），装着相同的液体。其中一个玻璃杯中的液体倒入一个其他形状的玻璃杯，例如更高更细的玻璃杯（B’），或者更矮更粗的玻璃杯（B’’）。然后问儿童问题：“两个玻璃杯中的液体还一样多吗?”（A = B’ 或 A = B’’ 吗?）如果儿童的回答是：“是的，还是一样多，因为尽管液体现在更高了，但也是更细了，不信你再倒回去，还是会一样多。”或者类似的答案，就说明他们是具体运算思维。而在前运算阶段，儿童的注意力可能会集中于一个维度，例如玻璃杯的高度，可能会说：“B’ 中的液体更多，因为液体更高了。”

在“水平”任务中，呈现一个垂直放置的长颈瓶，装着一半液体。然后问儿童，如果长颈瓶以各种方式倾斜，水的高度会是多高。呈现长颈瓶时一般会用布袋遮住瓶子，使儿童看不到水在哪里，并要求儿童用画轮廓草图的形式提供答案。根据皮亚杰的分析，儿童必须处理两个坐标 ，一个是重力和桌面产生的坐标系统，一个是瓶子的内侧产生的坐标系统。如果两个坐标系统是一致的，比如瓶子平躺或倒立，儿童就容易判断水的高度。如果瓶子是倾斜的，儿童就不容易判断水的高度。在某一特定的亚阶段，儿童知道水不会贴着瓶底，但也不知道会向哪个方向移动。

1966 年，皮亚杰在国际心理学杂志的创刊号上号召进行跨文化的研究。从那以后，很多研究者在不同的社会进行了研究，这些研究或多或少是受皮亚杰理论启发并使用皮亚杰的任务进行的（Segall et al，1999）。进行跨文化研究的一个重要问题是方法问题。运用皮亚杰任务时所观察到的儿童行为、儿童的反应以及解释，都会影响阶段的划分。然而，能否在所有的情况下、所有的文化背景中都能采用一致的划分标准呢？任何测验，不管是心理测验还是皮亚杰的任务，并不仅仅是一个简单的翻译问题，因为同一个实验情境在不同的社会中可能具有不同的含义。当一个情境运用于另一个社会时，研究者希望具有的意义是否还有呢？而且，很多研究考察了向儿童提出问题所用的语言的重要性，不同情况下得到的结果也不同。另外，对任务内容是否熟悉、临床方法使用的技能、研究结果的统计、对测验情境的熟悉性等，都有可能影响研究的结果。

尽管皮亚杰确定了达到各个阶段的年龄，但他认为这个问题并不重要。他认为，在不同的环境中，有一两年的差别是正常的。实际上，跨文化研究发现了更大的差别，经常有五六年的差异，某些人群甚至缺少对某个概念的具体运算推理。如果对观察的结果进行更细致的分析，还可能分析出皮亚杰所没有提出的认知发展阶段。

西格尔等（Segall et al，1999）提到，有人在1974年对阿尔及利亚未受教育的儿童的液体守恒进行了研究。他发现，七八岁的儿童能够知道两个容器（A和B'）中的液体是一样多的，但他们不能解释原因。研究发现，这些儿童根本就不去注意容器的维度却坚持自己的回答。训练这些儿童注意容器的维度以后，他们的回答却出现了“不守恒”的回答，就像9—10岁不需要努力就能回答出的答案一样。因此研究者提出，在非守恒的阶段之前，有一个所谓的“假守恒”阶段，这是以往的研究所没有描述过的。但是，这个假守恒阶段还没有得到其他研究的重复。

萨克斯（Saxe，1982）研究了巴布亚岛新几内亚的人奥克萨普明（Oksapmin）的数字概念，这些数字系统使用了身体部位的名称。他们在数数的时候，会依次出示身体的部位，叫出身体部位的名字。从左眼开始，如果加上前缀 tan，表示是在用身体的另一侧数数。一般最后数到左手的小拇指结束，小拇指在十进制中是 27。如果需要继续数数，就继续从左手的手腕，然后在身体上继续前进。萨克斯发现，在奥克萨普明儿童中也能观察到欧洲和美国的儿童经常表现出的一个数字发展阶段，特别是，有一个阶段是儿童知道如何数两组物体中任何一组中成分的数量，却不能根据两组数的结果进行比较。例如，如果两堆土豆都是九个，儿童数了以后知道两堆都是九个，但其中一组占用的空间较大，儿童就说占据空间较大的一组较多。萨克斯也观察到这一阶段，但奥克萨普明儿童在大约 9 岁处于这一阶段，而欧美儿童是 5—6 岁。

3. 形式运算阶段

皮亚杰关于形式运算阶段的理论即使在西方的工业化社会中也只得到部分证实。皮亚杰认为，形式运算阶段的推理不再受具体形式的束缚，而是可以运用于任何内容，包括假设检验的问题。然而研究表明，西方社会大部分青少年和成人，甚至包括受过高中或大学教育的人，也只是在某些情况下、在某些领域，特别是本专业领域，才进行形式运算。因此，皮亚杰在 1972 年修正了他的理论，认为所有成人都具有形式运算的能力，但是这种能力只有在非常有利的条件下才能展现出来。

还没有充分、系统的证据证明皮亚杰理论的普遍适用性。使用皮亚杰的形式运算任务进行的跨文化研究表明，达到中等水平的教育程度是成功解决这些问题的必要条件，因为这些任务直接跟在学校所学的物理、化学或数学知识有关。

形式运算与被试的受教育程度有关，与特定的知识内容有关，但这并不意味着跨文化研究失去了意义。济慈（Keats，1985）对澳大利亚人、马来西亚人、印度人和马来西亚华裔的16—17岁高中生以及20—24岁的大学生进行了形式运算的六项测试，其中有三项测试在一次系统的训练之前和之后重复进行。他们的结论是，虽然各组被试在训练之前有较大差异，但在接受训练之后差异大大缩小了。训练能够消除各组被试之间的差异，也说明最初的测验结果差异并非能力的差异，而是技巧和特定知识方面的差异。西格尔等（Segall et al，1999）提到，有人在1994年以科特迪瓦的城市和农村的中学生、成年文盲为被试，进行了皮亚杰形式运算阶段的三项测验，包括树枝的柔韧性、钟摆、互换排列等。在对成年人的研究中使用了小组访谈的方式，这样比个别测验更有利于创造一种与他们熟悉的社会文化一致的情境。测验产生了有趣的结果，他们把事物的各个维度视为一个信息的组块，将重要的规则同有关的因素联系起来。例如在钟摆问题中，他们断言最重要的原因是最初的推力，没有这一推力就不可能摆动。他们也会采用日常经验，例如，在树枝的柔韧性测验中，他们不同意实验者安排的问题，而认为柔韧性需要时间来检验。研究者认为，这是由于他们日常工作中用木棒搭建陷阱的经验的迁移。

研究者的结论是，青春期少年越来越明显地表现出两种思维风格，分别对应于对外部事物意义的方式。第一种思维风格是对应于实验和分析风格的思维，回答“如何”的问题，并试图确立因果规律。第二种是经验风格，根据图示和符号表征，对应于实用的和行动定向的逻辑，回答“为什么”的问题，并用于寻求可能的结果。研究者认为，第二种风格对应于班图哲学，是通过非正式教育产生的，很明显是成人文盲解决皮亚杰任务所用的方式。

要研究未受教育的被试的形式推理，最好不要用实验的情境，因为这无法适用于多种文化。在日常情境中观察形式推理恐怕也是不可能的。根据皮亚杰的标准，在进行皮亚杰任务时不能接受其他人的帮助，要考虑所有可能的组合，保持所研究的因素之外所有因素的恒定，并得出一条普遍规律。实际上行为是复杂和抽象的，不能用皮亚杰的标准变为形式化的问题。目前看来，只是以几个皮亚杰的实验任务的结果为基础，就认为某些群体中没有认知发展的形式运算阶段还为时尚早。形式运算是科学推理，并不是所有文化中都重视这种运算形式。在对形式运算的研究中，要根据每个文化群体特殊的价值体系来研究他的个体发生，那么形式运算就和其他认知发展阶段一样，具有文化上特殊的形式。

对皮亚杰认知发展各阶段进行的跨文化研究已经表明，生态和文化因素不影响各个阶段的顺序，但会影响实现各阶段发展水平的速度。文化差异的影响会表现在概念的操作（表层）水平上，而概念的操作水平是有文化价值的（如在特殊生态文化背景下的适应需要）；同时，文化差异也发生在概念的能力（深层）水平上，而概念的能力水平没有价值。研究表明，发展曲线上的渐进线（在一些具体运算概念获得上的明显的水平下降）通常是操作现象，这种现象在重复测试和短期训练之后就会消失。简言之，皮亚杰任务和其他测验一样，都很难得出从操作到能力的推论。

三、新皮亚杰学派

一般来说，皮亚杰的认知发展理论存在两个缺陷：一是皮亚杰完全把他的研究局限于认知发展的纯理论研究，忽视了教育和社会因素的作用，也忽视了与认知有关的非智力因素的研究，如情感、自我意识、人格等；二是皮亚杰只研究了认知发展的宏观规律，缺乏对认知发展的微观规律的研究，只强调认知发展的普遍性，忽视了个体之间认知发展的差异性。大约从 20 世纪 70 年代开始，一批研究者针对皮亚杰理论的缺陷，对皮亚杰的理论进行了补充、修正、充实和发展，这就是新皮亚杰学派。

郭本禹（2003）对新皮亚杰学派进行了介绍。狭义的新皮亚杰学派以皮亚杰工作过的日内瓦大学教育科学研究院为中心，以道伊斯（Doise）为代表，继承了皮亚杰理论的基本概念和发展模式，重视心理学研究与教育科学的结合，增加应用性研究，并在研究方法和技术上尝试新的突破，对原来的理论进行补充与更新。

广义的新皮亚杰学派包括世界各国的心理学家，他们纷纷从广度和深度上充实和发展皮亚杰的理论，试图以信息加工的观点弥补皮亚杰的智力发展理论的不足，借用信息加工的模式说明认知阶段的具体过程和细微的机制。他们改变了皮亚杰理论的一些假设，其中重要的一点是，认为文化根源决定高水平结构的内容。他们认为，皮亚杰发现的数理逻辑结构思维只是西方文化的一个方面，其他如视觉艺术和社会分析，在高水平发展的西方思维中发挥着与数理逻辑思维在本质上相同的作用。社会文化过程和社会制度对儿童发展起着重要的促进作用，特别是高年龄阶段，西方文化和非西方文化在高水平的智力结构方面可能有许多不同之处。

总之，新皮亚杰学派更加重视社会文化因素对认知发展的影响，将更加可能揭示人类认知发展的本质。

第五节 语言心理与文化

语言是人类拥有的一种非常神奇的能力。它使我们相互交流思想、抒发情感、保存和分享各种社会历史经验和文化知识。一般来说，语言是一种社会现象，是人类通过高度结构化的声音组合，或通过书写符号、手势等构成的一种符号系统，同时又是一种运用这种符号系统交流思想的行为。研究语言的心理学分支叫做心理语言学（朱滢，2000），主要研究个体如何获得、理解和生成语言。

全世界共有大约5000多种语言，这些语言的音、形、义系统具有巨大的差别。那么不同文化中的人们在语言获得、语言理解和语言生成的过程中是否有共同的或相异的规律呢？语言与文化又有什么关系呢？本节讨论语言心理与文化的关系。

一、语言获得与文化

语言获得是指人类个体学习和掌握特定的语言符号系统的过程。在这一过程中，儿童的语言能力随着年龄的增长而发展，刚出生的婴儿不会说话，伴随着他们的成长，首先习得他们语言的声音，最后是词，然后才是句子。不同语言、不同文化中的儿童是否遵循同样的语言获得规律？

1. 语言习得的普遍规律

关于语言获得的一个根本问题是，人类获得语言的能力是否先天就有？著名语言学家乔姆斯基提出，人类语言都有一种共同的普遍语法，人在出生时就已经具有了普遍语法的心理表征；而人类有一种先天的组织，也就是“语言获得装置”，使人类能够按照普遍的程序获得语言。乔姆斯基的语言获得装置固然还没有得到科学研究的证实，但他所提出的人类语言具有共同的普遍语法，以及人类可以按照相同的程序获得语言，却得到了跨文化研究的支持。

研究发现，各种语言的确具有很多普遍特征。例如，在任何语言中都没有宾语—主语—动词这样的词序，这是对词序的普遍约束。同样，所有的语言都有名词和动词。还有研究者发现，词具有一定的情感意义，具有正性情感意义的词运用更频繁，范围更广泛，因此这些词经常不被标记，而具有负性情感意义的词运用较少，因此这些词需要被标记。例如，英语中一个明显的例子是前缀“un”，例如 unhappy 或 unfair。研究者发现，有几十种语言存在负性情感意义的词需要标记这一共同特征。

更多的研究发现，人类获得语言的过程也具有普遍特征。一般来说，人类语言的早期发展分为前言语阶段、单词句阶段、多词句阶段，其中前言语阶段还依次出现咕咕发音、咿呀学语和模仿语言阶段。由于各种语言都有复杂的特征，因此每种语言获得的具体过程中，都会表现出复杂的、独特的模式。在各种不同的语言具有各自独特性的同时，不同的语言又在某些阶段出现一些共同的特征。

2. 音素获得与文化

音素就是言语可识别的最小单位。例如，单词“bad”和

"sad"通过它们的第一个因素进行区分，分别标为"b"和"s"。说某一特定语言的人通常可以毫无困难地正确区分母语中的音素。一个有意思的问题是，如果呈现属于不同范畴的两个人造声音，人们可以进行很好的区分。然而，如果呈现在声学上具有同样的区别，但属于同一因素范畴的两个声音，人们却很难对这两个声音进行区分。

不同的语言中所使用的音素集合并不完全相同。例如，英语中有两个辅音"l"和"r"，但这两个声音在日语中没有区别；另外，阿拉伯语中有一个送气"b"，英语中没有这个音。当向被试呈现人造声音时，被试会根据他们自己语言的范畴对这些声音进行归类。例如，英语中有"d"和"t"两个范畴，而泰国被试能够区分出"d"、"t"和送气"t"三个范畴；美国的被试能够很好地区分"la"和"ra"，而日本人却很难进行区分。

有研究表明，在婴儿发出连续言语之前，他们已经能够区分音素范畴。他们甚至能够区分周围环境中成人语言中所没有的范畴。在发展的过程中，区分这些因素的能力再也用不到，就逐渐消失了。在以后学习第二语言时，要区分母语之外的范畴边界就相当困难了。

有研究（Goto，1971）证明了这一点。该研究使用了录制的有"l"和"r"的英语单词（例如 lead 和 read）。结果发现，日本人对"l"和"r"的区分成绩很差，即使是听他们自己对这些单词发音的录音，还是不能进行精确的区分。

3. 词汇获得与文化

从大约 6 个月开始，婴儿开始发出像言语一样的声音，这叫做咿呀语，这些声音已经与语言差别不大。大约 1 岁左右，婴儿开始使用词（例如总是指同一物体或动作的发音）和声音，而且已经很有限制。有证据表明，现在已经有了语言的差别。从那时开始，语言的发展有一个巨大的加速期，每天最多达到学习10个新词（Levelt，2000）。

词汇习得方面具有较大的跨文化差异。根特纳（Gentner，1982）考察了英语、汉语、德语、日语、土耳其语、卡鲁利语等六种语言的儿童的早期词汇，发现在所有语言中，名词的比例都是最高的，后来这种现象被称为“名词优势”（Noun Bias）现象。他提出一种自然分割假设（natural partitions hypothesis）解释这种现象，认为动词、名词获得之所以有差异，是因为具体概念（如人物、客体）与谓语概念（如行为、状态改变或因果关系）在知觉和概念上有差别。名词获得之所以早于动词，是因为名词对应的参照物或概念范畴要比动词简单。

如果名词优势现象的原因真如根特纳所解释的，那么这种基于概念—知觉的现象应该存在于所有的语言中。然而有一些研究发现，并非所有的语言中都存在名词优势现象，不同语言之间有一定的差异。崔（Choi，1995）发现，韩语儿童的动词出现得相当早，有的儿童说出动词的时间甚至早于名词。而且韩语儿童早期词汇中动词的比例也高于英语。金（Kim，2000）也发现，英语儿童与韩语儿童的早期词汇中名词比例都高于动词，但是韩语儿童的动词比例与名词更接近，显著高于英语儿童的动词比例。汉语中也发现了不同于英语中的结果，例如塔迪夫等（Tardif et al，1996，1999）发现，汉语儿童说出的动词显著高于名词。出现“名词优势”现象跨语言差异的原因是，不同语言的母亲、父亲在与婴儿进行言语交流时，对名词和动词的强调有所不同。

语言发展的下一大步是，根据语法和句法规则把词组合成句子。刚开始婴儿说双词句，然后话语的平均长度逐渐提高。已有研究表明，语法复杂性的跨语言差异一定程度上影响语言获得的年龄。例如，阿拉伯语的复数标志比英语复杂，儿童获得的时间也更晚一些。

在西方文化中，人们一般把跟婴儿互动时间看做教婴儿认识物体的机会，不断教婴儿“This is a doggie! That is a car.”这有助于婴儿更早习得更多词汇。而日本母亲和中国母亲比较强调社会交往习惯的养成，很早就教婴儿“跟阿姨说再见”等。谢弗（Shaffer，2005）提到，日本、中国以及韩国更重视社会和谐，儿童对动词和人际关系及社会交往单词的习得要比美国儿童早得多。

4. 其他语言技能的获得与文化

儿童要学会顺利地交流，需要全面掌握语言的各个方面，比如韵律（例如言语的音调模式）、语用学（例如转换话题、问候），以及肢体语言的模式等。在现代社会中，还需要学习阅读和书写。在字母语言中，词的书写方式往往与发音（音素）相对应，而儿童往往会意识到这一点，这叫做语音意识。然而对于传统汉语来说，汉字对应于音节或词。霍尔姆（Holm & Dodd，1996）研究了澳大利亚的以英语作为第二语言学习的学生学习英语的情况。他们使用了很多任务，结果发现，来自中国香港的学生对声音和字母之间对应的意识不如来自中国大陆和越南的学生。这是因为来自中国香港的学生已经学习了传统汉字，而中国大陆学生已经学会了书写拼音。拼音是用罗马字母来表示汉语发音，而越南也是用罗马符号书写，这有助于中国大陆和越南的学生运用语音意识。与之相似，黄等（Huang & Hanley，1994）的研究发现，中国香港、中国台湾和英国的小学8岁儿童语音意识任务成绩更多的与学习阅读英语相关，而不是与学习阅读汉语相关，而学习阅读汉语更多与视觉技能相关。

二、语言关联性的跨文化研究

思维和语言具有密切的关系似乎是非常明确的。然而，二者到底是怎样的关系，这一问题却一直困扰着哲学家、语言学家和心理学家。这一问题衍生的问题之一是，操不同语言的人的思维方式也不同吗？他们的其他认知活动，如记忆、想象等是不是也受语言的影响呢？关于这一问题的答案，一个非常著名的概念是语言关联性，也就是语言的特征与说这一语言的文化中的思想之间的关系。语言关联性这一概念现在一般叫做“萨皮尔—沃夫假设”，这一名称是根据语言学家沃夫和人类学家萨皮尔的名字命名的。

沃夫提出，每种语言的背景语言学系统（也就是语法），并不仅仅是表达观念的工具，更是塑造观念的工具，是个体心理活动、个体对印象的分析、个体对心理内容进行合成的计划和指南。也就是说，“萨皮尔—沃夫假设”认为，语言不仅是交流思想和观念的工具，而且在很大程度上影响着这些思想观念的形成。

沃夫发现英语、法语、意大利语等欧洲语言有很多共同性，因此提出了标准的通用欧洲（SAE）语言这一概念，他发现，欧洲语言跟其他语族的语言有很大的差别。例如，沃夫认为，欧洲通用语言中的“时间”就是“宇宙中所有事物以相等的速度，从未来经过现在直到过去、这样进行在其中的一个平滑流动的连续体”，而霍皮印第安人的语言中就没有任何表示时间的词语或语法结构。对于沃夫的发现，一些研究者认为，这些解释的证据具有很强的轶事特征，他的研究方法具有重大的缺陷。也正是因为考虑到这些方法的缺陷，一些研究者使用严格的方法，并缩小研究的问题，进行了大量关于思维的跨文化差异的研究。

视窗

霍皮印第安人

霍皮妇女在编筐　　霍皮人的房屋

霍皮印第安人（Hopi Indian）是普韦布洛印第安人的最西部居民集团，住在美国亚利桑那东北部、纳瓦霍（Navajo）居留地中部和多色沙漠（Painted Desert）边缘。霍皮人原名莫基人（Moki 或 Moqui），操属于犹他—阿兹特克语族的肖肖尼语（Shoshoni）。20 世纪末，约有 6000 名霍皮人，居住典型的梯形普韦布洛建筑物，建筑物由石块、砖坯筑在方山之上，聚集成许多独立的村镇。霍皮人为母系社会，以农牧为主。男人从事农牧、建筑住房、参加各种仪式、制作鹿皮鞋、纺织衣服及毛毯。妇女除日常家务之外，还编筐、制陶、汲水，并从事菜园及建筑方面的辅助性工作。霍皮人同其他普韦布洛人一样，爱好和平，实行一夫一妻制。

语言多样性的一个表现就是，对同样的语义，不同的语言用不同的词汇和词汇组合来表达，其中对于颜色分类、空间定向、运动事件表述等，不同的语言有不同的表达方式。这些不同的表达方式与人类认知活动之间的关系，集中体现了对“萨皮尔—沃夫假设”的验证。

1. 颜色编码与分类

颜色是人对光波的波长所产生的视觉经验。对于一种光波，可以利用仪器设备测量其波长，根据其占优势的波长明确地界定其颜色；另外，当我们看到一种颜色，可以叫出这种颜色的名字，或对很多种颜色进行分类，等等。一个有意思的问题是，在各个文化的语言系统中，颜色的名称并非完全对应，这似乎支持“萨皮尔—沃夫假设”。如果“萨皮尔—沃夫假设”是正确的，各个语言系统的颜色名称就可能不会完全对应，而且这种情况可能会影响使用不同语言系统的人们的思维或认知活动。

贝里等（Berry et al，2002）对颜色名称的早期发现进行了总结。最早发现这一有趣现象的是一位英国政治家，他在 19 世纪中期提出，荷马的诗中没有对应于褐色和蓝色的词，他据此认为古希腊人不能很好地区分各种颜色。后来有人利用古代的文学资料，例如荷马和德国的史诗等进行研究后提出，最初人类只能区分黑和红，后来能区分黄和绿，最后是蓝。玛格纳斯用一个问卷和不同颜色的色片，收集了在很多殖民地国家居民的信息。结果发现，各个文化中的人们可以知觉的颜色的范围是不同的。他还确定，颜色知觉和颜色命名并不总是对应的。在很多语言中都缺少某些颜色的词，特别是短波颜色（绿色、蓝色、紫罗兰色），但一般并不缺少长波颜色（红色、黄色）词。而且，很多国家的语言中都没有两个不同的词分别对应绿色和蓝色，却总是有一个词对应红色。

布朗等（Brown & Lenneberg，1954）对此进行了一系列的研究。在研究中，他们同时测量了色片的命名、名词的长度以及命名的反应时。结果发现，更容易编码的颜色可以更好地回忆，在再认任务中更容易确认。兰茨等（Lantz et al，1964）提出了另一种测量，即交流准确性。他们要求听者根据所提供的颜色名词，在一系列颜色中识别一种色片。结果发现，某些颜色名词比另一些名词得到更精确的识别。当用于再认实验中时，更精确交流的名词得到更好的再认。

这些研究似乎说明，颜色认知受到语言的重要影响，从而在各个文化中有不同的表现，语言能够影响交流和记忆，这支持了“萨皮尔—沃夫假设”。然而，另外一些研究对“萨皮尔—沃夫假设”提出了质疑。

在贝里等（2002）的著作中提到，对“萨皮尔—沃夫假设”最著名的挑战是柏林（Berlin）的《基本颜色名词：普遍性与演变》。在研究中，他们要求被试用母语产生基本颜色名词。在得到基本颜色名词的清单后，给每个被试一个面板，上面有来自蒙赛尔颜色系统的 329 个不同的色片，要求被试根据每个已经产生的基本颜色名词指出所有可以叫做某种基本颜色的色片，并在蒙赛尔颜色系统中指出某种基本颜色最好、最典型的基本颜色的例子。他们把来自 20 种语言的被试的结果概括地呈现在图上，结果发现，基本颜色的最典型或最集中的色片集中在一起，在所有 20 种语言中除了都有黑色和白色名词的集群外，还有一个在英语中叫做“红色”的集群。在 20 种语言中，绿色有 19 个名词，黄色有 18 个，蓝色有 16 个，褐色和紫色各有 15 个，灰色有 14 个，粉红和橙色各有 11 个。很多文化中的颜色都不够英语中所有的 11 种基本颜色。他们的结论是，“颜色分类并不是任意的，基本颜色名词的焦点在所有语言中是类似的”。

柏林等的研究还有第二个重要发现：一种语言中基本颜色名词的数量与一个基本颜色名词所对应的焦点颜色的亚集合的数量之间存在相关。他们认为，焦点颜色在语言的历史上以一种大体上固定的顺序进行了编码。在语言发展历史的最初阶段，只有两个颜色名词，一个对应于白色，同时还编码了亮色和暖色（例如黄色），另一个对应于黑色，包括暗色和冷色（例如蓝色）。在第二阶段，出现了一个专门对应于红色和暖色的颜色名词。从第三个阶段以后，顺序就不太严格了，绿色、蓝色或蓝绿色接着出现，有的语言中会出现一个对应于黄色的名词，而没有对应于蓝绿色的。粉红、橙色、灰色和紫色在更晚的阶段出现在语言中。

海德（Heider，1972）的研究也是对“萨皮尔—沃夫假设”的挑战之一。她的研究发现，来自 23 种语言的被试能对焦点颜色进行更快的命名，并给出更短的名字。在一项具体研究中，她的研究对象是巴布亚新几内亚的达尼（Dani）人，在这个群体的语言中只有两个基本颜色名词。当向被试呈现色片时，与间隔 32 秒后呈现的非焦点颜色相比，他们的确能更快地识别焦点颜色。在另一项以达尼人为被试进行的研究中，要求被试学会用一个特定的反应词分别对 8 种焦点颜色和 8 种非焦点颜色进行配对。结果发现，学会用一个特定的词对焦点颜色进行反应所需要的次数比非焦点颜色所需要的次数要少。海德认为，这种效应是生理因素产生的结果，而不是语言学因素导致的结果。这种观点与“萨皮尔—沃夫假设”是相反的。

在 20 世纪 80 年代，心理学家普遍承认，由单一颜色词汇名字所代表的颜色的分类并不是随机分布在可见光谱中，而是在一定程度上反映了知觉的普遍原则。当然，还存在一些反对意见。例如，继续有人报告颜色名词的例子，这些例子不符合柏林等提出的语言发展阶段与颜色名词关系的解释，这似乎继续支持“萨皮尔—沃夫假设”。而且，一些较新的研究似乎也能够支持“萨皮尔—沃夫假设”。例如，在世界颜色调查中收集的颜色词图表明，可见光范围内的颜色名词分布具有相似性，但这种相似性可能不像曾经认为的那样强。这些新近的证据已经表明，语言因素和文化背景对颜色分类的影响比过去所认为的更大。这说明语言关联性的心理现实性尚有继续研究的必要。

2. 空间定向

我们人类主要通过视觉、听觉和前庭系统确定物体方位。当我们用眼睛环视周围，环境中不同位置的物体在我们的视网膜上的不同位置形成投影，从而提供了空间方位的信号。另外，由于我们的双耳之间大约有 27.5 厘米的距离，因此从不同方向传到两耳的声音有一个时间差和强度差，从而也能给我们提供空间方位的信号。

问题是，共同的生理基础是否使所有文化中的人们有同样的空间方位观念呢？实际上，由于生活习惯的影响，不同文化中人们习惯采用的空间定向指标可能不同。例如，中国的南方人习惯用自己的身体定向，喜欢说左边、右边等；而北方人则喜欢用独立于观察者的以地球为中心的空间坐标为参照，喜欢说东边、西边等。

莱文森等（Levinson et al，1998）发现，不同文化中的人在进行空间定向时，所采用的参照并不相同，其中印欧语系中，人们确定方向是以自我为参照的。他们设计了很多任务，来确定当要求被试记住所面对的空间陈设时会采用相对参照系统还是绝对参照系统。其中一项任务是，使用两张同样的卡片，每张卡片上都有一个红色方块和蓝色方块。把两张卡片放在桌子上，这样蓝色方块在一张卡片上在左侧，在另一张卡片上在右侧。要求被试记住一张卡片，例如蓝色在右侧/南侧。然后让被试进入另一个房间，在桌子上呈现跟刚才看到的卡片相似的一对卡片，但方向转移180度，要求被试指出先前选择的卡片。结果发现，说印欧语的被试倾向于选择从自身观察的角度来说是同一位置的方块（例如蓝色在右侧），而偏好以地球为中心定向的语言的被试主要选择放在同一地球参照方向的卡片（例如蓝色在南侧）。这说明，在不同的语言系统中，编码方位的语言不同，影响了人们具体定向时所采用的参照系统。他们还发现，澳大利亚土著人的一个群体使用绝对坐标，但在他们的语言中，也不是只使用绝对空间坐标，例如“这儿”、“那儿”、以及“来”、“走”这样的词都是自我参照定向的，但是在英语中经常使用自我参照的左右区分，在澳大利亚的这个土著人群中却没有。

贝里等（Berry，2002）提到，达森等发现巴厘语中的定向与西方的自我参照定向差别很大。这种语言中存在左—右的区分，但仅用于指与身体接触的物体。多数时候，他们的参照系统是以地球为中心的上/下轴定位，也就是绝对参照系统。另外一个轴是与上/下轴垂直，在巴厘岛的南部，这个轴对应于太阳的升起/降落，但当人围着岛转时，坐标系统就变化了。巴厘人生活的很多方面都是根据这种定向系统组织的：村庄和寺庙坐落的方式，建筑群的结构形式，睡觉的传统方向。在成人的日常语言中谈起空间方向时，主要的参照系统是绝对参照系统，自我参照的描述如左、右、前、后非常少。对巴厘人进行的实验研究也得出了相同的结论。

视窗

巴厘岛与巴厘人

巴厘岛（Bali）是印度尼西亚岛屿，爪哇以东小巽他群岛中的一个岛屿，面积约5560多平方公里，人口约280万人。巴厘岛距首都雅加达约1000多公里，该岛由于地处热带，且受海洋的影响，气候温和多雨，土壤十分肥沃，四季绿水青山，万花烂漫，林木参天。

巴厘岛上的居民主要是巴厘人。巴厘人属蒙古人种马来类型，为新马来人的后裔。使用巴厘语，属南岛语系印度尼西亚语族。有用古印度字母书写的巴厘文，现通用印度尼西亚语文。巴厘人信印度教，受印度文化影响，社会分为婆罗门、刹帝利、吠舍和首陀罗4个种姓。每村为一互助合作的自给自足单位，多属同一父系氏族（见父系氏族制）。实行种姓内婚。

巴厘人主要从事农业，修筑梯田、栽种水稻，种稻技术甚高。各村都有统一使用的灌溉设施。在舞蹈、音乐、绘画、诗歌以及宫室寺庙建筑等方面有卓越才能，在各种仪式中能表演具有印度教色彩的音乐与歌舞。

但另外的一些研究发现，所采用的空间定位参照系统取决于任务，而与语言无关。例如，贝里等（Berry et al，2002）提到，莱文森等人用两种任务进行了研究，结果发现，对于第一种容易用语言编码的任务，年幼儿童（4—9 岁）运用了绝对参照系统，这与80%的年长儿童（7—15 岁）以及成人一致。而对于另一种视觉性的任务，出现了绝对编码和相对编码的分离，也就是说，巴厘人的儿童和成人，都采用这种与他们语言和文化中占主导地位的定向系统一致的绝对编码。由于某些任务的要求，有时也会出现相对编码，而且出现从绝对编码向相对编码的轻微的发展性转变。另一项研究也出现了类似的结果。有人（Mishra et al，2003）在印度和尼泊尔以受过和未受学校教育的 545 名儿童为被试进行了类似的研究（一个是恒河平原的一个村庄，一个是尼泊尔的山区，一个是城市）。结果发现，来自不同生态环境的被试所采用的空间定向语言有显著的差别，所采用的空间定向系统受任务的严重影响。总的来说，这些结果并不支持“萨皮尔—沃夫假设”。

3. 运动事件的表述

对于运动事件，不同语言的表述方式有着很大的区别，这些区别是否影响人类的认知活动，这是心理学家关注的一个重要问题。

泰尔朱（Talmy，1985）最早提出，运动事件包括运动本身、实体、场所、路径和方式等五个成分，其中路径是运动事件的核心图式。泰尔朱（Talmy，1991）提出，在英语、德语、俄语、瑞典语、汉语中，以主要动词编码运动的方式，以小品词这种动词的附属成分编码路径，这种语言叫做附加语架构语言（satellite - framed language）。例如：

The girl RAN OUT of the house.

RAN 作为主要动词，编码了运动方式，而 OUT 作为一个小品词，编码了运动的路径。

而在西班牙语、现代希腊语、日语、土耳其语、北印度语、希伯来语中，动词编码了运动的路径，而以动名词编码运动的方式，这种语言叫做动词架构语言（verb - framed language）。例如：

La niña ENTRó a la casa CORRIENDO/The girl entered the house running.

ENTRó 作为主要动词，编码了运动的路径，而 CORRIENDO 作为动名词，编码了运动的方式。

斯洛宾等（Slobin et al，1994）提出，还存在第三种类型的语言，即等义架构语言（Equipollently - framed language），使用多个动词分别编码方式和路径，汉语就属于这种语言。例如：

姑娘走出房间。

在汉语中，动词“走”编码了方式，而动词“出”编码了路径。

一个与语言关联性有关的问题是：由于语言存在以上所述的差异，语言学习和使用者是否对方式和路径的细节给予不同的注意呢？一项研究（Papafragou et al，2001）考察了英语和希腊语表述路径和方式的选择是否影响说话者对运动事件的记忆和分类。在实验中，他们要求以希腊语和英语为母语的儿童和成人记忆图片，并把这些图片与改变了运动路径或运动方式的图片混在一起，要求被试判断图片的异同。结果发现，两组儿童对运动路径和运动方式的记忆成绩没有差别，从而证明，在运动路径和方式方面的跨语言差异不能改变人的记忆活动，从而否定了语言关联性的假设。在第二项实验中，采用类似的任务，要求被试选择跟样本图片一样的图片，并用语言描述所有场景。结果再次证明，尽管英语被试更倾向于使用方式动词描述，希腊语被试更倾向于使用路径动词描述，但这种语言差异没有产生记忆成绩的差别。

吉纳瑞等（Gennari et al，2002）的一项研究考察的是英语和西班牙语编码运动事件的不同方式是否影响非语言学任务。首先要求被试用语言描述运动事件，从而对运动事件进行特殊的编码，然后考察再认记忆和相似性判断的成绩。结果发现，在两项任务中都没有发现语言特征的影响，这说明，对同一事件的语言学表述和心理表征之间是分离的。唯一的效应是，语言学描述使被试的注意力指向后来用于进行非语言学判断的事件的一些方面。这一发现也提示我们，在某些特殊的实验条件下，语言关联性的假设也能够得到一定的验证。

总的来说，语言关联性的假设只得到很少研究的支持，大部分研究并不支持这一假设。

三、双语

世界上有许多种语言，很多民族都创造了独特的语言。但是，无论使用什么样的语言，其功能都是作为交际和思维的工具。很多人一生只掌握一种语言，但也有相当多的人掌握了两种或多种语言。当不同文化或说不同语言的人进行交流时，理解或学会使用对方的语言是不可避免的。由于不同民族和种族不断接触和交往，很多人在掌握母语之外还要掌握其他民族的语言，成为双语或多语人。在跨文化心理学领域，有人关注双语的掌握过程，有的人对双语的社会环境、学习双语的动机和态度感兴趣，有的人对学习双语的后果感兴趣，特别是双语对认知活动和其他日常活动所产生的影响，还有研究人员对双语教学感兴趣。

掌握两种语言的人称为双语人，使用两种语言的现象叫做双语现象。个体在一生中最初获得的语言称为母语，母语的获得发生于儿童开始学说话的时候，这是一个自然的过程，儿童不需经过很大的努力就可以轻松获得母语。儿童的母语通常是父母双方或一方，或者其他抚养者所使用的语言，它与儿童的民族、国籍并没有必然的联系。儿童获得母语以后在某种条件下，仍有可能再掌握一种或几种其他语言，这就是双语或多语。

1. 习得双语的途径

儿童掌握双语的途径有很多。第一种途径是儿童在最初学习语言时同时接触两种语言，并同时掌握两种语言。很多研究表明，如果婴儿在学习语言的时候同时接触双语，可以毫不费力地精通双语。双语婴儿有时会混淆因素，会把一种语言的语法和词汇应用到他们习得的第二种语言中，但到了3岁，他们就会清楚地意识到两种语言是互相独立的系统，每种语言的使用都与特定的背景相联系。到4岁的时候，儿童在本土语言上会达到正常的熟练程度，在第二种语言上也表现出很好的语言技能。他们不但能熟练掌握两种语言系统，利用两种语言进行思维，而且能根据交际情境从一种语言迅速转换到第二种语言。这种双语能力一般是在双语家庭中获得的，但如果语言环境混乱或操作不当也可能导致儿童两种语言能力都比较差。

第二种习得双语的途径是，儿童生长在单语家庭中并获得了母语，后来又由于移民等原因，在新的环境中遇到另一种使用频繁的语言，从而获得双语。这种情况下的母语多数情况都不是主流语言，尽管这样获得的双语也会有相当扎实的基础，但是由于主流环境要求使用第二语言，而家庭环境要求使用母语，因此两种语言在功能和使用范围上差别较大。

第三种习得双语的途径是，儿童在童年以后，长期与使用第二语言的社会接触，从而自然而然地掌握第二语言。比较典型的情况是成年后移民，居住国的语言不是母语，成年人在这样的环境中所掌握的第二语言熟练程度十分有限，但一般可以满足日常交流。

第四种习得双语的途径是在学校，通过课堂教学掌握第二语言。由于在生活中没有交流的语言环境，因而难以感受到这种语言所代表的文化。这样掌握的第二语言熟练程度非常有限，而且听、说、读、写各种技能发展不平衡。

2. 双语的类型

对于习得双语的上述四种途径，前面两种情况比较容易熟练掌握语言，但要达到能够在任何情况下都能同样有效地使用任何一种语言的程度也相当困难。事实上，两种语言在个体身上达到完美的平衡相当困难。一般来说，个体对两种语言的熟练程度总有不同。心理语言学家把双语者区别为两类，即复合双语者和并列双语者。按照兰伯特等（Lambert & Preston，1967）的说法，复合双语者（Compound Bilinguals）是那些在相同的环境中，同时学会两种语言的人，对他们来说，两种语言的符号表示同一个意义，有着严格的语义等价。复合双语者对两种语言一般都非常熟练。并列双语者（Coordinate Bilinguals）是那些在不同的环境中学会两种语言的人，他们拥有两套语言符号系统，两种语言的符号没有严格的语义等价。对于并列双语者，其中的一种语言，通常是第一语言，会占有一定的优势，并且会用第一语言思考第二语言的内容。他们两种语言的语调和发音特征差别很大，并在使用不同的语言时感到有不同的人格特征。当然，实际上很难将这两种双语者区分开来。

现在也有一些研究者认为，在单语者和双语者之间也难以进行截然区分。例如，加兰（Garland，2007）认为，可以把双语看做从相对的单语学习者到两种语言都高度熟练的双语者之间的“双语连续体”。

熟练的双语者拥有两套不同的语言符号系统，并且能够根据具体的情境选择使用任何一种语言，这说明双语个体的两套系统是相对独立的。然而，两种语言系统总是不可避免地产生相互影响。例如，万明钢（1996a）观察到，中国的东乡族儿童在使用汉语的语境中常常大量使用倒装句，或者使用谓语宾语颠倒的句子，也就是所使用的汉语不是纯正的汉语，受到其母语的影响。把一种语言的某些成分移用到另一种语言上的现象称为干扰，这种现象出现的越频繁，说明个体的双语水平就越低。从另一方面说，两种语言之间也会出现积极的影响。例如，个体关于第一语言的规则、句法等语言知识也常常有利于第二语言的学习。在双语教学研究中也发现，母语的掌握程度与第二语言的学习成绩有明显的正相关。

3. 双语的优势

大概在20世纪60年代之前人们曾经认为，学习两种语言不但会影响儿童的语言熟练程度，而且对儿童的认知能力是有害的。这是因为人们认为，学习两种语言是独立进行的，学习一种语言的知识不会迁移到另一种语言，并且人们的语言学习能力总量一定，学习一种语言越多，学习另一种语言就少了。当时的一些研究也发现，双语儿童在语言知识测验和一般智力测验上的成绩显著低于单语儿童（Hakuta，1988）。这些研究结果被教育者和立法者采用，以此为理由禁止儿童在10岁之前学习外语，以便不分散学生正常学习英语的能力，避免情绪混乱。父母也强迫儿童只学习一种语言，而不是开发学习两种语言的能力。然而，上述研究中的双语儿童大多来自社会经济背景较差的第一或第二代移民，他们不是很精通英语，因而在英语版本的智力测验上得分较低，这并不能说明学习双语对智力的有害作用。实际上，后来的一些重复研究控制了社会阶层和教育机会这些因素以后，发现双语儿童在以言语和非言语方式测量的智力中都领先。另外，很多研究者认为，双语儿童在多个方面具有优势。

如果一个儿童的双语都很流利，那么他对于同一个物体或概念就有多于一个对应的词，这使他们的认知活动具有更大的灵活性。同一个词在两种语言中具有不同的含义和观念，这使得儿童在年龄较小的时候就对外部世界产生了更复杂的理解。白田等（Hakuta et al，1994）提出，“两种语言的知识大于其部分之和”，也就是说，成为双语者的好处远远大于仅仅“懂”两种语言。由于两种语言的结构和观念差别很大，这与只懂得一种语言相比，儿童会被迫以更复杂的方式思考问题。

一些研究发现，双语者在认知的多个方面具有优势。例如，一项综述（Segalowitz，1980）提到，对双语和非双语儿童进行的比较研究发现，对来自新加坡、瑞典、瑞士、南非、以色列的双语儿童和非双语儿童的IQ进行了匹配，发现，双语儿童在认知灵活性、发散思维、创造性等方面都有优势。谢弗（Shaffer，2005）也提到，在一些控制良好的实验研究中，对双语被试和单语被试的社会经济地位等变量进行了匹配，发现双语被试有认知优势，他们在IQ测验、皮亚杰守恒问题以及一般语言熟练度方面的得分等于或高于单语者。另外一些研究发现双语儿童还有一些其他的认知优势，例如，比亚韦斯托克等（Bialystok et al，2004）发现，双语儿童对于无关的信息能更好地抑制和控制。对于双语儿童来说，任何一个物体都有两个对应的词，他们每次都需要挑选出一个适应于情境的词，因此他们总是在不断挑选出多余的知觉信息。这使得双语儿童能够选择适当的信息，并避免注意那些多余的信息。这种能力使他们在很多领域的学习中有优势，例如在数学问题解决过程中，他们能够意识到哪些信息是已知信息，哪些是未知信息。

较新的研究提出，双语儿童具有更好的“元语言学意识”。所谓元语言学意识指的是对语言、语言的规则以及适当运用语言及其规则的敏感性（比亚韦斯托克，2007）。由于双语儿童需要输入更多语言学信息，因此他们对语言有更多的分析，从而获得更好的语言学意识。一些研究发现，与单语儿童相比，双语儿童能更熟练地探测句子中的歧义，对语调更敏感，更擅长从非词中探测音素单位，这些较好的元语言学能力使他们能更好的继续学习另一种语言。比亚韦斯托克等（Bialystok et al，2005）还发现，了解一种语言及其书写系统对学习另一种语言有帮助。他们对一组单语者和三组双语者进行了比较。三组双语者都有一种语言是英语，第二语言分别是西班牙语、希伯来语和汉语，其中西班牙语和英语最相似。结果发现，西班牙语—英语和希伯来语—英语的双语者的读写能力最好。这是因为双语者对于阅读及其印刷系统的基础有一个总体的了解，并能把阅读规则在不同的语言之间进行迁移。

小结

本章讨论了人类认知活动与文化的关系。第一节讨论了智力的文化差异及其原因；第二节讨论了一种基本的认知活动——知觉在不同文化中的表现；第三节讨论了认知风格与文化特别是与生态环境的关系；第四节讨论了皮亚杰的发生认识论所阐述的认知发展与文化的关系；第五节讨论了语言心理学的有关文化问题。从所讨论的具体情况看来，人类各个领域的认知活动有一定的普遍性，但由于受到生态文化和社会文化的影响，又表现出一定的文化多样性和差异性。

思考题

1. 为什么传统的说智力测验是有文化局限性的？
2. 人类知觉活动如何受文化的影响？
3. 认知风格与生态文化有什么关系？
4. 皮亚杰的认知发展阶段的顺序和实现时间是普遍的吗？
5. 怎样理解语言关联性？

参考文献

艾森克等著，高定国等译：《认知心理学》（第四版），华东师范大学出版社，2002 年。

白学军：《智力发展心理学》，安徽教育出版社，2004 年。

陈中永、郑雪：《中国多民族认知活动方式的跨文化研究》，辽宁民族出版社，1995 年。

弗拉维尔等：《认知发展》，华东师范大学出版社，2002 年。

郭本禹：《皮亚杰学派的新进展——新皮亚杰学派理论》，见郭本禹主编：《当代心理学的新进展》，山东教育出版社，2003 年。

库恩等著，郑纲等译：《心理学导论》（第 11 版），中国轻工业出版社，2007 年。

彭聃龄：《普通心理学》，北京师范大学，2001 年。

万明钢：《文化视野中的人类行为——跨文化心理学导论》，甘肃文化出版社，1996 年。

万明钢：《人类智力及其概念的跨文化研究》，载《心理科学》，1996 年第三期。

王甦、汪安圣：《认知心理学》，北京大学出版社，1992 年。

周国梅、张璐然、曾伟贤：《面孔识别的本族效应理论述评》，载《心理科学进展》，2009，17（2）：278 – 283.

朱滢：《实验心理学》，北京大学出版社，2000 年。

Bar – Haim Y, Ziv T, Lamy D et al. Nature and Nurture in Own – Race Face Processing. Psychological. Science, 2006, 17 (7): 159163.

Berry J. H, Poortinga Y. H, Segall M. H, Dasen P. R., Cross – cultural psychology: Research and applications (2nd Ed). Cambridge: Cambridge University Press, 2002.

Bialystok E., Acquisition of Literacy in Bilingual Children: A Framework for Research. Language Learning, 2007, 57: 45 – 77.

Bialystok E, Luk G, Kwan E. Bilingualism, Biliteracy, and Learning to Read: Interactions Among Languages and Writing Systems. Scientific Studies of Reading, 2005, 9 (1): 43 – 61.

Bialystok E, Martin M. M., Attention and inhibition in bilingual children: evidence from the dimensional change card sort task. Development Science, 2004, 7 (3): 325 – 339.

Brislin R. W, & Keating C., Cross – cultural differences in the perception of a three – dimensional Ponzo illusion. Journal of Cross –

Cultural Psychology, 1976, 7: 397 -411.

Brown R. W, Lenneberg E. H., A study in language and cognition. Journal of Abnormal Psychology, 1954, 49 (3): 454 -462.

Chan S., Formal logic and dialectical thinking are not incongruent. American Psychologist, 2000, 55: 1063 -1064.

Choi S, Gopnik A., Early acquisition of verbs in Korean: A cross - linguistic study. Journal of Child Language, 1995, 22: 497 - 529.

Dasen P. R, Ngini L, & Lavallee M., Cross - cultural training studies of concrete operations. In: Eckensberger L H, Lonner W J & Poortinga Y H (Eds). Cross - cultural contributions to psychology. Amsterdam: Swets & Zeitlinger, 1979.

Deregowski J. B, Muldrow E. S, & Muldrow W. F., Pictorial recognition in a remote Ethiopian population. Perception, 1972, 1: 417 -425.

Dumont J., Indigenous Intelligence: Have we lost our indigenous mind? Native Americas, 2002, 19 (3 -4): 14 -16.

Faiola A, and Matei S. A., Cultural cognitive style and web design: Beyond a behavioral inquiry into computer - mediated communication. Journal of Computer - Mediated Communication, 2005, 11 (1): 375 -394.

Gennari S. P, Sloman S. A, Malt B. C, and Fitch W. T., Motion events in language and cognition. Cognition, 2002, 83 (1): 49 -79.

Gentner D., Why nouns are learned before verbs: Linguistic relativity versus natural partitioning. In S. A. Kuczaj (Eds). Language development (Volume 2): language, thought and culture, 301 -334. Hillsdale, NJ: Lea. 1982.

Goto H., Auditory perception by normal Japanese adults of the sounds "L" and "R". Neuropsychologia, 1971, 9 (3): 317 -323.

Graff M G, Davies J, & McNorton M., Cognitive style and cross -cultural differences in internet use and computer attitudes. European Journal of Open and Distance Learning, 2004, 2 (Online).

Hakuta K. Why bilinguals? In Kessel F (Eds). Development of language and language researchers (Essays presented to Roger Brown). Hillsdale, N. J.: Lawrence Erlbaum Associates, 1988.

Hakuta K, Bialystok E. In other words: the science and psychology of second -language acquisition. New York: BasicBooks, 1994.

Heider E R., Universals in color naming and memory. Journal of Experimental Psychology, 1972, 93: 10 -20.

Holm A, Dodd B., The effect of first written language on the acquisition of English literacy. Cognition, 1996, 59 (2): 119 -147.

Huang H. S, Hanley J. R., Phonological awareness and visual skills in learning to read Chinese and English. Cognition, 1995, 54: 73 -98.

Keats D. M., Strategies in formal operational thinking: Malaysia and Australia. In Lagunes R I & Poortinga Y H (Eds). From a different perspective: Studies of behavior across cultures. Lisse: Swets & Zeitlinger, 1985.

Kim M, McGregor K. K, Thompson C. K., Early lexical development in English - and Korean - speaking children: Language - general and Language - specific patterns. Journal of Child Language,

2000, 27: 225 -254.

Lambert W. E, & Preston W. S., The inter dependencies of the bilingual's two languages. In Salzinger K, & Szlzinger S (Eds.). Research in verbal behavior and some neurophysiological implications. New York & London: Academic Press, 1967.

Lantz D, Stefflre V., Language and cognition revisited. Journal of Abnormal Psychology, 1964, 69: 472 -481.

Levinson, S. C., Studying spatial conceptualization across cultures: Anthropology and cognitive science. Ethos, 1998, 26 (1): 7 -24.

Levelt W. J. M. Psychology of language. In Pawlik K & Rosenzweig M K (Eds). International Handbook of Psychology. London: Sage, 2000.

Lynn R. The evolution of racial differences in intelligence. Mankind Quarterly, 1991, 31: 255 -296.

Meissner C. A and Brigham J. C., Thirty years of investigating the own - race bias in memory for faces: A Meta - Analytic Review. Psychology, Public Policy, and Law, 2001, 7 (1): 3 -35.

Mishra R. C, Dasen P. R, Niraula S., Ecology, language, and performance on spatial cognitive tasks. International journal of psychology, 2003, 38 (6): 366 -383.

Neisser U et al. Intelligence: Knowns and Unknowns. American Psychologist, 1996, 51 (2): 77 -101.

Norenzayan A, Smith E. E, Kim B. J, & Nisbett R. E., Cultural preferences for formal versus intuitive reasoning. Cognitive Science, 2002, 26: 653 -684.

Okagaki L, & Sternberg R. J., Parental beliefs and children's school performance. Child Development, 1993, 64: 36 - 56.

Papafragou A, Massey C and Gleitman L., Motion events in language and cognition. Proceedings of the 25th Annual Boston University Conference on Language Development. Somerville, MA: Cascadilla Press, 2001.

Peng K, Nesbett R., Culture, dialectics and reasoning about contradiction. American Psychologist, 1999, 54: 741 - 754.

Reuning H, Wortley W., Psychological studies of the Bushmen. Psychologia Africana, Monograph, 1973, Supplement No. 7.

Saxe G. B, Moylan T., The Development of Measurement Operations among the Oksapmin of Papua New Guinea. Child Development, 1982, 53 (5): 1242 - 1248.

Segalowitz N. S., Issues in the cross - cultural study of bilingual development. In Triandis H C & Berry J W (Eds). Handbook of cross - cultural psychology: Developmental. Boston, MA: Allyn and Bacon, 1980.

Segall M. H, Campbell D. T, & Herskovits K. J. The influence of culture on visual perception. Indianapolis, IN: Bobbs - Merrill, 1966.

Segall M. H, Dasen P. R, Berry J. W, & Poortinga Y. H., Human behavior in global perspective: An introduction to cross - cultural psychology (2nd Ed). Boston, MA: Allyn and Bacon, 1999.

Shaffer D R 著，邹泓等译，《发展心理学——儿童与青少年》（第六版），中国轻工业出版社，2005 年。

Slobin D. I, & Hoiting N., Reference to movement in spoken

and signed languages: Typological considerations. Proceedings of the Berkeley Linguistics Society, 1994, 20: 487 -505.

Stanley G., The Bilingual Spectrum. Orlando: Guirnalda Publishing, 2007.

Talmy L., Lexicalization patterns: Semantic structure in lexical forms. In Shopen T (Eds). Language typology and semantic description. Vol. III: Grammatical categories and the lexicon. Cambridge: Cambridge University Press, 1985.

Talmy L., Path to realization: A typology of event conflation. Proceedings of the Seventeenth Annual Meeting of the Berkeley Linguistics Society, 1991, 17: 480 -519.

Tardif T., Nouns are not always learned before verbs: Evidence from Mandarin speakers' early vocabularies. Developmental Psychology, 1996, 32: 492 -504

Tardif T, Gelman S. A, and Xu. F., Putting the "noun bias" in context: A comparison of English and Mandarin. Child Development, 1999, 70: 620 -635.

Turnbull C. M., The forest people. New York: Simon & Schuster, 1962.

Winter W., The perception of safety posters by Bantu industrial workers. Psychologia Africana, 1963: 127 -135.

Witkin H. A, Dyk R. B, Faterson H. F, Goodenough D. R & Karp S. A., Psychological differentiation: studies of development. New York: Wiley, 1962.

第四章　情绪与文化

著名的印象派画家保尔·高更（1848—1903）在塔希提岛生活了12年，创作过不少著名的画作。他记录那段生活的散记《诺阿诺阿》流传甚广，记录了高更一生中不多的一段心平气和的幸福时光，也向我们描述了塔希提岛上秀丽的风光和人们快乐的生活。塔希提岛是波利尼西亚岛群的社会群岛中最大、最著名的一个大岛，是法属波利尼西亚的首府所在地。塔希提人皮肤黑里透红，体态健美，性情豪放，能歌善舞。人们生活在一种轻松的气氛中，多数时候都能保持心情愉快，很少感受到我们所谓的"悲伤"。逢年过节或喜庆日子，妇女们更是头戴花冠，套上鲜花颈饰，穿上稻草编成的金黄色草裙，在皮鼓、吉他的节奏声中翩翩起舞。男人们也聚集在一起争相献技，表演各种节目。一个有意思的事情是，塔希提岛的语言中没有一个词对应于悲伤。他们也会经历"悲伤、沮丧"的心情，但并没有产生专门对应这种心情的词汇，他们用"病、疲劳、恶魔的进攻"来表示"悲伤"。看来塔希提人虽然生性愉快，但也是有可能体验悲伤，只是他们用来表示"悲伤"的方式跟其他文化中有所不同。

塔希提人的生活和他们的语言表明，即使是在某些特殊的条件下人们在幸福、快乐的气氛中生活，也是会体验到悲伤的情绪，但他们体验到的悲伤可能跟其他文化中是不同的，或者引起他们悲伤情绪的事情跟其他文化中是不同的。这是情绪在特殊文化中的表现。

情绪就是一种躯体和精神上的复杂的变化模式，包括生理唤醒、感觉、认知过程以及行为反应，这些是对个人知觉到的独特处境的反应（格里格等，2003）。有时对情绪和情感不加区分，把它看做人对客观事物的态度体验及相应的行为反应（彭聃龄，2001）。情绪和情感以个人的愿望和需要为中介。当个人的需要和愿望得到满足，就能引发积极、肯定的情绪和情感；个人的需要和愿望的大小及满意的程度不同，所引发的情绪、情感也有程度的区别。如果个人的需要和愿望不能得到满足，就会产生消极、否定的情绪和情感；如果重大的需要和愿望不能得到满足，就会产生强烈的消极情绪和挫折感。

情绪在不同的文化中是否完全一致呢？还是在不同的文化中有不同的表现形式。当我们看到其他民族、种族，其他国家的人的表情，我们一般比较容易判断他的内心体验，这是我们能够跟他们交往的基础。但另一方面，我们有时又对他们的某些表情捉摸不透或做出错误的判断，从而产生对他人情绪的误读，造成不必要的误会。

由于人们生活在不同的群体中，这些群体所生活的生态环境、文化因素各不相同，可能影响人们的情绪体验和表现，其生理变化模式也可能不同。本章讨论基本情绪是否具有跨文化的普遍性或差异性，不同文化中人们的表情模式是否一致，人们表达情绪的方式是否一致等问题。

第一节 情绪的先天性

各个文化中的情绪是一样的吗？尽管有很大的不确定性，但还是有一些理论共识：情绪与人类的生物学过程，也就是人的面部表情和生理唤醒联系在一起。由于人的面部肌肉组织有40种以上的独立的动作，这些动作的组合可以产生很多种可能的表情。通过研究人们复杂的面部表情，可以探讨人类情绪的性质及其与文化的关系。

对于情绪是否具有普遍性，可以有两种理论解释：第一种解释是进化论，认为情绪是进化的结果；第二种解释是学习的结果，也就是说，通过具有文化普遍性的学习过程，人们学会了用同样的面部表情代表同一种情绪。本节通过表情与进化、盲人的表情，讨论情绪的先天性。

一、表情与进化

达尔文用进化的观点理解人类的表情，认为人类的表情是进化的结果。如果表情是进化而来的，那么表情以及与表情有关的情绪就应该是先天的，各文化中的表情和情绪也应该是共同的。

1．达尔文与进化论

查尔斯·罗伯特·达尔文（Charles Robert Darwin，1809－1882）是英国博物学家，生物学家，进化论的奠基人。1831－1836年，他以博物学家的身份，乘坐贝格尔号参加了英国派遣的环球航行。在航行的五年中，达尔文对动植物和地质方面进行了大量的观察和采集，经过将近30年的准备，于1859年出版了震动当时学术界的《物种起源》一书。在该书中，达尔文利用大量资料证明了形形色色的生物都不是上帝创造的，而是在遗传、变异、生存斗争和自然选择中，由简单到复杂，由低等到高等不断发展变化的，从而提出了生物进化论学说。

达尔文的进化论的基本原理是：生物都有繁殖过剩的倾向，而生存空间和食物是有限的，所以生物必须“为生存而斗争”。同一种群中的个体存在着变异，那些具有能适应环境的有利变异的个体将存活下来，并繁殖后代，不具有有利变异的个体就被淘汰。如果自然条件的变化是有方向的，则在历史过程中，经过长期的自然选择，微小的变异就得到积累而成为显著的变异。由此可能导致亚种和新种的形成。达尔文的进化理论，从生物与环境相互作用的观点出发，认为生物的变异、遗传和自然选择作用能导致生物的适应性改变。

达尔文提出的天择与性择，在目前的生命科学中是一致通用的理论。在生物学之外，进化论对人类学、社会学、心理学等都是非常重要的。

2. 情绪的进化

表情是进化的结果吗？根据达尔文的进化论，物种现有的特征是进化的结果，这些特征本来是遗传、变异出现的现象，由于有利于物种生存，因而能够保留并通过遗传固定下来。因此，如果表情是进化的结果，那么应该具有两个特点：第一，表情应该对于人类祖先的生存具有重要的适应意义；第二，其他动物也应该具有类似于人类表情的身体表现形式。

以进化论为指导思想，达尔文研究了人类和动物的表情（武德沃斯，1965）。他曾在成人、婴儿、疯人、动物以及各种族人身上做了许多实验和观察，并研究了一些名家画像以及刻像上的表情，并在1872年发表了研究表情的首部经典著作《人类和动物的表情》。他提出并解答的基本问题是："为什么某种情绪只和某种动作同时发生，而不和其他动作同时发生？"

达尔文经过多年的观察发现，动物可以通过面部表情、身体动作或发出某种声音来表达情绪。例如，马与同伴重逢时发出嘶叫以表示快乐，用力刨地时表现的是烦躁；雄狮愤怒好斗时会竖起鬃毛；鸟类生气或恐惧时会皱起羽毛；狗恐惧时会卷起尾巴；河马发怒时耳朵会向后紧贴；灵长类动物高兴时会振动下巴和双唇，发出阵阵声音，嘴角往两边咧，眼角会出现皱纹，目光变亮等。以这些观察为基础，达尔文认为，无论从结构上还是从功能上讲，人类的情绪是从动物祖先那里进化而来的。他认为情绪并不是一种模糊不清的、不可预期的个人状态，而是人脑功能高度特异化和协调发展的模式。达尔文将情绪看做是一种遗传获得的、对复杂外部环境做出反应的特定心理状态。

达尔文认为，人的每个面部运动都是原始"有用的"。他相信表情作用是根据他的表情三原则的任何一种而从实际功能演变而来的。

第一个是"有用的联系习惯"原则。这一原则最能代表达尔文的进化论思想。他认为现代人类的表情和姿势是人类祖先表情动作的残余或遗迹。这些表情动作最初具有实用效果，有利于祖先的生存，这些运动变成了自动性习惯并且可以遗传，只是在刺激和反应方面发生了一些变化。在刺激物方面，动物与情境联系在一起了，这些情景只是和原始的刺激动因有些类似性；在反应方面，动作性弱化了和变化了，以至只有原来的实用动作的遗迹存在。例如，成人忧郁的表情是由婴儿的啼哭变低变弱而来的。啼哭的声音方面是用于求救的，具有实用效果，而面部变化方面是和声音联系在一起的。张大的嘴和口角的下垂这些动作保留下来作为忧郁的表示，而发生的啼哭被淘汰了。类似的，起初是和紧张的实用动作相连系的闭紧了的口，保留下来作为用脑力或做决定时的表现。愤怒的时候掀起上唇露出牙齿，可能是露出牙齿示威动作的遗迹。轻蔑时的“嗤之以鼻”可能是异味难闻动作的残余。

第二个是“对立”原则。相反的冲动有相反动作的倾向。如果一种情绪产生某种运动，相反的情绪，甚至从来没有任何实际价值，也将产生相反的运动。例如人类的笑。笑和啼哭是相反的，因为啼哭包括间歇性地吸气，而笑包括间歇性地向外呼气。

第三个是“兴奋神经系统对身体有直接作用”原则。就是神经活动溢入一切现有的运动途径，例如肌肉的颤抖。

如果人类的表情是祖先表情动作的遗迹，是进化的结果，那么可以推测，具有同样的进化过程的各个国家、民族的人的面部表情应该是一致的，而且所反映的情绪也应该是一致的。

为了证明情绪反应是与生俱来的，达尔文曾经在自己的孩子身上做了实验。儿子刚满 6 个月时，达尔文让儿子的护士假装哭。听到哭泣声，儿子嘴角使劲撇着，脸上立刻呈现出悲伤的表情。达尔文认为是一种与生俱来的直觉告诉儿子这位护士的哭声表达的是一种痛苦和悲伤，同情的本能激发了儿子的悲伤。他还做了一个典型的实验。收集了一些用来代表几种情绪的照片，并对照片不作说明，把照片给 20 名被试进行判断，要求他们评定所表示的情绪是什么。结果发现，被试对某些照片有一致的见解，但对其余的照片则见解很少相同。汤姆金斯也发现，婴儿不需要学习，就会对巨大的声响表现出恐惧，或者表现出呼吸上的困难。他们看上去对特定的刺激具有“预置”的情绪反应，从而适应各种环境。

实际上在20世纪早期，行为主义心理学家华生曾经发现，婴儿对某些刺激具有不学而能的情绪反应，例如，如果用锤头敲击铁条，紧箍住婴儿的头部不让他动，或者抱住婴儿然后突然松手让婴儿下落，都会导致婴儿产生恐惧的反应。

达尔文所提出的情绪理论非常具有创造性，但他所提出的证据还不够严谨，某些论证具有猜测的成分。

二、表情与学习

情绪具有普遍性的原因，除了进化论的解释外，还有可能是具有全人类的普遍性的学习的结果。如果表情是学习的，那么有学习机会的人自然能够习得正常的表情，而没有学习机会的人，如盲人，则不可能有正常的表情。因此，如果能够证明表情通过普遍的原理学会表情，则说明人类的表情是具有跨文化的一致性。如果能够证明表情不是学习的结果，则说明人类的表情是天生的。

1. 学习原理

学习（learning）是在经验的基础上形成的相对持久的行为或行为潜能的变化。如果一个人本来不会用表情表达自己的情绪，但是经过一定的经验以后，他能够相对持久地用适当的表情表达自己的情绪，我们就说“学习”发生了。学习有两种理论取向，一是行为主义学习取向，二是认知学习取向。一般来说，情绪或表情的学习可以用行为主义学习理论来进行解释。

行为主义的第一种学习理论是巴甫洛夫所提出的经典条件反射。行为主义把学习看成行为或反应速度、发生频率或形式的改变，这种改变主要是各种环境因素作用的结果。该理论认为学习的发生就是刺激与刺激或反应与结果联结的形成，因而也称为联结学习理论。例如，行为主义心理学家华生曾做过一个情绪学习实验。华生首先确定婴儿被试小阿尔伯特会害怕锤头敲击铁条的声音，但不害怕小白鼠和兔子等有毛的动物。在实验中，当小阿尔伯特接近小白鼠时实验者就开始敲击铁条，小阿尔伯特就开始躲避小白鼠。经过多次实验，小阿尔伯特开始恐惧小白鼠，而且后来开始恐惧兔子、狗、衣服上的毛、圣诞老人的胡须等很多有毛的事物。也就是说，由于锤头敲击铁条的声音与小白鼠建立了联结，因此小白鼠也具有了产生锤头敲击铁条的声音一样的刺激效果。通过这样的实验，小阿尔伯特学会了对小白鼠的恐惧。

行为主义的第二种学习理论是操作条件作用（operant conditioning），是指在一定的刺激情境中，有机体的某种反应结果能满足其某种需要，以后在相同的情境中其反应概率就会提高的现象。例如，一个婴儿在高兴的时候笑了，如果妈妈看到婴儿笑以后给婴儿一个拥抱，或给婴儿好吃的东西，这个婴儿就倾向于再次出现笑的行为。也就是说，母亲的反馈加强了婴儿笑的行为，使婴儿学会了“笑”这一行为。

行为主义的第三种学习理论是观察学习（observational learning），是指个体不必直接参与学习活动，只凭对他人行为及其行为后果的观察，就可以学到类似的行为。例如，一个婴儿看到妈妈跟他伸舌头，婴儿通过观察就学会了伸舌头。婴儿看到母亲笑，婴儿通过观察也学会了笑，这就是观察学习。

人们有可能通过上述学习原理学会用适当的表情表达情绪。

2. 婴儿的表情

人们的表情是学习的还是天生的？如果没有学习的机会而表现出正常的表情，就说明表情是先天的。对于婴儿来说，在没有学习机会或较少学习机会的条件下，如果能够表现出类似于成年人的表情，就说明婴儿的表情是天生的。

有研究发现，出生3天的新生儿在快速眼动睡眠中就出现了微笑的表情，这是婴儿身体处于舒适状态的反映。另外有观察发现，当把甜、酸和苦味的物质置于新生儿舌面，他们分别做出不同的表情，甜味诱发出“满意”的表情，并经常由于吮吸动作导致浅浅的似微笑的面容，酸味诱发嘴唇撅起并伴有眨眼，苦味诱发厌恶和拒绝的表情。

一些研究者专门考察了婴儿和儿童的面部表情，结果发现，哭、微笑、大笑三种不同的行为早在婴儿期就表现出来了。研究者认为，2岁前的婴儿就显露出成年人的情绪表达行为的全部表现及特征。有研究者对美国和日本5—12个月的婴儿进行了研究，对每个婴儿采用相同的实验程序：将每个婴儿的手腕抓住并交叉叠放在腹部，同时对每个婴儿的反应都拍成录像。结果发现，两种不同的文化中的婴儿面部肌肉运动的方式都相同，都表现出高度相似的痛苦表情。而且，日本和美国的婴儿在发出负性的声音和身体挣扎的频率方面也很相似。这说明，婴儿的表情很可能不是学习而来的，而是先天就有的。

3. 盲人的表情

对于天生的盲人来说，他们没有视觉，不可能在做出一个表情的时候得到反馈，也不可能通过观察学习学会用表情表达情绪。因此，如果盲人也具有正常人的表情，则说明盲人的表情及其所代表的情绪是天生的。很多研究以盲人为被试，研究了盲人的表情及变化趋势。

古德诺夫（Goodenough，1932）曾经研究了一个10岁的盲哑女孩的表情。她每天观察这个女孩的生活，并且拍摄了这个女孩的标准表情照片。在研究中，使一个小玩偶从女孩的脖子旁边掉下来，女孩刚开始吓了一跳，表现出惊讶的表情，然后又表现出兴致勃勃注意的表情。当她要把玩偶捡起来而不成功时，流露出果断、恼怒和失望的表情。最后的成功使女孩表现出快乐的表情。这个女孩在此过程中表现出除了蔑视之外的所有的表情模式。

有人（Fulcher，1942）对5—20岁的盲人和正常视觉的人进行了研究。研究者要求被试假定自己是快乐、忧愁、愤怒和恐惧的情绪，并且尽量做出相应的表情，然后拍摄被试表现出的表情。结果发现，影片呈现出因年龄而变化的模式。最年幼的盲童和正常视觉儿童的面部表情数量或适当性方面并没有巨大差异，但正常视觉儿童在表情的逼真方面和动作的数量上都随年龄的增长而有进步。但对于盲童来说，表现出随年龄而消退的趋向。观察表明，凡是正常视觉婴儿早期出现的表情，盲童都能表现出来，他们跟正常视觉儿童一样，能产生对母亲的依恋，能表现愉快、痛苦、愤怒、恐惧的表情。

后来在很多类似的研究中，研究者通过一定的方式引发盲人的情绪，发现盲人的特定情绪所对应的表情与正常视觉的人的表情是一样的，因此推断，盲人具有先天的表情。

在最近的一项研究中，松本等（Matsumoto et al，2009）发现盲人完全自发的表情跟正常视觉的人也是一样的。他们对2004年雅典残奥会的先天盲人和非先天盲人运动员的表情进行了比较，并与2004年雅典奥运会上正常视觉运动员的表情进行了对比。结果发现，先天盲人、非先天盲人以及正常视觉运动员的表情之间没有差异。在三个时间点上，盲人运动员得到或失去奖牌的表情有差别，而且这些表情没有跨文化差异。这一研究表明，伴随情绪产生的自然的面部表情并不需要观察学习，而是具有先天的性质，并且通过社会学习，能够根据社会情境表现出适当的表情。

以上的研究表明，盲人具有正常人的面部表情，但由于盲人没有机会向其他人模仿和学习面部表情，因此可以推断，其表情的基本模式不是学来的，而是由遗传而来的。由于先天盲人的表情在交往中缺乏反馈和强化，从而相对比较淡漠，但在一定的社会情境中，还是可以表现出适当的表情模式。

第二节 表情与文化

尽管心理学家对情绪这一心理学概念的理解并不完全一致，但大多数理论都一致认为，情绪与人类的生物学过程特征是联系在一起的。这些生物学过程不但包括情绪所伴随的生理唤醒状态，还包括表情。也可以说，情绪和情感由三种成分组成，分别是主观体验、外部表现和生理唤醒。

如果人类的情绪具有普遍性，并且特定的情绪总是跟特定的表情联系在一起，那么可以推断，不同文化中的人们之间将能够毫不费力地相互识别表情，或者说能够根据特定表情推断背后所隐藏的主观情绪体验。本节讨论心理学家对面部表情识别进行的跨文化研究。

一、表情的一般研究

1．表情概述

情绪和情感包括三个成分，分别是主观体验、外部表现和生理唤醒。其外部表现，通常称为表情（emotional expression），它是情绪和情感状态发生时身体各个部分的动作量化形式，包括面部表情、姿态表情和语调表情。

面部表情是所有面部肌肉变化所组成的模式。例如，高兴时“眉开眼笑”，愤怒时“咬牙切齿”，悲伤时“愁眉苦脸”，都是通过面部肌肉运动的特定模式来表达情绪。面部表情可以精细地表达不同性质的情绪和情感，是鉴别情绪的主要标志。

姿态表情是指面部表情以外的身体其他部分的表情动作，包括手势、身体姿势等。例如，高兴时“手舞足蹈”，痛苦时“捶胸顿足”等，都是用身体姿势和动作表现情绪。

语调表情是通过言语的声调、节奏和速度等方面的变化来表达情绪。例如，高兴时语速较快，语调高昂，悲伤时语调低沉，语速较慢等。

通过各种表情，人们可以精细地表达各种情绪。同样，人们也经常根据他人的表情来判断其内心的情绪体验。表情动作所提供的线索往往非常明显，面部表情和身体动作等强烈的身体变化会清晰地传达内心体验的变化，而小小的眼神、视线的变化、语调的微弱变化等，也会暴露人们内心的情绪体验。因此，表情具有交换信息、传递情感的重要作用，是人际交往的重要工具。

2. 表情与情绪的关系

情绪是一种内部的主观体验，但在情绪发生时，总会伴随外部表现，也就是表情。一般来说，我们可以通过表情来判断一个人的内心体验，这是因为人的表情与情绪体验之间存在一定的关系。

人脸的不同部位在表达情绪方面具有不同的功能。在人的面部表情中，眼睛是传递信息较多的部位。当然，所谓眼睛所表现的表情，其实包括眼球本身、瞳孔以及眼部周围的肌肉的运动模式。这些部位运动方式的复杂组合，可以传达复杂的信息。例如双目凝视、眼睛上翻、眼睛转动、两眼无光等，都是这些部位的组合，这些表情所传达的情绪是微妙的。口部肌肉的变化也能反映人们复杂的情绪。例如，人们表达轻蔑的情绪时会“嘴角一撇”；憎恨时“咬牙切齿”，紧张时“张口结舌”等。艾克曼等（Ekman et al，1975）的实验证明，人脸的不同部位具有不同的表情作用。例如，眼睛对表达忧伤最重要，口部对表达愉快与厌恶最重要，眼睛、嘴和前额对表达愤怒情绪很重要。黄希庭（2007）提到，林传鼎对人类的基本情绪进行过研究。他从《说文》中，找出9395个正篆，发现其中有354个字是描述人的情绪的，并按它们的意思分为18类，即安静、喜悦、恨怒、哀怜、悲痛、忧愁、忿急、烦闷、恐惧、惊骇、恭敬、抚爱、憎恶、贪欲、嫉妒、傲慢、惭愧、耻辱。他发现，口部肌肉对表达喜悦、怨恨等情绪比眼部肌肉重要，而眼部肌肉对表达其他的情绪，如忧愁、惊骇等，则比口部肌肉更重要。

汤姆金斯（Tomkins，1970）假定存在八种原始情绪，分别是：兴趣、愉快、惊奇、痛苦、恐惧、羞愧、轻蔑、愤怒，并假定每种情绪都是在某种先天性的皮层下神经的控制下表现出的面部肌肉反应模式，因而有其相应的面部表情模式。例如，表达愉快时人们会笑，嘴唇朝外朝上扩展，眼睛周围出现环形皱纹等，恐惧时眼睛发愣、脸色苍白、脸上出汗、毛发竖立等。

3. 表情识别

人们在相互交往的过程中，总会表达自己的情绪，同时也在根据对方的表情来判断对方的情绪。表情识别就是根据人的表情来判断表情所代表的情绪体验。当我们看到一个人眉开眼笑，我们就根据这个表情判断他的情绪是愉快的；当听到一个人低沉、舒缓的嗓音，我们可能会根据这个声音表情判断他处于悲伤的情绪中。

在表情识别的研究中，通常是先让一些被试表现出某种情绪，然后拍摄照片，向另外的被试呈现各种表情的照片，让他们判断这些照片背后的情绪。有研究发现，在判断不同的情绪时难度有差异，最容易辨认的是快乐、痛苦；较难辨认的是恐惧、悲哀；最难辨认的是怀疑、怜悯。

二、表情识别与文化

尽管有很多研究者认为情绪是先天的、普遍的，但另一些研究者认为，那些认为情绪具有先天性和普遍性的研究并不十分严谨。即使情绪确实具有普遍性，也可能是人类在婴儿期和儿童期的早期共同经验，形成了情绪的普遍性。

大概从20世纪50年代开始，不少研究者开始强调情绪表情具有重要的文化差异。如果情绪具有跨文化的普遍性，那么一个合理的推理就是，各个文化中的人能够相互识别对方的表情。

1. 面部表情识别与文化

面部表情所表现的情绪最丰富、最精细，如果各个文化中的人能够相互识别对方的面部表情，则可以推断，面部表情及其所代表的情绪具有跨文化的普遍性。一些研究者对面部表情的识别与文化的关系进行了系统的研究。

艾克曼等是较早系统研究面部表情识别与文化关系的学者，他们在1969年通过一项研究（Ekman ct al，1969）获得了第一项重要的跨文化证据。在研究中，他们向阿根廷、巴西、智利、日本、美国的被试呈现表现六种情绪的照片，要求被试回答这些照片反映的是哪种情绪。结果发现，五个国家的被试对情绪照片的正确识别率非常高，而且发现，当对六种情绪的结果进行综合分析时，发现各文化之间没有显著差异。

视窗

保罗·艾克曼

保罗·艾克曼（Paul Ekman，1934－）是一位富有传奇色彩的美国心理学家，主要研究面部表情辨识、情绪与人际欺骗，他曾在1991年获得了美国心理学会颁发的杰出科学贡献奖。

他在20世纪60年代开始致力于研究各个不同文化中的面部表情，旅行的足迹遍布日本、阿根廷、巴西和智利以及一些太平洋上的小国。受到达尔文《人类和动物的表情》一书的启发，把人类表情的普遍性作为研究的主题进行了多年的研究。开始时，他研究西方人和新几内亚原始部落居民的面部表情，要求受访者辨认各种面部表情的图片，并且要用面部表情来传达自己所认定的情绪状态，结果他发现某些基本情绪（快乐、悲伤、愤怒、厌恶、惊讶和恐惧）的表达在两种文化中都很雷同。他提出，不同文化的面部表情都有共通性。

艾克曼和弗里森（Friesen）较早地对面部肌肉群的运动及其对表情的控制作用做了深入研究，开发了面部动作编码系统（Facial Action Coding System，FACS）来描述面部表情。他们根据人脸的解剖学特点，将其划分成若干既相互独立又相互联系的运动单元，并分析了这些运动单元的运动特征及其所控制的主要区域以及与之相关的表情，并给出了大量的照片说明。许多人脸动画系统都基于 FACS。

在 40 年研究生涯中，他曾研究新几内亚部落民族、精神分裂病人、间谍、连环杀人犯和职业杀手的面容。美国的联邦调查局、中央情报局、警方、反恐怖小组等政府机构，甚至动画工作室也常常请他当情绪表情的顾问。

上述研究证明，各个文化中人们表现情绪的面部表情是一致的，与文化特异性的假定强烈对立。但还有一种可能，例如，美国人的面部表情照片之所以能被其他国家的被试识别，可能是因为这些国家的被试以各种形式接触过美国人，比如通过电视、电影、杂志或其他文化媒体。因此，为了去除文化接触这一混淆因素，艾克曼等（Ekman et al，1971）来到了位于新几内亚东南部的高原为他们的研究寻找被试。在那里生活的弗尔族人（Fore）与世隔绝，其社会状态仍处于石器时代。很多当地居民几乎没有接触过西方或东方的现代文化。因此，除了自己的面部表情外，他们还没有接触过来自其他文化的表现情绪的面部表情。研究者从中选择的被试从未看过电影，不会说英语或洋泾滨英语（一种掺杂了当地语言的英语），从未和西方人工作过，并且也不住在西方人在当地的居住地内。被试包括 189 名成人和 130 名儿童。

他们进行了两个实验，在第一个实验中，给被试说有关一个孩子死亡的令人悲伤的故事，让他们从三张照片中选出一种代表这个故事所引发的悲伤情绪的表情照片；讲述一个有关攻击事件的故事，选出一张代表愤怒情绪的照片；讲述一个人独自待在小屋里时遭遇一只野猪的情景，选出一张代表恐惧情绪的照片。结果发现，如果不考虑被试对恐惧和惊奇的混淆，弗尔族被试对这些面部表情的识别率都相当高，成人被试的正确识别率高达80%，儿童被试的正确识别率达到90%。在第二个实验中，研究者给被试说一个表现某种情绪的故事，让他们做出符合故事内容的表情（包括六种情绪的表情，但不包括轻蔑），结果发现，他们的面部肌肉运动模式与西方的被试没有差别。当美国学生观看这些人的表情录像时，他们可以准确识别被试的情绪，但分不清恐惧和惊奇。尽管艾克曼第一次将研究结果在美国人类学协会上公布时受到了阵阵嘲笑，但他还是继续他们的研究。艾克曼及其同事后来又在居住在新几内亚西部的山地的达尼人进行了研究，结果再次显示，达尼人解释情绪的基本面部表情的方式与工业化的城市中解释的方式相似。这说明，未接触西方文化的人也能够判断西方人的情绪表情，这并不是孤立的现象。

一项研究（Biehl et al，1997）比较了匈牙利、日本、波兰、苏门答腊、美国和越南的个体对面部表情的判定，结果发现，这些多样性人群之间出现了很高的一致性。该研究结合以往的大量研究提出的结论是，全世界的人们，不管文化差异、种族、性别或教育，都会以相同的方式表达基本情绪。有七种表情是可以在全世界被识别并做出来的，用以表达愉快、惊奇、愤怒、厌恶、恐惧、悲伤和轻蔑的情绪。因此，这些情绪几乎没有跨文化差异，它们是先天的，是人类天生具有的最基本的情绪。

到20世纪90年代早期，基本情绪面部表情的普遍性问题已经被广泛接受。对于这一问题，一个比较有力的反对意见是拉塞尔（Russell，1994）提出来的。他对艾克曼的观点提出了很多批评，例如，他认为，普遍性的观念是很不精确的，因此支持普遍性的证据也是不精确的。而且，应该在面部肌肉运动本身的发生、它们所表现的情绪以及观察者所体会到的情绪的意义之间进行区分。在方法方面，拉塞尔也提出了质疑，例如，很多研究都是在有文化的社会中用学生做的，受文化差异的限制，可能会导致文化混淆，如果被试是几乎没有受到西方文化影响的群体，识别的结果可能更缺少一致性。还提出，在很多研究中，所用的刺激是没有背景的面部表情，并要求被试在迫选条件下进行有限范围的反应选择，如果是自由选择，被试会用很多名词和描述性语句对同一种面部刺激进行反应，得到的结果可能具有很大的差异性。拉塞尔认为，对于自然发生在社会中的面部表情发生的频率以及发生的背景，用照片进行的研究几乎不能说明什么问题。

对于拉塞尔的质疑，艾克曼也进行了反驳。总的来说，从艾克曼的多数文章来看，情绪表情的跨文化一致性还是存在的。而且，另一项研究（Levenson，1992）把面部表情与自主神经系统联系起来，提供了跨文化一致性的更坚实的证据。他们在苏门答腊岛的米南加保人中进行了一项研究，考察了不同的情绪所对应的面部表情与自主神经系统之间的直接关系。米南加保人通常通过向上皱眉来表现例如生气这样的消极情绪。在研究中，如果研究者认为一种轮廓足够精确，就要求被试保持这种轮廓达10秒钟，同时记录心理生理指标，如心率、皮肤电、呼吸。然后询问被试，当保持面部轮廓的时候，是否体验到某种情绪。结果发现，尽管被试保持的面部轮廓并不精确，但记录到的生理反应模式还是跟相应的情绪所引发的美国被试的生理反应模式一致。研究者认为，同样的生理反应模式与同样的情绪同时发生。

2. 语调表情与文化

语调表情与面部表情一样，其变化也标志着情绪体验的变化。例如，一般情况下，人们在惊恐时会尖叫，高兴时语调高昂、轻快，爱慕时语调轻柔而有节奏等。但是，是不是在所有的文化中都会出现这样的情况呢？对情绪所伴随的语调表情的跨文化研究也发现，不同文化中人们能够相互识别语言中的语调表情所携带的情绪信息。

阿尔巴斯等（Albas et al，1976）研究了两个加拿大群体的语调表情的差异。他们以说英语、说克里语的加拿大人为被试，收集了他们表达快乐、悲伤、爱、愤怒的言语样本。他们运用电子过滤程序，把这些言语材料变成无法分辨语义但情绪语调不变的材料。结果发现，两种语言的被试都能识别两种语言所表达的情绪，正确率远高于随机水平。一个有意思的发现是，对本语言的语调表情的判断成绩要好于对另一种语言的判断。这说明，语调表情表达情绪的方式具有跨语言的一致性，但可能存在一定的差别，表现为被试对母语的语调表情更为熟悉。

麦克卢斯基等（McCluskey et al，1975）运用与上述研究类似的程序对墨西哥和加拿大 6—11 岁的儿童进行了比较。结果发现，两国的儿童对两种语言中的语调表情的鉴别能力随着年龄的增长而发展，并且识别正确率都远远超过了随机水平。一个有意思的发现是，在对加拿大英语言语材料的鉴别方面，墨西哥儿童比加拿大儿童的成绩要好，这可能是因为墨西哥语的语调要重要得多。

有研究者（Van Bezooijen et al，1983）试图解释某种情绪的语调表情似乎比情绪的其他表情更容易识别的原因。他们要求不同的人用九种不同的情绪语调（例如厌恶、惊奇、羞愧、喜悦、恐惧、轻蔑、悲伤、愤怒以及中性语调）表达一个荷兰语中的短语，并以此作为语言材料，要求让荷兰、中国台湾和日本的被试对这些语言中的情绪进行识别。结果发现，除了一种情绪，三组被试对其余所有发音所代表的情绪的识别均好于随机水平。其中荷兰被试的得分明显较高，这说明，一方面语调表情具有一定的一致性，同时三组被试之间存在一定的文化差异和语言差异，从而导致了一定程度的信息丧失。

3. 姿态表情与文化

已经有大量证据证明，面部表情和语调表情的确具有跨文化的一致性。同样作为情绪表情的姿态表情是否具有跨文化的一致性呢？尽管各个国家和民族的文化有很大差别，但在交往时除了语言系统不同之外，并没有太大的障碍。对于身体姿势和手势，一般都能相互理解。在很多文化中都有舞蹈和哑剧表演，尽管表现的具体形式和内容有差别，但不同文化之间也能够相互欣赏。这似乎说明，姿态表情具有跨文化的一致性。

关于姿态表情与情绪和交流的关系的跨文化研究，已经有了较好的发展。在较早的时代，一些去土著居民那里探索的人经常需要从别人那里取得货物，或者与那些语言完全不通的人们进行某种形式的讨价还价。很多现代旅行者也有这样的经历。在 18 世纪和 19 世纪，尽管各种姿态的意义还没有形成普遍的规则，但人们已经开始逐渐把姿态作为一种比较通用的语言。

艾克曼等（Ekman et al，1969）对各种姿态进行了区分。有些姿态来自身体需要或与人际接触相联系的身体运动，这些运动在发展过程中逐渐只留下一些片段，并且其功能也失去了。例如蹭鼻子，东方人和西方人都有在专心思考时蹭鼻子的习惯，这是挖鼻子动作的残余。还有些姿态是在两人或更多人对话的过程中轮流听、说时发挥作用的，例如头、胳膊或身体的姿态。还有一种姿态与语言活动有关，主要用于强调或描述正在说的话，并与语言相互配合。例如说话表示强调时，可能向下挥手或挥拳。还有一种叫做标志（Emblems），它本身具有某一文化的成员通常会比较熟悉的认知意义。可以说，所有这些类型的姿态都是在社会化和濡化的过程中形成的。在形成过程中，各种姿态都会不断得到修正，最后达到至少在本文化内部是礼貌的、适当的或具有有效交流的效果。但是，这些姿态也可能成为文化的一部分，从而成为不同文化之间相互误解的原因。在 20 世纪后半期，尽管已经有一些通用的、界定良好的手势，但在各个国家还是具有不同的意义。即使是在同一个国家，也有一些差别。

姿态之所以具有跨文化的一致性，同时也具有跨文化的差异，可能与姿态本身的不同种类有关。也就是说，有些姿态具有跨文化的一致性，而另外一些姿态却与本文化的特性有关。基于此，艾克曼等（Ekman et al，1969）区分出指示标志和习俗标志。对于指示标志，姿态的形式与被描述的对象之间的距离较小，这样的姿态在各个文化中的差别不大。例如，用胳膊伸开然后向身体方向收缩表示“过来”。而对于习俗标志，姿态的形式与指示物之间的距离很大，需要依赖于该文化的知识才能理解。例如，我们有时伸出拇指和食指表示手枪，由于手枪是特定社会的产物，跟文化有关，因此是一种习俗标志，不一定能被所有文化中的人们识别，特别是不可能被没有接触现代文明的人识别。

波廷加等（Poortinga et al，1993）研究了不同文化间对指示标志的识别。他们要求荷兰学生被试识别中国被试和库尔德斯坦的人所做出的指示标志的意义，并说明这些姿态在本文化中是否存在。结果发现，这些荷兰被试不但能够回答这些姿态的意义，而且认为这些姿态在荷兰文化中同样存在。这一研究说明，至少在较多文化中存在一个能够共同识别的姿态库，这些姿态库中主要是指示标志。而对于习俗标志来说，相互识别的情况就难以预测了。

跨文化差异的一个重要方面也许在于运用各种类型的姿态的频率，或者在于运用姿态的表现规则。例如，意大利人倾向于给来自北方国家的参观者留下兴奋的印象。有人对纽约的意大利移民和东欧犹太移民的姿态进行研究，发现姿态的风格存在差异。对意大利人和英国人的一项比较研究表明，在对复杂几何图形进行口头描述时，姿态有助于意大利人更准确地理解，但对英国被试的理解几乎没有影响。

因此可以说，姿态表情中的一部分具有跨文化的一致性，而另外一部分却在不同文化中有不同的意义。

第三节　情绪的文化制约性

尽管表情及其所代表的情绪体验具有跨文化的一致性，但不可否认的是，各个文化中的情绪还是有一定的差别。一方面，正如前文已经讲到的，不同文化的人尽管多数时候都能相互识别表情及情绪，但对本文化的表情总是识别得最好；第二，即使所有文化中所体验到的情绪是一致的，但并非所体验到的情绪都要表现出来，或者说表现的程度也许不同；第三，在不同的文化中，用于描述情绪的词汇并不相同，这可能在一定程度上影响到人们对情绪的感知和理解。本节讨论文化对情绪各个方面的制约作用。

一、文化对情绪表达的制约

我们可以直观地感受到，各个文化中人们在表达情绪的方式并不一致。尽管这种现象是比较明显的，但相应的实证研究却比较少。

1. 情绪表达的文化规则

在各个文化中都存在一种潜在的规则，规定了在特定的场合下面部如何表现，以及应该或不应该表现出某种情绪。有些情绪表达规则具有普遍性。例如，在葬礼上，大都要求人们表现出忧伤；在婚礼上，一般要求人们表现出喜悦；在一般交往中，要表现出愉快等。但在具体要求上，这些规则在不同的文化中又会出现一定的差异，表现出规则的不同。

不同文化中的情绪表达规则不同，从而使情绪表达具有很大的文化差异。由于每个社会都会对情绪表达设定一定的规则，这些规则规定了人们在一定的场合下以适当的形式表达自己的情绪。其实，为了营造和谐的社会气氛，很多文化都鼓励孩子采取积极情绪与人交流，而抑制消极情绪的表达。特别是强调集体利益胜于个人利益的社会，尤其推崇这样的规则。因此，可以推测，美国人会倾向于表达自己的情绪，而中国和日本人则倾向于掩饰自己的情绪。

一般来说，美国人的情绪表达比较直率。当美国人喜欢某个人或对某人有好感，就倾向于直白地表达；当他们收到礼物时，会非常热情地表示感谢，并当场拆开礼物表示欣赏。美国的父母喜欢逗引他们的孩子，目的是让他们快乐和开心，他们的孩子也就学会了尽量表达自己的积极情绪。

对中国人来说，情绪表达一般比较内敛，不管是积极的情绪还是消极的情绪都倾向于收敛。例如，在中国有“男儿有泪不轻弹”的说法，鼓励人们即使是在悲伤的时候也不能哭泣；中国也有“人欢无好事”的说法，也就是即使在很高兴的时候也不要太过高兴，太高兴了就会出现不好的事情等。非洲的一些民族跟美国人对待孩子的方式大相径庭，他们很少跟自己的孩子面对面玩耍，总是尽可能让婴儿保持安静。他们的婴儿就学会了压抑自己的情绪，不管这些情绪是积极的还是消极的。日本人也比较内敛，尤其是消极的情绪必须尽量克制。例如，日本武士去世后，他们的遗孀即使非常悲伤也要保持微笑。据说，日本人和印第安人认为掩饰自己的消极情绪非常重要，他们都比较善于控制自己的情绪。而在尼泊尔的乡下，儿童深信佛教文化中的内心平和，即使在情绪激烈的场合，例如遭到同伴的侵犯或者在父母产生争执时，他们也会感到平静。北印度的孩子从小受到的教育就是，要承认消极情绪并且压制他们，尽可能说他们不开心，但要尽力隐藏起消极情绪。

克制情绪表达两极分化的一个比较极端的例子是塞内加尔的沃洛夫人，他们生活的社会对地位和权利有严格规定。高阶层成员的情绪表达极其克制，而低阶层成员在表达情绪方面有较大的自由度，特别是低阶层的流浪艺人。曾有这样一个例子：五个贵族和两个流浪艺人一起在一口水井旁，这时另外一个女子突然跳到了井里。这是明显的自杀，所有的妇女对这一行为都极为震惊，但贵族妇女依然保持沉默，而流浪艺人妇女却大声尖叫起来。

另一个例子是一位美国心理学家的经历。当这位心理学家参加一位叙利亚裔美国朋友的葬礼时，发现每当一个吊唁者进入灵堂，一群妇女就会发出尖叫和哀号。然后她们会突然停止，直到下一位新到者进入灵堂，才会重新开始她们的哀号。原来，由于死者的任何一位家属都难以承受连续三天这样的激烈的情绪反应，因此他们雇佣专业的啼哭者，向每一位新来的吊唁者表达她们强烈的悲伤情绪。据说这种现象在地中海和近东的文化中都可以见到。在中国一些农村的葬礼上，死者的儿子、儿媳、孙子、孙女等都要披麻戴孝，当有亲戚前来吊唁时，就大声哭号，以示悲伤及对死者的怀念。在中国的东北，有的家庭甚至会雇佣专业的二人转演员在葬礼上表演，用连哭带唱的形式代替主人表示悲伤的情绪。

很多文化中都有特定的情绪表达规则。由于这些规则的存在，有的文化中人们即使产生了强烈的情绪，也要装作自己没有强烈的情绪；有的文化中又要通过特殊的形式来尽可能表达出自己的情绪。

2．情绪表达的性别差异与文化

文化影响情绪表达还表现为情绪表达的性别差异受文化的影响。

在美国，人们一般认为女性比男性更加情绪化，更易于表达情绪。但是，心理学的研究还没有发现确凿的证据表明女性比男性更情绪化，也没有证据表明一种性别比另一种性别更经常感受到日常情绪，无论是积极情绪还是消极情绪。一般来说，男女所体验到的情绪没有差异，但是，在情绪的表达方面却有重大的性别差异。例如，在北美，社会鼓励女性更多地表达情绪，但要求男性约束自己的情绪。一般的观察表明，女性微笑的次数多于男性，面部表情更加丰富，更经常地用手和肢体动作表达情绪。拉弗朗斯等（LaFrance et al，2003）对众多研究微笑的文献进行了一项元分析，结果发现，男女的行为受一定的行为标准的约束，有的研究者把这种标准称为性别信念系统（gender belief system）。对儿童来说，当遇到令人失望的事情时，女孩比男孩更倾向于表现出正性情绪。对成人来说，男性和女性都认为男性比女性微笑次数少。而且，当发现自己会被他人观察到的时候，男妇的微笑数量差异会更大。如果男性和女性都不笑，女性会被认为体验到了负性情绪，而男性却不会被认为体验到了负性情绪。在安抚他人时，女性比男性表现出更多的微笑，他们对较高地位的人更能表达敬意。另外，女性比男性更多谈论自己的情绪。她们更容易哭泣，并且因此而认为女性比男性更容易害怕、悲伤、孤独、内疚等。而男性一般对自己的消极情绪非常克制，即使是体验到消极情绪，他们也会用比较模糊的概念或替代的词汇来表达自己的情绪。但是，当表达对他人的愤怒时，尤其是对其他男性表达愤怒时，男性一般认为自己对这种情绪的表达比女性更直率。

尽管情绪表达的性别差异普遍存在，但在特定情境中这些表达规则又常常失效。例如在球赛的看台上、在狂欢节的仪式上或某些特定的节日，男女在表达情绪方面几乎看不到任何差异。当男性愤怒的对象是拥有较高地位或权势的其他男性时，男性就不再任意表达自己的愤怒，而是像女性一样尽量克制自己的情绪。在工作需要时，男性和女性一样用微笑表达自己愉快的情绪。

上述情绪表达的性别差异是否具有跨文化的一致性呢？应该说，上述表达规则的性别差异在相当程度上具有跨文化的相似性，但在某些文化中又的确存在一定的特殊性。例如，在意大利、法国、西班牙和中东，男性和女性都能很好地运用手势和面部表情来表达情绪。而在亚洲的中国和日本，情绪表达的规则要求男性和女性都要克制自己的情绪。例如在中国，要求“男儿有泪不轻弹”，要求女性“笑不露齿”，似乎性别差异很小等。以色列和意大利男性都比女性更能掩饰自己悲伤的情绪，而英国、西班牙、瑞士和德国的男性则更可能表达这种负性情绪，从而表现出性别差异。

3. 情绪表达的跨文化研究

尽管情绪表达的跨文化差异非常多见，但用严格控制的实验证明在某些社会情境中需要压抑或产生某种表情的研究者还不多。

艾克曼等（Ekman et al，1973）曾研究了美国人和日本人的情绪表达问题。他们的基本假设是，尽管对于不同文化背景的人，其基本情绪都有一致的面部表情，但情绪表达的程度会有不同。在鼓励个性化的文化中，如西欧、澳大利亚、新西兰和北美，人们关注自己的目标和态度，并据此表达他们自己，他们的情绪表现通常是强烈而持久的。在研究中，向日本和美国学生呈现让人产生压力的影片，例如电影中有人的手被切割，同时记录两种条件下被试脸上的情绪表情，但不让被试意识到。结果发现，当没有人在场时，同样的影片情节引发了高度相似的表情，不管是美国人还是日本人都做出了痛苦的表情。但当其他人在场时，日本被试所表现出的消极面部表情比美国被试少得多。可以说，这一结果与西方存在的关于日本人不流露感情这一观念是一致的。

另一些研究也报告了表露规则的差异。贝里等（Berry et al，2002）提到，在松本等（Matsumoto & Hearn）在研究中询问美国、匈牙利、波兰的被试，六种基本情绪的表情分别在下述三种情境中是否适当：（1）独自；（2）与内群体成员如朋友或家庭成员在一起；（3）与“外人”在一起，例如在公共场合。结果发现，东欧被试比美国被试有更多人认为在与内群体成员在一起时表露消极情绪不太适当，但他们认为表露积极情绪是比较适当的。

前面所述的一般观察发现，中国人、日本人、印度人、尼泊尔人等亚洲人通常不表现负性的和自我扩张的情绪，因为这可能损害与亲密群体共有的情感。其他的一些研究认为，这是因为亚洲人的自我概念与其他文化中的自我概念不同。例如，亚洲及其他的一些文化中比较强调人与人之间的社会关系和相互依存，因此像同情、尊敬和羞耻这样的情绪都表现得比西方人普遍（Markus & Kitayama，1991）。

蔡等（Tsai et al，1997）考察了冲突情境中华裔美国人和欧裔美国人在冲突情境中的情绪反应如何受社会情境的影响。研究者感兴趣的是社会情境是否是文化影响这些被试自我报告的情绪体验与生理反应的中介因素。为了诱发强烈的消极情绪，研究者要求22名华裔恋人和20名欧裔美国恋人讨论他们关系中最大的冲突问题。在讨论过程中，研究者测量恋人们的生理反应，讨论之后再给恋人们观看他们交谈时的录像记录，并询问在交谈中他们体验到积极和消极情绪的频率。一半被试是他们自己在一个房间里交谈，构成个人情境；另一半被试交谈时有一个专家在场，构成公开情境。结果发现，只有专家在场时，华裔美国人才会抑制和控制他们的消极情绪，社会情境并不影响欧裔美国人消极情绪的表达。但从生理反应来看，两组被试在社会情境中的生理反应是一致的。

二、基本情绪与文化

情绪应该分为哪些种类呢？我国古代的名著《礼记》中提到“七情”，即喜、怒、哀、乐、惧、爱、恶和欲等。我国心理学家林传鼎从《说文》中找出了9395个正篆字，发现其中有354个字是描述人的情绪的，并按它们的意思分为18类（黄希庭，2007）。这些对情绪的分类虽有一定的道理，但还属于对情绪的一般描述，缺少科学性。一些心理学家对基本情绪进行了研究，提出了一些具有文化普遍性的基本情绪。

1. 基本情绪

心理学家观察到的一些常见现象，即某些情绪表现似乎出现在所有的文化中，并且也出现在高等动物中。为了解释这些现象，心理学家提出基本情绪的概念，而且逐渐形成一个一般的共识，即存在少量基本的情绪。

对于什么是基本情绪，人类有几种基本情绪，心理学家有不同的见解。情绪心理学家一般认为，从生物进化的角度来看，人的情绪可以分为基本情绪（basic emotion）和复合情绪（complex emotion）。基本情绪是人和动物所共有的，在发生上有着共同的原型或模式，他们是先天的，不学而能的。每一种基本情绪都具有独立的神经生理机制、内部体验和外部表现，并有不同的适应功能。复合情绪则是由基本情绪的不同组合派生而来的。

一项综述（Ortony，1990）对基本情绪的有关研究进行了总结。著名的行为主义心理学家华生曾提出，存在三种基本情绪，即恐惧、爱和愤怒。有研究者提出只有两种基本情绪：快乐和痛苦。也有研究者提出有四种基本情绪，分别是期望、恐惧、愤怒和恐慌。伊扎德用因素分析的方法提出，人类的基本情绪共有

11 种，分别是兴趣、惊奇、痛苦、厌恶、愉快、愤怒、恐惧、悲伤、害羞、轻蔑和自罪感等。这 11 种情绪的结合还产生三类复合情绪。坎伯提出恐惧、愤怒、失望、满意等基本情绪。

有人（Biehl et al，1997）通过对匈牙利、日本、波兰、苏门答腊、美国和越南的个体对于面部表情的判定，结合艾克曼等进行的大量跨文化研究提出，各个不同的文化中都会以相同的方式表达愉快、惊奇、愤怒、厌恶、恐惧、悲伤和轻蔑的情绪。这些情绪几乎不受跨文化差异的影响，它们是先天的，是人类天生具有的最基本情绪。

由于各个文化所使用的语言并不相同，这些基本情绪与非西方文化中的情绪，特别是与某些土著文化中的情绪是否一致，也引起了一些心理学家的怀疑。在心理学界，不仅哪些情绪属于基本情绪有分歧，而且文化心理学家还认为初级情绪和次级情绪之间没有多大的区别。因为在他们看来，任何一种情绪都会深受文化的影响。例如，愤怒可能是一种基本情绪，但是对这种情绪的感受是好还是坏，是有用的还是有害的，不同文化中人们的体验和感受是不同的。文化甚至会影响人们对基本或初级情绪的界定。在崇尚个人主义的西方心理学家看来，愤怒是一种初级情绪，但在崇尚集体主义的文化中，羞愧和丢脸是更为基本的情绪。在非西方人看来，基本情绪不仅包括羞愧，可能还包括移情、骄傲、嫉妒、贪婪、爱等，而这些情绪在西方社会中都是属于次级情绪。

2．语言与情绪词

很多文化都有自己独特的语言。有些语言中的情绪词与英语中的情绪词并不一一对应，有些语言并没有英语中的基本情绪词，而这些语言中的情绪词在英语中并没有对应的词。在不同的语言中，表示情绪的词汇数量差别也相当大，有的只有七个，例如马来西亚语的Chewong语，而在英语中，情绪词多达2000个。在不同的语种之间，情绪词汇的含义存在显著的差别，以至于不能相互翻译。

鲁茨（Lutz，1988）的研究是反对人类情绪体验在各文化中基本相同的观念的著名研究。她对居住在南太平洋的一个环状珊瑚岛的伊法鲁克人（Ifaluk）的情绪进行了分析，集中考察了两种她认为在美国没有的情绪：即“fago”（英语中表达为同情、爱和悲伤的混合物）和“song”（翻译为“无可非议的愤怒”）。“Fago”所反映的是当所爱的人离去了或处于危难中时人们所产生的悲伤感，以及能够给予他们帮助、照顾和同情的愉快感。“song”是一种不愉快的情绪，当感到自己或他人受到伤害时就会体验到这种情绪，但与愤怒不同的是，“song”并不是个人不喜欢的，也不受社会所谴责，这是一种无可非议的愤怒，是正当的义愤。伊法鲁克人的语言中还有其他的词指代各种形式的愤怒，但这些词与“song”可以清楚地区分开。当然，虽然鲁茨认为“song”是伊法鲁克人的一种特殊的情绪，但实际上美国和中国的文化中也在一定程度上有这种不受社会所谴责的无可非议的愤怒。例如在中国，当腐败官员被揭发的时候，人们会在网上一边倒地对这些官员的腐败行为进行愤怒的谴责。在美国，当世贸大厦被恐怖分子袭击时，人们通过各种途径对这种恐怖行为进行了愤怒的谴责。这两种情绪都是跟“song”非常相似的愤怒。但从英语以及中文看来，并没有一个完全对应于“fago”和“song”的情绪词。

人种志描述中经常出现的一个情况就是，很多文化和语言中的情绪词的意义无法轻易翻译为另一种语言。例如，罗萨尔多

(Rosaldo，1980)曾描述了菲律宾的伊隆哥人(Ilongots)的"liget"。"Liget"是一种形式的愤怒，但也包含了悲伤的感觉，并与猎取人头的习惯联系在一起。有的语言中会有多个情绪词都对应于英语中的一个情绪词，但这些词之间又有一些细微的差别。例如，日语中有好几个词，每个词翻译成英语最接近的都是"羞愧"，但这些词之间又有细微的差异。在某些情况下，有的语言中竟然没有对应于英语所描述的基本情绪的词汇，例如在塔希提岛就没有一个词对应于悲伤。这些例子说明，情绪体验在各个文化中并不完全相同，而是由社会和文化所建构和塑造的。单是对于"耻辱"这个意思的描绘，汉语中至少有三种不同的表达，再与其他感情色彩结合在一起，就会出现多种组合：耻辱加害羞、耻辱加憎恨、耻辱加愤怒。汉语中的"愧疚"和"后悔"虽有区别，却都有羞耻的意思。

还有一些例子也说明，某些情绪词的意义的确具有本文化的一些特异性。例如德语中"Angst"（焦虑）的意义，它与"Furcht"（恐惧）的意思是不同的。与"Furcht"有一个恐惧的对象不同，"Angst"也是一种恐惧，但没有恐惧的对象。"Angst"是在德语中使用频繁的一个词，代表了一种基本的情绪，据说这种情绪的根源可以追溯到16世纪的神学家马丁·路德（Martin Luther)，当时他就跟很多同代人一样，正与生命的不确定性和死后的命运抗争，Angst代表了当时很多人的情绪状态，也就是一种处于恐惧之中，却没有一个具体的恐惧对象。因此可以说，德语中的Angst是一个文化创造物，从本质上区别于其他社会中作为基本情绪的焦虑。德语中有幸灾乐祸这个词汇，也就是一种因他人的不幸而感到高兴的情绪。而很多其他语言中却没有这种情绪词。

尽管不同文化中的情绪词并不相同，某些文化中有一些其他文化中所没有的情绪词，而且很多文化和语言中的情绪词的意义无法轻易翻译为另一种语言，但很难因此断定这些文化中人们所体验到的是不同的情绪。

总的来说，关于情绪的普遍性和文化特定性，有两种主要的研究取向：一是像艾克曼这样的研究者，他们运用跨文化证据验证植根于内部身体状态的基本情绪之间的差别；二是像鲁茨这样的研究者，认为人类情绪的本质并非在于人类有机体的内在特征，而在于社会建构、语言和认知的文化过程。

第四节　情绪的成分与文化

长期以来，对情绪的研究强调情绪的分类以及对应的表情和生理过程，在跨文化研究中也是如此。在这些研究中，根据主观体验及相伴随的表情动作的不同，把基本情绪分为不同的类型，并分析这些情绪类型的意义及其在不同文化中的表现。自 20 世纪 90 年代以来，另一种情绪的综合研究取向获得了很大发展，这就是成分取向。

情绪研究的成分取向是在信息加工认知心理学获得高度发展的背景下发展起来的，其基本观点是，不再把情绪看做统一的实体，而是由多种情绪成分组成的，或者说把情绪看做一个过程。目前已经区分出来的情绪成分主要包括：情绪的前因（导致某种情绪的条件或情境）、评估（根据反应者的利益和目标的满足评价一个情境）、主观感受、生理反应模式、动作准备（对某种类型动作的行为推动力）、行为表现（例如面部表情）和调节（对表情的抑制或控制)。在这种研究取向中，跨文化的情绪可以同时在某些成分上相似，而在其他方面不同。本节讨论情绪的不同成分在各个文化中的表现。

一、情绪前因与文化

情绪的前因（Emotion antecedents）就是引发某种情绪的事件或情境。一般来说，如果一个事件能够满足人的需要，就能引发积极的情绪，如愉快、满足感等；如果不能满足人的需要，就会产生消极的情绪体验，如恐惧、愤怒。例如，如果受到突然袭击，可能会产生恐惧的情绪；如果失去挚爱的亲人，则会产生悲伤的情绪。情绪心理学家感兴趣的问题是，同样的情绪是否由不同的前因所引发？相似的情绪能否根据其前因进行区分？引发相同情绪的前因是不是在各种文化中都相同？

1. 情绪的前因

情绪研究的成分取向中有一种重要的理论，即情绪的评价理论。该理论的核心观点是，有机体对周围环境的评估对于引发和区分情绪反应起首要作用（Gratch，2009）。有机体所评估的周围环境中，能够引起情绪的事件即情绪的前因。

肯特纳等（Keltner et al，1996）研究了尴尬（Embarrassment)、羞愧（shame）和内疚（guilt）这几种相似的情绪是否真的有区别。这几种情绪在几个方面具有相似性，即都是由于违反社会或道德，都涉及自我意识，并且都能够激发对违反的补偿。由于以往的研究都没有发现这几种情绪的区别，因此要区分这几种情绪，需要确定这些情绪的前因是否相同。该研究假定，这几种情绪是不同的社会道德违反导致的，因此是有区别的并且具有不同的前因。研究结果发现，三种情绪的前因并不相同。尴尬对应的前因是违反了调节公众相互作用方式的习俗，羞愧对应的前因是不能达到重要的个人标准，内疚对应的前因是伤害他人或违反责任的行为。他们在第二个研究中向被试呈现 14 种不同的表情，包括尴尬、羞愧、内疚以及自卑、同情和痛苦。结果发现，被试能够准确地确定尴尬和羞愧的表情，但不能确定内疚的表情。通过两个研究可以推断，由于尴尬、羞愧和内疚具有不同的前因和情绪表情，因此属于三种不同的情绪。

2. 情绪前因的跨文化研究

通过前面几节的分析可以看出，情绪在一定程度上是普遍的，尤其是在各种文化中都有某些基本情绪。但不能因此推测，不同文化中引发同样的情绪的事件是否一致，以及引发某种情绪的各种事件发生的相对频率是否一致。

勃兰特等（Brandt et al，1985）对情绪的前因进行了系统的研究。该研究以来自韩国、萨摩亚和美国的样本为被试，要求他们写下引起愤怒、厌恶、恐惧、快乐、悲伤和惊奇这六种情绪的事件的故事。通过这样的程序收集了一个很大的故事样本库，从中选择了一些故事进行翻译，并尽量剔除特定的文化指示物以及所有的情绪词。在具体研究中，向来自三个国家的被试呈现 144 个故事，要求他们指出，故事中的人所体验的是六种情绪中的哪一种。结果发现，无论来自不同文化的还是相同文化的被试，对每个故事所赋予的情绪大体上是一致的。研究者本来预期被试在对来自本文化的故事赋予情绪时会做得更好，但结果是，被试在对来自不同文化的故事赋予情绪方面做得一样好。这一结果表明，引起情绪的前因从总体来说，在不同文化的人们之间是非常相似的。

情绪前因的跨文化差异，主要与对情境的不同解释以及特定文化的信念有关。有人（Mesquita et al，1997）认为，如果能够引起情绪反应的差异，那么这些特定解释就是有意义的。

二、情绪评估与文化

情绪评估（Emotion Appraisal）就是人们对导致情绪的事件、情境进行评价的过程。情绪的评估理论在20世纪60年代已经提出来了。心理学家认为，评估首先要根据一个事件对有机体的重要程度设定一系列的标准，然后由皮层或皮下组织根据这些标准对环境刺激或本体感受刺激进行认知解释。研究者对于评估的性质并没有什么不同意见，而且认为，用非常有限的评估或评价维度就足以解释情绪状态引发和区分的过程。研究者已经比较确定的评估维度主要包括：对变化或新奇事物的注意、愉快对不愉快、确信对不确信、控制感、主体性（agency）（例如，情境是关于自己，关于别人，或不是关于人的）。情绪，例如快乐和恐惧，就是在这些评价维度上的特征模式上存在差别。

情绪的评估过程可能具有很高的跨文化相似性。在不同的文化中，基本情绪的评估过程是一致的。

谢勒等（Scherer et al，1988）对欧洲、美国和日本的被试的情绪进行了研究。在研究中，他们用一个开放式问卷询问在被试的生活中与喜悦、悲伤、愤怒、恐惧四种情绪中的一种相联系的事件。研究除了考察情绪感受，还涉及情绪评估和反应。结果发现，欧洲国家之间几乎没有发现差别，而在美国、欧洲和日本之间，对于引发情绪的情境的相对重要性方面有显著差异。还发现，与欧洲被试相比，美国被试报告了更高的情绪反应，而日本被试报告了较低的情绪反应。研究者认为，日本人恐惧的程度较低的原因可能是，虽然对于犯罪的恐惧看上去导致的恐惧程度较高，但日本人很少说出这种恐惧，反而因为处于社会支持网络中而感到安全。美国被试在所有情绪中报告的程度都较高，特别是喜悦和愤怒，对此难以理解，这些发现可能是因为美国被试有较高的情绪性或情绪反应性。

后来谢勒（Scherer，1997）在新的研究中，向来自 37 个国家的被试呈现事先编好的反应量表作为评价项目，要求被试回想七种情绪经验（喜悦、愤怒、恐惧、悲伤、厌恶、羞愧和内疚），并要求他们回答，他们是否希望这件事情再次发生，这件事情是否令人愉快，这件事情是否有碍他们目标的实现，等等。结果发现，各种不同的情绪出现了巨大的评价模式差异。

当问到如果一个事件是由某人引起，这个事件是否不适当或不道德时，不同文化中的回答差异最大。当问到这个事件是否不公平、不正当时，差异也非常大。非洲的被试对事件的评价倾向在不道德、不公平上打分较高，而拉丁美洲被试则在不道德上打分较低。尽管国家之间的差异还没有令人特别满意的解释，但是可以得出的结论是：情绪过程具有跨文化的普遍性，但是具体的评价维度具有一定的文化特异性，表现为某些国家更重视某些评价维度。

小结

本章讨论了情绪的各个方面与文化的关系。第一节讨论了情绪的先天特征以及情绪与学习的关系；第二节讨论了表情与文化的关系；第三节讨论了情绪表达的文化制约性与基本情绪的问题；第四节是关于一种新的研究取向——成分取向，考察了几个情绪成分与文化的关系。综合以上讨论的内容可以发现，情绪在相当程度上是先天的，在很多方面具有跨文化的普遍性，但某些具体的表现形式或成分受文化的影响而具有多样性。

思考题

1. 情绪是先天的还是学习的？
2. 人类表情具有普遍性吗？
3. 情绪表达如何受文化的影响？
4. 不同文化中引起同一情绪的事件是相似的吗？

参考文献

黄希庭：《心理学导论》（第二版），人民教育出版社，2007年。

理查德·格里格，菲利普·津巴多著，王垒、王甦等译：《心理学与生活》，人民邮电出版社，2003年。

彭聃龄：《普通心理学》，北京师范大学出版社，2001年。

武德沃斯、施洛斯贝格著，曹日昌等译：《实验心理学》，科学出版社，1965年。

Albas D. C, McCluskey K. W, and Albas C. A., Perception of emotional content of speech: A comparison of two Canadian groups. Journal of Cross – Cultural Psychology, 1976, 7 (4): 481 – 490.

Biehl M, Matsumoto D, Ekman P et al., Matsumoto and Ekman's Japanese and Caucasian facial expressions of emotion (JACFEE): Reliability data and cross – national differences. Journal of Nonverbal Behavior, 1997, 21: 3 – 21.

Brandt M. E, & Boucher J. D., Judgments of emotions from the antecedent situations in three cultures. In Lagunes I R & Poortinga Y H (Eds). From a different perspective: Studies of behavior across cultures. Lisse, the Netherlands: Swets & Zeitlinger, 1985.

Ekman P, & Friesen W. The repertoire of nonverbal behavior: Categories, origins, usage, and coding. Semiotica, 1969, 1: 49 –98.

Ekman P, Friesen W. V., Constants across cultures in the face and emotion. Journal of Personality and Social Psychology, 1971, 17: 124 – 129.

Ekman P., Cross cultural studies of emotion. In Ekman P (Eds). Darwin and facial expression: A century of research in review. New York: Academic Press, 1973.

Ekman P & Friesen W. V., Unmasking the face. A guide to recognizing emotions from facial clues. Englewood Cliffs, New Jersey: Prentice – Hall, 1975.

Fulcher J. S., "Voluntary" facial expression in blind and seeing children. Archives of Psychology, 1942, 272: 5 –49.

Goodenough F. L., Expressions of the emotions in a blind – deaf child. Journal of Abnormal and Social Psychology, 1932, 27: 328 –333.

Gratch J, Marsella S, Petta P., Modeling the Cognitive Antecedents and Consequences of Emotion. Journal of Cognitive Systems Research, 2009, 10 (1): 1 –5.

Keltner D, Buswell B. N., Evidence for the Distinctness of Embarrassment, Shame, and Guilt: A Study of Recalled Antecedents and Facial Expressions of Emotion. Cognition and Emotion, 1996, 10 (2), 155 –171.

LaFrance M, Hecht M. A, Paluck E. L., The Contingent Smile: A Meta – Analysis of Sex Differences in Smiling. Psychological

Bulletin, 2003, 129 (2): 305 - 334.

Levenson R. W, Ekman P, Heider K, & Friesen W. V., Emotion and autonomic nervous system activity in the Minangkabau of West Sumatra. Journal of Personality and Social Psychology, 1992, 62: 972 -988.

Lutz C., Unnatural emotions: everyday sentiments on a Micronesian atoll and their challenge to western theory. Chicago, IL: University of Chicago Press, 1988.

Markus H. R and Kitayama S., Culture and the self: Implications for cognition, emotion and motivation. Psychological Review, 1991, 98: 224 -253.

Matsumoto D, Willingham B., Spontaneous facial expressions of emotion of congenitally and noncongenitally blind individuals. Journal of Personality and Social Psychology, 2009, 96 (1): 1 -10.

McCluskey K. W, Albas D. C, Niemi R R, et al., Cross - cultural differences in the perception of emotional content of speech: A study of the development of sensitivity in Canadian and Mexican children. Developmental Psychology, 1975, 11: 551 - 555.

Mesquita B, & Frijda N. H., Cultural variations in emotions: A review. Psychological Bulletin, 1992, 112: 179 -204.

Mesquita B, Frijda N. H, & Scherer K. R., Culture and emotion. In Berry J. E, Dasen E. B, & Saraswathi T S (Eds). Handbook of cross - cultural psychology: Vol. 2. Basic processes and developmental psychology. Boston: Allyn & Bacon, 1997.

Ortony A, Turner T. J. What's Basic About Basic Emotions? Psychological Review, 1990, 97 (3): 315 -331.

Poortinga Y. H, Schoots N. H, & Van de Koppel J. M., The understanding of Chinese and Kurdish emblematic gestures by Dutch subjects. International Journal of Psychology, 1993, 28: 31 -44.

Rosaldo M. Knowledge and passion: Ilongot notions of self and social life. Cambridge: Cambridge University Press, 1980.

Russell J. A. Is There Universal Recognition of Emotion From Facial Expression? A Review of the Cross - Cultural Studies. Psychological Bulletin, 1994, 115 (1): 102 -141.

Scherer K. R, Wallbott H. G, Matsumoto D, Kudoh T., Emotional experience in cultural context: A comparison between Europe, Japan, and the USA. In Scherer K R (Eds). Facets of emotion: Recent research. Hillsdale NJ: Erlbaum, 1988.

Scherer K. R., The role of culture in emotion - antecedent appraisal. Journal of Personality and Social Psychology, 1997, 73: 902 -922.

Tomkins S. S., Affect as the primary motivational system. In Arnold M (Eds). Feelings and Emotions. New York: Academic Press, 1970.

Tsai J L, Levenson R. W., Cultural Influences on Emotional Responding: Chinese American and European American Dating Couples During Interpersonal Conflict. Journal of Cross - Cultural Psychology, 1997, 28 (5): 600 -625.

Van Bezooijen R, Otto S. A, & Heenan T. A., Recognition of vocal expressions of emotion: A three - nation study to identify universal characteristics. Journal of Cross - Cultural Psychology, 1983, 14: 387 -406.

第五章　人格与文化

在美国，汤姆在和一大帮朋友玩足球，由于汤姆的连续进球，他所在的球队赢了。赛后，他因为自己出色的表现十分高兴。尽管他并不想吹嘘自己是个英雄，但他的自尊因此而大大提高。在日本，高桥和他的几个朋友在玩足球，由于高桥的连续进球，他所在的球队赢了。赛后，高桥因为自己的球队表现出色而自豪。尽管如此，他还是仔细思考了自己的不足之处以及如何改进，争取做得更好。同样是在赛场上，故事也很类似，却反映了东方人和西方人心理的基本差异。在个人主义的文化氛围中，如美国，自尊是建立在个人成功和出色表现基础上的。对美国人来说，自我鼓励是获得高自尊的有效途径，并倾向于夸大成功而忽略失败和错误。而在亚洲文化中，如日本和中国，人们强调的是集体和人际互动。对他们来说，自尊来源于自己属于某个社会集体，这种归属感是自尊的基础。因此，亚洲文化中的人更倾向于自我批评，通过改正个人的错误来提高集体表现。当集体胜利了，个人便自我感觉良好，增强了自尊。

也许，无论在东方文化还是西方文化中，自尊都是建立在成功的基础上的，但是，不同的文化却奇妙地将成功进行了不同的定位。当然，北美文化所强调的胜利并不是提高自我评价的唯一途径。

我们了解一个人的乐趣在于你可以了解他是谁或者他是怎么

思考的。每个人都有自己独特的思考模式、行为模式以及表达情感的模式。简单地说，每个人都有独特的人格。心理学家认为，人格是构成一个人的思想、情感及行为的特有统合模式，这个独特模式包含了一个人区别于他人的稳定而统一的心理品质（彭聃龄，2001）。人格具有独特性、稳定性、统合性和功能性的本质特征。这意味着，一个人过去是什么样的人现在和将来还是什么样的人，这种一贯性就是由其人格所决定的。同时，每个人独特的才智、价值观、期望、爱情、仇恨以及习惯等构成的总和，也就使我们每个人都与众不同。人格是有机体与其生态文化和社会文化环境长达一生相互作用过程的结果。由于外部因素的影响，在不同文化中受教育的人很可能表现出个人典型行为的系统差异。在本章中，我们将讨论自我、意识改变状态、人格特质以及关于人的观念与文化、生态环境之间的关系。

第一节 文化背景中的自我

“你是谁?”“你是个怎么样的人?”对于这些问题该怎么回答呢? 也许你会提及自己的一些显著的特征，如诚实、友善，生活中充当的角色，如学生、志愿者等，以及你的道德观念、政治倾向等。心理学家把这一概念称为自我（self），即每个独特的个人生理和心理特征的总和（Shaffer，2005）。换句话说，自我概念包括所有有关“你是谁”的观念、知觉和感觉。它是你脑中对自身人格的图画。我们从日常生活经验里创造性地建立起一个关于自我的概念，一旦自我概念稳定下来，它会引导我们注意自己到底在记忆什么、思考什么。因此自我概念会显著影响我们的思想和行为。

由于人们生活在各种不同的文化环境中，不同文化中人们看待自己的方式可能有所不同。本节讨论自我与文化的关系。

一、自我的文化结构

最近的理论和经验研究都开始重视一个问题——个人和自我可能是一个文化建构，因此可能在不同的文化中有所不同。有关自我的很多研究试图把人格和社会心理学联系起来，用社会变量解释人格的差别，或者把自我分成与社会关系中的不同成分有关的部分。

1. 自我与社会关系

在不同的文化中，人们对自我的描述所涉及的社会关系内容不同。例如，施威德（Shweder，1984）等发现，人们对自我的描述与社会关系有关。他提出了一个重要问题："个人这一概念在不同文化中有所不同吗?"他们基于对印度奥里萨邦人的研究作出了回答，个人会被他们所进入的社会关系所改变，对个人的描述并非根据稳定的特质，而是根据这些社会关系。关于个人的这些观念与个人主义—集体主义这一维度的关联是非常明显的。本章开篇的故事及研究结果也证实了这一点。

贝里等（Berry，2002）提到，库辛斯（Cousins）在1989年报告了一项研究，在研究中进行了20项陈述测验，要求被试对"我是谁"这样的问题回答20次。美国学生的回答中包括很多特质描述，而日本学生包括更多的具体行为。后来用一个修订的版本进行，要求学生被试在特定的情境中描述他们自己。在这种条件下，日本学生对自己有更多类似特质的描述。库辛斯认为，这一模式反映了美国学生比日本学生更能独立于具体的事件来评价自己，反映了他们的独立性。

2. 自我的成分

特里安迪斯（Triandis，1989）把自我分成不同的成分，并考察了这些成分与社会关系中的成分的关系。他把自我分成三个方面，分别是私人自我、公共自我和集体自我，并从文化变化的三个维度（个人主义—集体主义、紧—松、文化多样性）进行分析。他对很多文献进行了综述，其结论是，文化越个人主义，对私人自我“取样”就越频繁，对集体自我“取样”就越少见。也就是说，在个人主义的文化中，人们更加关注私人自我的信息，而在集体主义文化中，人们更倾向于关注集体自我的信息。社会松紧度也跟集体自我的高取样有关，而文化越复杂，对私人自我和公共自我的取样就越频繁。儿童喂养方式及其他生态和文化因素也可以解释这些模式。

库查巴莎（Kagitcibasi，1996）在关系自我和分离自我之间进行了区分。在具有“情感和物质相互依赖的家庭模型”的社会中会产生关系自我。这样的社会通常是传统的农耕经济社会，具有集体主义的生活风格。不管是在疾病面前，还是为了能够安度晚年，家庭成员都必须互相依赖。具有“互相独立的家庭模型”的个人主义西方城市环境中会产生分离自我。家庭成员即使分别居住，也不会对生活造成严重的影响。库查巴莎还区分了第三种自我，这种产生于“情感相互独立的家庭模型”的自我叫做“自主关系自我”，只见于集体主义国家的城市环境中。这种自我除了在物质上越来越独立，社会化也更加自主，同时家庭成员之间依然保持情感的互相独立。库查巴莎认为，由于个人在与社会的广泛互动中既有关联又有自主性，因而这是社会发展的主要方向。

马库斯等（Markus et al，1991）提出了独立自我和相互依赖自我之间的双重区别。他们提出，不同文化中的人对于自我有截然不同的解释。这些不同的解释影响了个人如何体验自己与他人，以及个人的认知、情感和动机。总的来说，西方的自我概念是单独、自主、分离的个体（由一系列离散的特质、能力、价值观和动机组成），寻求与他人分离并独立于他人。相反，在东方文化中，人们普遍认为个人不是离散的实体而是与他人相联系的，人们追求关系、联系和相互依赖。只有当一个人处于某个社会单元之中，个人才能成为一个完整的个体。把自我解释为独立的，这进一步意味着人们把他们自己看做是独特的，要推进自己的目标，并寻求自我表达。把自我解释为相互依赖的个体，倾向于寻求归属和适合，推进他人的目标，占据一个适合自己的位置。后来，他们又从理论和经验上对这一区分进行了详细阐述。后来马库斯等又提出了一种自我的集体建构主义理论，根据这种理论，"很多心理倾向和心理过程同时来自集体过程，并对集体过程给予支持。在集体过程中对自我概念进行了刻画和体现，其方式就是社会行为和情境在各自文化环境中被界定和体验的方式"。

使用山田宏光（Kitayama）所开发出的一种评定独立性和相互依赖性的量表，范·赫维尔等（Van den Heuvel et al，1999）对希腊农村和城市的学生以及荷兰的学生进行了测量。荷兰学生通常被认为更多个人主义和独立性，在解释自我的相互依赖中得到了较低的分数，这似乎与马库斯等的观点是一致的。然而，用量表的一部分对另外的被试进行了测验，不是要求对一般意义上的自我进行评价，而是对其特殊社会群体的关系进行评价，例如与父母、孩子、朋友等的关系。这次测验的结果与之前的相反，希腊农村样本的独立性得分和荷兰的相互依赖得分较高。

总的来说，西方大多数被试很明显认为他们是比较独立的，但在家里和在学校里，以及对待父母和朋友时，他们则表现得更加相互依赖。

二、自尊与文化

自尊（self - esteem）是对自我的概括性评价（格里格等，2003）。自尊对思维、情绪和行为都有强烈的影响。不同文化中自尊的意义及水平有一定的差异。

1. 自尊的产生与文化

在不同的文化中，自尊所产生的具体环境因素并不相同。例如，山田宏光等（Kitayama et al，1997）请日本和美国的学生对许多事件进行评定，考察这些事件对他们的自尊的影响。在另一个研究中，对类似的学生样本进行研究，形成了似乎能提高或降低自尊的情境的描述。美国学生报告说，他们能较多在积极情境中体验到自尊的提高，较少在消极情境中体验到自尊的降低。在美国形成的情境描述所产生的效应比在日本形成的描述产生的效应更强烈。另一方面，日本被试报告说，他们更多的是在消极的情境中体验到自尊的降低，但较少在积极的情境中体验到自尊的提高。这种差异非常重要，表明两种社会之间在自我批评和自我提高方面存在着重大差异。

这种差异大概仅仅是一种表现，日本人知道在成功面前他们应表现出谦虚和自我批评。换句话说，这种差异大概只是一种印象管理或者公开表现规则。

山田宏光等（Kitayama et al，1997）在第二项研究中，请另外的日本学生和美国学生被试做同样的评定，对一个典型学生的自尊的影响进行评定。由于要求被试估计典型学生的真实感觉（例如自尊的变化），这样任何可能存在的有关公开表现的文化规则都不会影响他们的反应。研究得到了跟先前研究非常相似的结果，因此研究者有理由认为，回答问题的模式并不是表现规则，而是自我的真实体验。当然，也可以用其他方式解释这些结果。例如，也许指导语的变化并没有以研究者所设想的方式发挥作用。也许我们无法识别他人的社会欺骗，从而倾向于认为表现就是真实的，因而把遵从社会规范的心理机能归结到他人身上。

至少还有一个发现令人非常迷惑。在第一个研究中还包括第三种样本，即由曾经在美国的大学学习的日本人组成的样本。这些被试指出，对于在美国形成的情境描述来说，他们较多地在积极情境中体验到自尊的提高，较少在消极情境中体验到自尊的降低。只有在日本形成的情境描述才能产生相反的倾向，这与居住在日本的日本人得到的结果是一致的。我们认为，如此快的文化适应效应是难以与自我的基本差异相一致的。

总的来说，特质理论家和社会认知理论家都宣称有经验性证据支持他们的观点，对于心灵应该被界定为个人的还是社会的还存在争论。

2. 自尊水平与文化变量

人们的自尊水平与文化中哪些变量有关呢？

有人（Singelis et al，1999）根据马库斯等（Markus et al，1991）关于独立自我和相互依赖自我之间的区别，考察了欧裔美国人、亚裔美国人和中国香港人的自我解释（self - construal）与自尊的影响。结果发现，自我解释和自尊的关系在三个文化中没有差别。在所有的群体中，独立的自我解释能够预测较高的自尊水平。因此，自尊的潜在心理过程在不同的文化中都是一致的。

蔡等（Tsai et al，2001）考察了华裔美国大学生的文化定向与自尊的关系。他们把文化定向分为三种，分别是语言、社会联系和文化自豪（cultural pride），分别测量了大学生的文化定向和自尊水平，结果发现，文化定向比年龄、性别、年级、社会经济等变量更好地预测自尊水平。特别是发现了英语和汉语的流利程度以及文化自豪感与自尊水平呈正相关，而与中国人的社会联系则与自尊呈负相关。

3. 日本文化中的自尊

自尊代表了西方的价值观，比如自信、自强以及自主，但在东方，这些跟自尊相联系的特征并不一定是好的，因为这些特征可能会损害人际关系。山口智子等（Yamaguchi et al，2006）回顾了以往有关日本人的一些研究，提出了关于日本人自尊的一些观点。

在一般的外显测验中，日本人及其他东亚人与北美人相比，其自尊水平较低。但是，由于外显测验很容易受各种偏见的影响，测验表达的低自尊并不真正意味着自尊较低。由于北美人崇尚高自尊，而日本人崇尚谦和，所以可能造成在自我陈述的测量中，北美人提高对自我的评价，而日本人则降低对自我的评价。日本人通常在自陈测验中的得分接近中间值，而不是中间值以下的负值。这是因为，日本人虽然推崇谦和，但也推崇自重（self-respect），而过分谦卑是不自重的。也就是说，为了给他人留下好印象，人们虽然要谦和，但为了自重，也不应过分谦卑。

第二节 跨文化特质

在当今的人格心理学中，特质理论是最重要的一种。一般来说，特质（trait）是持久的品质或特征，品质或特征使个体在各种情况下的行为具有一致性（格里格，2003）。例如，某人在工作中遇到困难总是非常乐观，认为困难总是能够克服；他在生活中遇到困难可能同样乐观向上，表现出跨越时间和情境的一致性。另外，某个人的支配性、社交性和坚持性等都可能表现出前后的一致性。

奥尔波特（Allport G W，1897－1967）、卡特尔（Cattell R B，1905－1998）、艾森克（Eysenck H J，1916－1997）是特质理论家的代表，他们认为可以找到一个很大的特质集，用这些特质可以描述个人特征行为的所有重要方面。也就是说，一个人的独特性可以用很多特质的特殊混合来表示。

由于一个特殊文化群体中的人们受到一些共同的影响，而与其他社会环境中的人受到的影响不同，因此可以预期不同文化中的模式化人格有所差别。这意味着，来自不同文化中的人在平均拥有某一特质的程度方面存在跨文化差异。本节讨论特质在不同文化中的表现。

一、人格特质与文化

以特质理论倾向研究人格，其具体做法包括：（1）系统收集词典中的人格特质形容词；（2）对形容词进行分类、化简；（3）通常用自我报告人格问卷或者涵盖很多特质人格的清单进行测量，每一特质产生一个得分，通过因素分析，研究者提供了对自我报告工具中的特质有效性的经验支持。通过统计技术，可以把包含一系列项目的信息简化为有限数量的共同因素或维度，每一因素都代表了一个潜在的心理特质。在这些特质的基础上形成的人格问卷，可以用来测量不同文化中的人格。

1. 艾森克人格量表的跨文化测量

进行跨文化比较研究用得比较多的自陈式人格测量工具是艾森克人格问卷（EPQ）。艾森克与他的同事经过长达40年的研究得出结论，可以用四个特质描述所有的行为特征，因而在EPQ中区分了四个人格维度：精神质、外倾性、神经质和社会赞许性。

（1）神经质或者情绪性代表从不稳定到稳定的维度。不稳定的特征是“喜怒无常”和“敏感”，而稳定的特征是性情平和。

（2）外倾性是从好交际或外向的行为到平静、被动或内向的行为这一维度。

（3）精神质，其中一极是粗暴、严酷，另一极是柔弱。这一极是艾森克理论后来加上的一极，没有从概念上进行深入阐明。

（4）社会赞许性指以社会可接受和尊敬的方式给予反应的倾向。

艾森克认为，有充分的证据表明前三个因素有生物基础，并形成气质维度。

巴雷特等（Barett et al，1998）从34个国家收集数据进行了跨文化分析。用EPQ进行跨文化研究的第一个目标是，检验最初在英国确定的四个因素是否能在因素分析中再次出现。如果结果表明能再次出现，那么就可以追求第二和第三个目标，即计算当地常模，解释四个因素所形成的四个人格分量表得分的跨文化差异。在具体研究中，他们把英语版的 EPQ 项目细心地翻译成当地语言，然后再翻译回来。经过字面翻译导致最初的意义发生改变的项目，其内容要进行调整。通过来回互译，保证所有的项目的意义在这些国家的语言中保持不变。

研究者发现，平均来说，其他 33 个国家的数据中的因素相似性与在英国得到的因素结构非常相似，至少在外倾性和神经质这两个维度上非常相似。对于精神质和社会赞许性来说，因素相似性的平均指标低于 0.90，该值是因素基本相似性的首要标准。巴雷特等的分析证实，最初在英国发现的人格维度，至少在实施了 EPQ 测验的非文盲社会中是相似的。

研究发现了各个维度得分的跨文化差异，并认为，这些平均得分的跨文化差异与不同的社会和政治因素以及气候因素有关系。例如，在西方发达的工业化社会中，神经质得分倾向于较低，而阿拉伯国家得分则较高，这是因为阿拉伯国家的政治和经济不稳定，经常发生战争和军事占领等情况，另外还有炎热的气候，这些因素导致了高压力，从而导致高神经质。

对这个研究进行分析可以发现，翻译的因素和文化的因素导致某些项目在不同文化中的意义并不完全对等。例如，在多数国家中，一个有关锁门的项目与精神质有关，但在希腊，这个项目没有负载精神质，很明显这是因为人们平时不关窗户，而锁门根本没什么意义。因此，即使不同文化中的因素结构完全相同，也不能保证所有的项目在各个文化中的意义相同，因此很容易出现得分差异，这些差异很难解释为特质的跨文化差异。

2. “大五”因素模型与文化

尽管艾森克的理论观点得到很多研究支持，但是越来越多的人认为五个因素可以最好地描述人格结构。

(1) “大五”因素模型。诺曼 (Norman, 1963) 在对美国各种各样的人格研究的大量数据进行分析之后，发现这些研究总是能够出现与艾森克的三个维度并不重合的五个因素，因而提出了五因素模型 (five - factor model, FFM)。其主要假设是，需要五个维度，既不多也不少，就足以绘制出人格的图景。这五个维度 (又称作“大五”) 被认为是经得住考验的，是有生物学基础的，而且是随着人类的发展而形成的。生物学基础的证据主要来自双生子研究，具有同样遗传物质的同卵双生子在人格变量上的得分非常相近。

这五个因素是：

外倾性，表现出热情、社交、果断、活跃、冒险、乐观等特质；

宜人性，具有信任、直率、利他、依从、谦虚、移情等特质，宜人性高的人令人惬意；

责任心，显示了胜任、公正、条理、尽职、成就、自律、谨慎、克制等特质；

神经质或情绪稳定性，具有焦虑、敌对、压抑、自我意识、冲动、脆弱等特质，神经质的人紧张，而情绪稳定的人安心、放松；

开放性，具有想象、审美、情感丰富、求异、创造、智能等特质。

这五个特质的头一个字母构成了“OCEAN”一词，因此研究者经常称之为“人格的海洋”。科斯塔等根据“大五”人格模型开发了测量人格特质的量表 NEO - PI - R (Costa 和 McCrae, 1989)。这一量表已被翻译成很多种语言。

（2）“大五”的普遍性。一些跨文化研究检验了“大五”人格模型的跨文化普遍性。如果五个维度代表了人类机能的基本倾向，那么就应该在各个地方都得到验证；如果只是美国人适应美国环境的适应特征，那么在不同的文化和语言中就应产生不同的特质分布。

在很多国家的研究中都发现了与美国相似的因素结构，这些国家距离很远。例如，有人（McCrae et al，1998）把 NEO 翻译成当地语言，在法国和菲律宾进行了测验，结果发现，在法国和菲律宾都出现了与美国相似的“大五”因素结构。在菲律宾进行的另外的研究也发现了一些普遍性的规律：①“大五”的每个领域在菲律宾调查量表中都有体现；②没有发现任何不能被“大五”维度包容的本土维度；③在菲律宾背景下看上去非常明显的维度，在具体表现方面存在跨文化差异。这在一定程度上说明，“大五”人格模型具有一定程度的跨文化一致性。

贝里等（Berry et al，2002）对在其他国家和地区进行的研究进行了总结。在美国得出的“大五”因素的问卷，部分来自美国英语中人格描述词集合。之所以使用这种词汇方法，是因为这些研究者相信某一特殊文化中人格的重要方面被编码在语言中。在最近的一篇综述中，研究者总结了英语和 12 种其他语言进行研究的结果。在这些研究中，形成最初材料的是当地人格词语，这些词语主要是从词典中收集的。在绝大多数研究中，所有“大五”因素都得到了较好的重复。用其他语言进行的研究，例如东欧语和朝鲜语，支持证据则不太可靠，甚至有一些问题。然而，如果不采用严格的相似标准，并假定有三个而不是五个因素，那么一致性会更好。如果以“大五”因素的最好指标术语为基础对荷兰人、德国人、匈牙利人、意大利人、捷克人和波兰人的结构进行比较，这些系数的平均数恰好低于0.90，该值通常被认为是因素相似性的下限。

尽管大量研究表明普遍存在五个因素，但还没有最终的结论。即使有关的研究没有得出一致的变量结构是因为特定的文化因素，但至少有一些变异还不能用“大五”因素模型所假定的五个共同因素进行解释。

3. 中国人的人格特质

科斯塔（Costa，1989）等所编制的NEO－PI－R测验是在美国编制的，在其他文化背景中更常见的人格方面有可能被消除了。在一些国家，人格量表的编制以本土的项目群为基础，而不是参考已有的工具，因此这些量表的因素结构并不一定符合“大五”。例如中国人非常重视的“孝”这一特质，在“大五”人格测验中就没有体现。

张（Cheung，1998）等考察了中国人的人格因素结构。他以中国人为被试，考察了人格因素可能的聚集方式。结果发现，“大五”因素中的四个或五个在研究中得到了重复，除此之外，总是发现有另外一个因素，即中国传统。这一因素的重要方面是“和谐”和“关系定向”，并且能够预测中国人非常重视的“孝道”。张（Cheung，1998）等以香港和北京的中国人为被试，考察了中国人的“孝道”以及其他人格因素。结果发现，反映中国传统的五个方面以及“大五”中的神经质和开放性都可以预测“孝道”。这说明在大五之外，还有一个特定文化的因素。不管这一传统因素是中国文化独有的还是具有文化的普遍性，都有助于理解人格的人际关系方面，而NEO－PI－R却并不重视对这方面的调查。

后来的结论清楚地表明NEO－PI－R某些方面（或分量表）

的得分应该存在跨文化差异。例如有人（McCrae et al，1998）对香港人以及在加拿大居留不同时间的中国移民后代进行研究，结果发现了某些方面的跨文化差异。这些研究者指出，一旦建立了令人满意的结构等同，人们很容易对得分水平进行定量比较，但这样的发现可能会产生误导，因为社会常模和其他人为因素会使特质的真实水平模糊。McCrae 的确发现，不管出生在哪个国家，加拿大和香港样本在外倾性因素上都存在差别，但并不简单地接受这些结果，因为无法排除幼年时期中国规范中的含蓄、内敛或克制对个体带来的持久影响。

杨国枢、王登峰等人（1999）基于多年系统的研究，把从台湾地区收集的用于描写稳定人格特质的形容词与王登峰等以前收集的词语合并，对其中 1520 个形容词进行了好恶度、熟悉度、意义度和现代性的评定，并从中抽取了 410 个形容词作为无偏样本。由中国大陆和台湾被试就每个形容词描述自己及他人的程度进行评定，通过因素分析得出了中国人人格结构的七个维度和其中包含的 15 个小维度，这些维度称为“大七”。这七个维度是外向性、善良、行事风格、才干、情绪性、人际关系和处事态度。

这一结果与西方人格结构的“大五”因素模型无论在因素的数量上还是在因素的内涵上都有显著差异，证实了中国人与西方人在人格结构上的相似性与差异性。

4. 其他传统的特质研究

根据特质理论编制的其他人格调查表，除了艾森克量表和“大五”以外，常用的人格调查表还有明尼苏达多项人格调查表（MMPI），斯皮尔伯格（Spielberger）的状态—特质焦虑调查表（STAI），卡特尔 16PF，罗特尔（Rotter）的内—外控制量表和高夫（Gough）的形容词清单（ACL）。

有人（Paunonen & Ashton，1998）对用这些人格量表进行的跨文化研究进行了综述。多数情况下，发现因素结构具有跨文化可重复性，不过要注意，很多研究中所谓相似性的标准是模糊的，没有精确界定，这导致很难对相似和差异之间的平衡进行精确的评价。另外，世界各地都大规模地使用明尼苏达多项人格调查表来诊断人格和变态行为。有研究报告说，明尼苏达多项人格调查表的第二版用于22种语言，另外还有很多其他正在修订的版本。通常，把两种语言的版本用于双语被试群体，来核查翻译版本。很多国家的研究者对明尼苏达多项人格调查表的十个临床量表进行了因素分析，得出的因素集跟在美国所发现的很相似，而且得分的轮廓的相似性也很明显。很多收集新常模的研究者（例如荷兰的、法国的、意大利的、以色列的、墨西哥的、智利的研究）已经发现，原始分数一般从统计意义上说，与美国常模非常接近。

高夫的形容词清单（ACL）包括300个描述人的形容词，并假定这些形容词大体上涵盖了人格的所有领域。研究者以理论为基础，宣称各个量表具有普遍的有效性。威廉姆斯等（Williams et al，1998）收集了对于300个项目中每个项目的“心理学重要性”评定分数。根据对被试的指导语，重要性就是“提供的关于一个人真正是什么样的信息”。其假设是，重要的特质与不重要的特质相比，告诉我们关于一个人的信息更多。评定分数的被试来自分散于世界各地的20个国家的学生。第二组评定是，要求被试评定ACL每个项目的受欢迎性，在10个国家收集了评定的结果，结果发现了最具跨文化一致性的模式。每对国家之间都存在中等的相关，其相关系数为0.82。很明显，各个地方都喜欢有能力、令人愉快、文明的人，而不喜欢傲慢、严酷和自负的人。

对于心理学重要性评定，国家之间存在中等相关，其相关系数为0.50。发现根据项目的受欢迎性和心理学重要性之间的关系，可以区分两种类型的国家集群，即一般被认为个人主义和集体主义社会的国家。在集体主义集群中，其关系是线性的，在个人主义社会中，其关系为U形曲线。受欢迎的特质与不受欢迎的特质相比，前者倾向于被评更高分，但是，不受欢迎的项目在个人主义国家中被评定为非常重要，在集体主义国家中却不是这样。换句话说，在一些国家中，一些不受欢迎的特质，例如支配性和怀疑性被认为非常重要，而在另一些国家中却被认为不重要。

威廉姆斯等根据价值定向差异来解释他们的发现。这种解释与另外一些研究也一致，在这些研究中个人主义样本比集体主义样本有更多特质定向反应。有人（Church，2000）曾经强调过这种“特质化”中的差异，他认为这是文化背景和遗传特质之间交互作用所产生的重要结果变量。然而，受欢迎性与上文提到的社会赞许性这一反应风格非常接近。一个国家的平均受欢迎性得分与社会经济指标之间存在高的负相关。沿这种推理路线，受欢迎性的差异也许可以看做部分反映了反应倾向的跨文化差异，这种反应倾向就是根据社会规范和期望来回答问题。

视窗

阿散蒂人的名字和人格

居住在非洲加纳的阿散蒂人（Asante），孩子的名字就是出生那一天。名字就是kra，即出生日的灵魂。对于男孩（女孩没有这种情况），kra 表示某些行为的倾向。人们认为周一出生的孩子会比较安静、平和。认为叫“星期三”的男孩脾气急、有攻击性。杰哈塔（Jahoda）对青少年法庭的行为不良记录进行分析后发现，叫“星期一”的年轻人的犯罪率显著低于期望水平。还有证据表明，叫“星期三”的人更容易对其他人犯罪（例如打架、攻击）。尽管这种关系是不牢固的，还需要重复研究来进一步确立这一结果的有效性，但研究者认为，“这种对应关系太显著了，让人难以拒绝”。一个进一步的问题是，这些结果如何进行解释：这些发现难道反映了社会刻板印象和偏见更多注意某些年轻人而不是另外一些年轻人的（期望的）不良行为？还是这些年轻人内化了这些社会期望，从而形成了他们的人格？

二、气质与文化

气质（temperament）是表现在心理活动的强度、速度、灵活性与指向性等方面的一种稳定的心理特征，即我们平时所说的脾气、禀性（彭聃龄，2001）。人的气质是先天形成的，受神经系统活动过程的特性所制约。巴甫洛夫通过对狗的条件作用的个体差异的观察，提出了神经过程的基本特性，即兴奋过程和抑制过程的强度、平衡性和灵活性。兴奋过程和抑制过程的强度，是大脑皮层神经细胞工作能力或耐力的标志，强的神经系统能够承受强烈而持久的刺激。平衡性是兴奋过程和抑制过程的相对力量，二者大体相同是平衡；不平衡又可以分为两种情况：一种是兴奋过程占优势，一种是抑制过程占优势。灵活性是兴奋过程和抑制过程相互转换的速度，能迅速转化是灵活的，不能迅速转化则是不灵活的。

神经系统兴奋的强度或者叫做唤醒能力这一特征已经得到了

广泛研究。强神经系统指对强的重复刺激有高的耐受性，且具有高的绝对感觉阈限。与此相反，弱神经系统的特征是对弱刺激的敏感性高，具有低的感觉阈限和相对较快的反应。

一些对婴儿气质进行的小规模研究表明，日本和中国的婴儿与欧裔美国婴儿相比，兴奋性差，在烦恼的时候更容易镇静下来。例如，刘易斯等（Lewis et al，1993）在研究中观察了4月龄日本和美国白人婴儿对接种注射的反应。平均来说，从哭泣和其他不适的表现来看，美国婴儿的情感反应比日本婴儿的情感反应更加强烈，安静下来所需的时间也更长。但是，以感受到压力时分泌的皮质醇为指标，日本婴儿的反应更加强烈。外显行为和生化反应出现了相反的模式，对此还无法解释，但这种分离至少说明，根据社会行为模式的跨文化差异并不能直接推断出气质是一种先天特征，即使是年幼的婴儿。

斯特里劳等（Strelau et al，1999）用巴甫洛夫气质调查（PTS）对成人进行了一系列跨文化研究。编制该调查所遵循的指导思想是，气质维度应该是跨文化普遍存在的，即使在文化特定性的行为中，气质的维度可能也是明显的。这表明，相同的气质维度在任何地方都是一样的。PTS打算评定巴甫洛夫所发现的三个维度，即兴奋强度、抑制强度和灵活性。研究者认为每一维度都由很多成分组成，这些成分也是普遍存在的。为了让所有的领域都有所体现，对每一成分都要形成多个项目。PTS的一个重要特征是，可以从这一共有资源中选取一些项目，来建构文化特异性的项目目录。在一个涵盖了15个国家的数据库中，发现所有国家的数据中都有三个相似的维度，只有部分项目集是重合的。不同样本在一个分量表（兴奋强度）上的平均得分的跨文化差异很小，而在另两个分量表上的跨文化差异比较大。

这个研究说明，气质的维度结构在所有文化中都可以见到，或者说特质在所有的文化总体中都有同样的分布（使平均分的差异成为一种文化偏见）。斯特里劳等已经剔除了后一种可能性，认为绝大多数研究者接受这样的观点，即气质特质具有适应功能，根据与环境的相互作用，将产生不同的发展结果。然而在气质研究中，还没有出现假定气质和文化背景之间相互作用模式具体差别的理论。

而且，如果严肃对待气质的生物学基础的话，那么对于气质水平为什么具有跨文化差异这一问题，就不会马上清楚了。由于文化背景一般不会阻碍个体发生发展，不会改变先天的特征，因此可以合理地预期在某一文化内能得到同等的气质平均得分。那么所测量到的差异就应归因于偏见了。贝里等（Berry et al, 2002）提到，波廷加采用这样的观点，在 1993 年进行了一项研究，试图找到与神经系统兴奋强度有关的基本人格变量的平均得分，这种基本人格变量本应该极少受到文化偏见的影响的。数据收集的形式主要是在简单的听觉和肌肉运动任务中进行心理生理记录。样本区别很大，分别是印度的大学生、印度的部落社区中的文盲群体、荷兰大学生以及荷兰士兵。变量包括对简单声音的皮肤点传导反应（用更技术的术语说，对定向反射的适应），响亮声音和微弱声音所唤起的 EEG 电位差异，对响亮声音和微弱声音刺激的反应时间差异。对于神经系统强度的多数得分来说，没有观察到平均水平的文化差异。其结论是，当排除了地位和任务特定性的变异来源后，基本人格维度的得分分布更具跨文化的统一性。

三、民族性格

我们经常理所当然地认为某些国家的人具有某种特征。例如，经常听到有人议论，德国人理性、严谨，美国人快乐、开朗，英国人古板，等等。也有人说，“疯子是有逻辑的——正如法国人一样”，暗示法国人一般来说是过于理性的，相比之下，巴黎人会认为北美人多愁善感，不懂世故。同样，我们心目中都有某种俄国或日本人的“典型”形象。从本质上说，这些都是简单的刻板印象。但是，这些刻板印象是否有事实根据？国民性格这类东西是否实际上存在？

视窗

民族性格刻板印象

人们往往会认为某些国家的人具有某些典型的性格，这其实是一些刻板印象。以下是一些常见的刻板印象。

英国人：爱好运动，聪明，传统，保守；

德国人：有科学头脑，勤奋，不易激动，聪明，有条理；

黑人：迷信，懒惰，逍遥自在，无知，爱好音乐；

犹太人：精明，勤奋，贪婪，聪明；

美国人：勤奋，聪明，实利主义，有雄心，进取；

日本人：聪明，勤奋，进取，精明，狡猾。

皮博迪（Peabody，1985）对民族性格进行了研究。他首先从概念上区分了民族刻板印象和民族性格。民族刻板印象是不理性、不正确的，而民族性格是一个民族成员的模式化心理特征，是对民族所有人的有效描述。为了确定民族特征，皮博迪请评判人（通常是学生）描述各个民族——包括他们自己民族——的形容词。为了区分评定中评价和描述的方面，皮博迪运用了文雅的方法。他把意义相反的一对形容词放在一起，用每两对表示一个特质。每一对形容词都有相似的意义，而其中一个具有积极的意义，而另一个具有消极的意义。例如，节俭（+）和吝啬（-）对慷慨（+）和浪费（-）。皮博迪利用对四个形容词的评定的组合来在评判人的喜欢不喜欢与真实的意见之间进行区分。例如，如果一个评判人认为苏格兰人是可爱的，但不是挥金如土的人，他可能倾向于把苏格兰人评定为高节俭而不是高吝啬。如果是不可爱的，将会是相反的模式。皮博迪主要在西方国家收集数据。他发现民族之间主要在两个维度上有区别，即紧对松，以及武断对不武断。他认为，评定者提供的数据与各个不同民族的人类学和历史学文献是一致的。

从皮博迪所使用的方法来看，这一研究是有问题的。在研究中，他让学生描述所有的民族，但这些评定反映了种族中心的态度。也就是说，如果这些学生没有直接接触其他民族，只能通过各种来源的二手知识对这些民族进行评判，所得到的结果只能是刻板印象。因此，所得到的关于民族性格的结果值得怀疑。从目前看来，还没有出现在民族或国家水平上对性格的有效描述。

四、对特质理论的评价

特质理论是人格心理学最重要的理论取向，然而对特质理论的批评从来没有停止，用特质来描述和预测人的行为的有效性还值得怀疑。在用特质理论取向进行跨文化研究时，不确定的方面会更多。

1. 得分差异的解释

在解释得分分布的跨文化差异时，研究者只能在下述可能性中进行选择。

(1) 在平均分上所看到的跨文化差异足以说明，假定已被测量的潜在特质存在差别。

(2) 差异是因为翻译的错误，某些项目与文化有关的特定意义或者其他方面与特质根本没有关系。

(3) 不同文化中的人格特质是不同的。

如果这三条中的第一条适用，那么得分分布的跨文化差异可以根据得分来解释。第三种可能性意味着，应该假定不同的文化中有不同的特质集。一个进一步的结果是，根本无法进行任何跨文化比较；人们不能拿苹果跟橘子比较。第二种可能性是最模糊的，如何进行解释，要依赖于跨文化差异如何以及有多少反映了与特质无关的方面。

对两个或更多文化样本进行问卷调查的研究者必须确定，要采用哪种解释。但要注意，有很多与特质无关的因素可能影响心理测量的分数。跨文化差异中的这种无意识的多余的原因被称作“文化偏见”；他们又导出了得分的“非等同”和“不可比较性”。范·维基沃和梁（Van de Vijver & Leung，1997）区分了不同形式的等同。

(1) 功能等同。例如，一个测验在不同文化中测量同一特质（或特质集），但不一定用同一定量量表（就像用华氏温度计和摄氏温度计测量温度）。

(2) 测量单位等同。例如，在不同条件下得到的不同分数代表不同文化中的同一意义（就像同一温度导致在摄氏温度计和开氏温标上不同的读数，但是温度发生了变化，两个温度计上向上或向下变化的数值相同。这就是说测量单位相同）。

(3) 刻度或总分等同。例如，得分在不同文化中具有相同的意义，而且以相同的方式进行解释（所有的测量都用摄氏温度计测量)。

很多心理测量的前提条件是得分等同，得分不等同就不符合心理测量的条件。例如，结构等同可以通过例如因素分析这样的相关法进行考察。如果一个测量工具中项目的因素结构相同，这表明测量的是同样的特质，如果不同文化的因素结构不同，那么只能说明测量的不是相同的特质。如果是后者，就不可能进行任何有意义的跨文化比较，这相当于拿苹果和橘子比较。对于另一种等同，常通过项目反应模式在文化间是否相同来考察。在这里，我们只想指出，要想确定对问卷的所有项目具有相似影响的偏见根源是非常困难的。

2. 超越特质

所有不同的特质理论都是同等有效的吗？还是每种特质理论只是部分有效？而从长远来说，也许不同的特质理论会对共同的结构达成一致意见。如果特质维度可以以生物学功能，例如激素分泌和神经系统特性为基础的话，也许真会出现被普遍承认的特质结构。跨文化研究是对特质理论进行检验的有效方法。

如果个人行为可以描述为稳定特质的功能，那么根据特质得分，可以预测将来的行为。然而经验研究的绝大多数结果是令特质理论家失望的。从理论上说，对行为的预测可以有三种倾向：一是认为根据特质可以有效预测人的行为；第二是人的行为完全由环境决定，特质或行为倾向不会产生影响；第三是特质和环境因素会产生交互作用，也就是在某些情境中会出现一致的行为。有的研究者持第二种观点，他们对特质方法预测功能的低效进行了批评，认为行为在很大程度上是由个人所处的情境所决定的，而不是由人们不同的内在心理倾向决定的。持第三种观点的研究者强调个人和情境之间的交互作用，也就是一些人在一些情境中表现出一致的行为。

对于特质的功能，有一种观点认为特质就是原型，是一种组织信息的标准化图式。原型就像认知标准一样发挥功能。例如，我们自己形成一种关于支配性的人和合群的人是什么样的观念，所吸收的新信息也用来形成与已经存在的原型相一致的印象。也有的研究者持类似的观点，认为特质并不反映稳定的倾向，而只是简化为易于处理有关别人信息的方便标签。例如，我们把别人的行为归因于稳定的特质，而对于我们自己的行为，我们倾向归因于情境因素或自己的意图。简而言之，人格特质，就像对民族特征的刻板印象一样，其根源应该在于旁观者，而不在于人们一致的行为模式。

3. 人格与环境

人格也可能反映的是个人体验其环境，特别是生态环境的方式。例如主观幸福感（subjective well - being，SWB），指对于生活满意度的总评价，既可以从总的方面说，也可以从具体领域，例如工作、家庭、健康等方面来说。人格因素，可以稳定地预测主观幸福感，另外个体水平上的其他因素，例如收入、教育，也有一定的影响。从各个国家来说，国民健康、个人主义、人民权利以及社会公平等因素与主观幸福感都有显著的相关。研究者的结论是，“个人需要的满足程度、追求个人目标的能力是获得主观幸福感的重要因素”。

人格的另一个方面是如何看待环境因素对成就行为的影响，也就是如何对成就行为进行归因。对这一问题的经典研究是罗特尔提出的控制点（locus of control）理论。该理论认为，个人的学习历程能够带来对强化的普遍预期，也就是说，人们可以把一个（积极或消极的）奖赏看做有赖于个人的行为，或者看做由个人无法控制的外力所决定的。成功可能是因为“技能”或“机会”，失败也是这样。人们生活中遇到的很多事情，可以认为是自己的责任，也可能认为超出了他们的控制。内在控制点（internal locus of control）指个人把所得到的强化或惩罚看做自身努力的结果；外在控制点（external locus of control）则指一个人所受的强化和惩罚与自身无干，非自己所能左右和控制。根据罗特尔的I－E量表（Rotter，1966）可以判断一个人的控制点。该量表包括23个项目，每个项目提供了内部归因或外部归因的选择。罗特尔在因素分析的基础上提出，该量表体现了单一的维度。因此，可以根据一个单一的得分得出控制点，这一控制点表现了一个人在内部和外部归因之间的平衡。

问题是，是不是各种不同的行为都有内外控制点呢？所得到的各种强化或奖赏都是一样的吗？另外，外部因素是要合在一起看待，还是在不同的外部因素之间进行区分？

贝里等（Berry et al，2002）对有关控制点的研究进行了总结。对这一问题，迄今为止最大规模的跨文化研究是在美国进行的，结果不断重复发现，非裔美国人比欧裔美国人更倾向于外部归因。社会经济地位低的人更倾向于外部归因，但是，当控制了社会经济地位的差异因素后，还是发现黑人和白人的归因存在差别。对于美国的其他群体，例如对美籍西班牙人来说，结果差别很大，取决于样本的教育水平和社会经济地位。欧洲国家之间以及欧洲国家和美国之间的差异比较小，与此相反，美国和东亚之间存在稳定的差异。特别是日本人在外部归因上得分比较高，而在内部归因上得分比较低。在非洲的萨赫勒地区，当地人对极端恶劣的环境几乎无能为力，人们更多的是外部归因。总的来说，根据这些结果可以得出结论，在现实生活中个人的实际控制程度越高，越倾向于内控得分高，现实生活中的实际控制程度较低，越倾向于外控得分高。

罗特尔所假定的内控—外控只是一个单一的维度，但在很多文化中的归因维度结构与罗特尔的归因维度并不相同。在非西方的农村群体中，归因的维度并不清楚，但经常发现两个因素，即个人控制和社会政治控制是分离的。史密斯等以来自 43 个国家的经理组成小样本进行研究，发现了三个维度，即个人控制（以及减弱的政治控制）、个人自主权（以社会方面为代价）和运气。

控制点概念从理论上植根于社会学习理论。这种理论假定在形成人格的过程中，文化环境发挥了相当重要的作用。从某种意义上说，这种理论可以看做社会认知视角的先驱。根据社会认知的观点，人是有机体和社会环境相互作用的产品。

第三节 意识改变状态与文化

我们生命的多数时间处于清醒意识，即一种清楚的、有组织的、警觉的状态。在清醒意识状态下我们把时间、地点和事件知觉为真实的、有意义的和熟悉的。但有时人们也会体验一种特殊的意识状态。

例如：在新西兰，毛利族牧师用整晚的时间来举行葬礼，向在神话时代（也就是土著人认为的梦的时代）创造世界的神祷告；在加拿大多伦多，三个忙碌了一整天的商人去当地一家著名的酒吧喝上一杯；在美国西南部的夜晚，随着鼓声响起，一名瓦纳霍族长者在印第安教堂中向教众分发圣餐——仙人掌茶；在北爱尔兰，一名修女在修道院中用整个星期的时间默默地祷告和沉思；在加利福尼亚洛杉矶，一名有抱负的演员求助于催眠治疗师，想减轻他的舞台恐惧；在加利福尼亚伯克利，一名画家在重新开始作画之前，花了两个小时在漂浮室中清理他的思绪；在阿姆斯特丹的一座公园中，一群街头音乐家在一起抽大麻和卖唱。

这些人的所作所为有什么相同的地方呢？每个人都在试图改变自身的意识状态——用不同的方法、在不同的程度上，以及为了不同的目的。

在各种文化中都有意识改变状态的例子，我们所关心的是，不同文化中的意识改变状态有何异同点。本节讨论意识改变状态与文化的关系。

一、什么是意识改变状态

人们在某些特殊的情境下，会体验到不同寻常的意识状态。这些诸如神秘体验、冥想、催眠、恍惚和着魔等的现象一般叫做意识改变状态（altered states of consciousness，ASC）。

有史以来，人们发现了很多改变意识的方法。一个有趣的例子是美洲印第安的达科他人的发汗屋仪式。在仪式中，男人们坐在漆黑的小屋里，煤火使屋内温度不断升高，空气中充满雪松木燃烧的烟雾、爆发的水蒸气和鼠尾草的香味，人们有节奏地唱着圣歌。温度不断升高，直到屋里的人无法忍受为止。这个时候，门打开了，凉爽的夜风吹进小屋。然后这个循环又重新开始，这一过程一般要重复四五次。达科他人的“发汗”仪式象征着灵魂和肉体的净化。当他们真正投入其中，就可以获得意识的改变并得到个人启迪。

在基督教的新教传统中，以及在不可知论科学家那里，意识改变状态大有变态的意味。现在，瑜伽及其他重要的冥想形式已经成为寻常的事情，一些形式的恍惚成为某些音乐的形式。一些轻微改变意识状态的物质，例如大麻，被广泛应用。在一些群体中，经常利用这些物质回到史前时代，他们对这些物质的效果非常熟悉，但有时也会误用。

把意识改变状态与其他的意识状态（例如睡觉、做梦和失眠）相区分的标准有四条。

（1）内省，也就是自我报告。通过内省，人们非常清楚地体验到他们意识到不同于通常意识状态的状态。而在意识改变状态下，感觉、认知过程和情绪都发生了改变。

（2）行为者之外的他人对行为者的观察。观察者如果看到一个人的动作行为和面部表情不寻常，会立刻很清楚地看出他处于不寻常的意识状态。

综合这两条标准，意识改变状态区别于“正常”意识状态的特征如下：①思维改变；②时间感紊乱；③失去控制；④情绪体验改变；⑤身体形象改变；⑥知觉扭曲；⑦意义或重要性改变（抬高主观体验的重要性）；⑧难以言喻的感觉；⑨感觉活力恢复；⑩高度受暗示性（Ludwig，1969）。

（3）诱发。意识改变状态可以用不同的诱发方式来分类。三种重要的技术包括使用迷幻剂，环境刺激诱发及刺激剥夺，感觉轰击和身体过度疲劳。由于某些影响心理状态药物的普及，目前最广为人知的诱发手段就是服用迷幻剂。环境刺激诱导是诱发冥想的基本手段。通过自己切断外部事件的影响，内部全神贯注，可以实现刺激的剥夺。在其他情况下，身体隔绝和孤独也是引发意识改变状态的重要因素。过度刺激也会产生意识改变状态。有时光亮而有节奏的刺激也会导致想要的效应，有时也会用不同的刺激（拍掌、跳舞、唱歌）进行轰击。体力劳动会导致精疲力尽、饥饿和口渴，有时甚至也会用自残产生意识改变状态。

（4）心理生理特征。有人对瑜伽练习者和禅宗冥想者进行了研究。几位研究者发现，这些人的 EEG 中有丰富的高振幅波。还有其他的一些重要发现，但这些发现之间并不一致。有研究发现，外部刺激不能阻碍两位瑜伽练习者的 α 波活动。他们可以把双手放在冰冷的水中 45 分钟，而高振幅 α 波活动保持稳定。有人（Kasamatsu & Hirai，1966）用佛教徒司祭和练习者为被试，观察到在禅宗冥想开始后 50 秒内开始出现 α 波活动，即使被试睁着眼睛冥想也是如此，而正常情况下必须闭上眼睛才能记录到大量的 α 波活动。另一项研究发现了与以往研究不同的情况，外部刺激虽然能阻碍 α 波活动，但重复呈现同样的刺激，观察到控制组出现了适应现象，但禅宗冥想状态下不会出现适应现象。

至于前面提到的两项研究之间的差异究竟是由冥想的不同形式导致的，还是研究方法的人为因素导致的，还需要进一步地研究。

二、意识改变状态与文化

意识改变状态是一种普遍存在的现象吗？研究者发现在很大程度上是广泛存在的。例如，布吉尼翁等（Bourguignon et al，1977）进行的全文化调查（Holocultural）发现，在所有的社会样本中，很多社会可以发现一些制度化形式的意识改变状态。制度化意味着这些意识改变状态具有宗教、医疗或其他社会功能，并有专门的条件，由专门的人（例如巫医或巫师）来进行。

意识改变状态与文化有什么关系呢？或者说，在一个社会中所发现的意识改变状态的发生频率和类型的差异，是否可以根据文化变量来解释?

1. 恍惚与文化

布吉尼翁等区分了两种意识改变状态的类型，一种是恍惚或幻觉恍惚，另一种是着魔恍惚，他认为两者之间的差别非常重要。恍惚状态经常以与灵魂相互作用的形式出现。处于恍惚状态的人可能体验到幻觉，他们的灵魂甚至可能离开身体到别的地方去，并且必须记住这种体验，以便传递给别人，例如在治病的时候病人会通过进入恍惚状态的人向灵魂寻求建议，以达到治疗的目的。着魔恍惚则是另外的情况，认为神灵控制了身体。着魔的人往往记不住着魔情景下发生的事情，其他人必须到跟前去听神灵想要传达什么。布吉尼翁等把恍惚看做一种体验，而把着魔看做一种需要观众的表演。着魔通常通过鼓声和舞蹈引发，而恍惚则通过禁食、感觉剥夺和药物引发。

布吉尼翁等分析了文化特征与不同类型的意识改变状态的关系。他从进化的角度出发，再次分析了以往对意识改变状态的研究，认为社会复杂性和生存经济与意识改变状态的不同类型之间有某些规律性。例如，恍惚与着魔的出现与文化变量之间存在一定关系。尽管有很多例外，但恍惚在男性中更多出现，而着魔在女性中更多出现。在猎人—采集者中，恍惚更常见，而在更复杂的社会中，着魔更常见。重要的文化地区之间也存在差异。在美国的原住民中，普遍利用影响心理状态的植物产生恍惚；而在非洲，更多的是着魔。对于这些差异，曾提出了很多解释。例如，有人提到，农耕社会中妇女地位低下是着魔恍惚频发的可能原因。这样，意识改变状态就用于自助服务，通过神灵表达着魔者的愿望。

视窗

意识改变状态的例证

菲戈（Figge）对巴西的宗教群体共班达（Umbanda）和博茨瓦纳的杭济（Ghanzi）地区进行了观察。

在巫班达的仪式中，首先以唱歌和祈祷的方式进行准备，然后灵媒开始伴着鼓声和拍掌声跳舞，祈求神灵的结合。再过一会儿，通常是宗教群体的首领开始扭动身体，歌声更加激烈，旁观者大声问候。当活动结束时，这个结合神灵的人代表着所有的信徒。他用血红的眼睛环视四周，然后喊叫着并用手势向房间中的神圣场所和群体中的年长者致意。

有人把属于神灵的装饰物递给他，他用粉笔在地板上做上自己的标记，以加强自己的神灵。其他灵媒通常会跟随并进入恍惚状态。他们站在周围喃喃而语，或者迈着小步子颤抖地走来走去，就像笼中的动物。没有恍惚的助手和灵媒接受着神恩和指使。如果神灵出来，灵媒的身体处于倒下的危险时，他们还会提供帮助。在整个可能持续6个小时的过程中，很多灵媒结合了多个神灵，其他人完全没有进入着魔状态。旁观者通常要在一旁，因为他们希望能接近神灵，接受神秘的治疗和草药等。在这一过程中，神灵会自行消失，或者通过适当的歌曲应要求消失。就像刚开始着魔一样，经过一个中间状态，灵媒自己苏醒过来。通常几分钟后他们已经复原，然后到其他灵媒中间。按照惯例，这一场合的“领袖神灵”最后离开。这一过程在祈祷中结束。

在博茨瓦纳的杭济地区，诱发意识改变状态的方式是长时间激烈地跳舞。妇女和儿童围坐在一个小火堆旁边唱歌、拍手，男人围着圈子有节奏地、断断续续地移动。恍惚以渐进的方式开始，恍惚者的舞蹈逐渐不合规律，他可能会离开跳舞男人的圈子。恍惚过程通常发生在月亮圆满的夜晚，一般都提前安排，目的是治疗疾病。恍惚中的人满头大汗，给人以身体或精神不协调的印象。他抚摸和摩擦病人身体的有病部位，时不时咕哝地说着离开并摇动自己的手（可能是扔掉病人的疾病）。由于身体不协调，恍惚的人可能会跌倒，甚至跌进火堆里。恍惚的人不会本能地避开，如果其他人不能很快地帮他，他很可能被严重烧伤。活动过后的第二天，恍惚者极其疲惫。

2. 催眠与文化

人们一般相信，催眠师对被催眠的人具有控制能力。这种观点正确吗？催眠也是意识改变状态中的一种，催眠状态就是一些人对暗示有特殊的反应能力，并在知觉、记忆、动机和自我控制感方面发生变化为特征的另一种意识状态（格里格，2003）。催眠的特征是注意范围的缩小和受暗示程度的提高。早期的理论家认为被催眠的个体进入了恍惚状态；而另一些心理学家认为催眠只是增强了动机；还有心理学家认为催眠仅仅是遵从、放松、想象、服从和角色扮演，是试图取悦催眠师的安慰剂效应。但催眠肯定与睡眠状态不同，催眠时的脑电图与睡眠时以及假装被催眠时的脑电图并不相同。

能否进入催眠状态取决于催眠师的“高超技艺”还是被催眠者的“天分”？是不是人人都能被催眠呢？其实，催眠最重要的因素是参与者进入催眠的能力，而不是催眠师的技术。10个人中大概有8个能被催眠，其中只有4个人能达到较好的催眠效果。富有想象力、好空想的人往往容易被催眠。但没有这些特质的人也可能被催眠。如果你愿意被催眠，就可以被催眠。但是要注意，被催眠者的反应并非假装的。所有的催眠技术都不外乎让人做到以下几点：①集中注意催眠师说的话；②放松并感到疲惫；③顺其自然，甘心服从催眠师的指令；④进行生动的想象。基本上只有被试愿意合作，才能被催眠。很多理论家认为，催眠事实上是自我催眠（或自我暗示）的结果。

催眠状态对人有什么影响呢？研究者发现，进入催眠状态的人出现以下的变化：①超人的力量。除了指导性地鼓励被催眠者尽他们最大的努力之外，催眠不会使人产生更大的力量。②记忆。有证据表明，催眠可以增强记忆，但同时也会增加记忆中的错误；③遗忘。如果被催眠者在催眠过程中被告知不要记住听到的事情，之后他可能会说自己不记得那件事了。④止痛。催眠可以止痛，因此在药物止痛不起作用的情况下，可通过催眠止痛；⑤返老还童。给予适当的指导语，一些被催眠的人会表现为“退回”到童年时期，但大多数理论家认为，表现“返老还童”的被试仅仅是在表演暗示给他们的角色；⑥感觉改变。有关感觉的催眠暗示是最有效的，催眠可以改变颜色视觉、听觉灵敏度、嗅觉体验、时间感、错觉的知觉和很多其他感觉反应。

催眠与文化变量有什么关系呢？华莱士（Wallace，1959）讨论了文化变量的影响。他发现，当把佩奥特仙人掌用于宗教仪式的北美印第安人与欧裔美国人时，二者的报告之间存在非常明显的差异。印第安人报告说，能感觉到受尊重和身体疾病的减轻。在欧裔美国人中，从焦虑性抑郁症到欣快症，药物对心情都具有广泛的影响，他们表现出社会抑制的停止，其行为的改变是在印第安人中所没有的。印第安人报告说，他们看到了与宗教信仰一致的幻影，而且这种反应符合他们对所要发生的事情的预期。很明显，文化预期和知识是个体的客观表现和主管体验的重要决定因素。

但也可能所有的意识改变状态都是同一潜在过程的表现。彼得斯等（Peters & Price – Williams，1983）从现象学的角度指出这一点。他们认为，寻求意义和领悟对于意识改变状态的所有不同的文化表现来说都是至关重要的。一些研究者认为，各种不同的状态存在统一的身体基础，即以 EEG 中副交感神经优势为特征的一种共同的神经生理状态。由于 EEG 模式的脑基础还有大量的不确定性，因此，精确的心理生理学理论还只能是试探性的。

第四节　本土人格理论

我们所接触的人格理论，都是欧美的心理学家提出的，或者是在欧美心理学家理论的基础上提出来的。这些理论在人格心理学界占据着主导地位。另外，还有一些来自其他文化的心理学家，他们植根于本土文化，提出了一些关于人格的本土心理学概念和理论。这些来自非西方社会的概念常被称作本土人格概念。

本节讨论一些本土心理学家在本土文化基础上所建构的人格理论。尽管这些理论的形成很明显受到西方的影响，但其中所包含的对本民族文化的理解是这些文化之外的人难以完成的。

一、非洲人格

在殖民时代，西方心理学家对非洲人格的描述大多带有偏见和刻板印象的印记。在 20 世纪 60 年代和 70 年代，非洲研究者掀起了研究非洲人格的高潮，他们主张非洲人民具有不同的特征。当然，这些研究还是在西方理论的框架之中进行的，只能看做对殖民时代流行的关于非洲人的消极景象的回应。

有些非洲本土的学者提出了完全不同于西方理论的人格理论。

1. 叟的非洲人格

塞内加尔的精神病医生叟（Sow）是研究非洲人格的著名专家。贝里等（Berry et al，2002）提到，叟在20世纪70年代提出了一种非洲人格和精神病理学的综合理论。图5.1是概括的非洲人格示意。

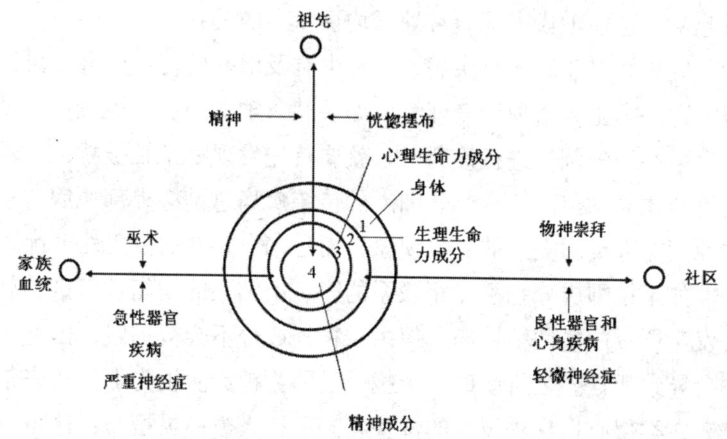

图5.1 叟的非洲人格示意

（来自贝里《跨文化心理学——理论与应用》）

最外层是身体（body），是人的肉体包裹。里面是生理生命力成分（physiological vitality principle），只见于人和动物，大体上相当于生理机能。第三层是心理生命力成分（psychological vitality principle)，不过仅见于人类，代表了人类独有的心理存在。最里面一层是永不消失的精神成分（spiritual principle)。当人入睡或进入恍惚状态时，精神就会离开人体，当人死亡时就会完全离开人体。精神原则上不会给身体以生命，它没有自身的存在，而是属于祖先世界，并代表各位祖先。

人格的同心圆各个层次总是与人周围的环境有关。叟描述了人与外部世界发生关系的三个参照轴。第一条轴穿过其他三个层次，把祖先的世界与精神成分联系起来。第二条轴把心理生命力成分与人的扩大家庭联系起来，可以理解为个人所属的血统。第三条轴穿过身体层，把人所生活的广阔社区与心理生命力成分联系起来。这些轴代表了通常处于均衡状态的关系。

叟认为，非洲人对疾病、心理失调及治疗的传统解释，可以根据这一本土人格理论来理解。如果某条轴上的均衡被扰乱，就会发生心理失调。进行诊断时，就要首先发现哪条轴被扰乱，然后重新建立均衡。注意，非洲人的传统疾病总是有外部原因，这些原因非人类历史上的心灵现象，而是来自外部的侵犯性干扰。

如果精神成分和祖先相联系的第一条轴上的均衡被打破，就会发生严重的慢性精神病，但由于精神成分不会被摧毁，因此还不会导致死亡。之所以产生干扰，是因为神灵从祖先那里传来信息。在类似心理疗法技术的恍惚状态下，人被神灵摆布，这可以重建与祖先传统的关系。因此，恍惚摆布具有重要的心理治疗效果。

如果联结心理生命力成分和家族血统的第二条轴上的均衡被打破，就会导致器官疾病、强烈的焦虑、严重的神经症，并日渐衰弱。这可能是非常严重的疾病，由于可以摧毁生命力成分，因而会导致死亡。通过巫术，而且只能通过巫术才能治愈。

联结社区的第三条轴上的均衡被打破，会导致良性的器官疾病和心身疾病以及神经症。这种均衡的打破是因为敌人的入侵，可以通过物神崇拜的方法治愈。只有解决与群落、家族和祖先的冲突并恢复均衡，才能恢复健康，这是一条普遍规则。

在这里，我们只是给出了这一人格理论的简化解释。在叟的概念中，超自然物事件，例如巫术，必须在其充满了象征解释的文化意义中才能理解。同时，叟的著作是用西方精神病学的语言写成的。

2. 其他非洲人格理论

其他非洲的研究者同样重视象征的重要性。贝里等（Berry et al，2002）概括了这些观点。杰哈塔提到，马里的班巴拉族人具有非常复杂的人格观念。他们区分了人的60个成分，这些成分形成对子，每一对都有一个雄性成分，一个雌性成分。例如思考与反思，言语与权威，将来与命运，名与姓等。杰哈塔看到了与西方心理学的相似性，也看到了其中重要的差异。班巴拉族人心理学形成了世界观的一部分，在这一世界观中，各个成分之间的关系通过象征而不是通过分析过程建立起来。

另有研究者提出，西方现代心理学认为个体是自主的，而在非洲人的观念中，人与社区、神灵的世界以及生态环境共同存在。非洲人强调，存在一种不可摧毁的生命力量，这种力量在人死亡以后还继续存在。人，就是这种生命力量通过肉体的体现，因此要对人非常尊重。例如，非洲人非常重视问候。问候要花费时间，但不是浪费，而是反映了问候的社会价值。问候的高价值反映的是对人的尊重。例如，在非洲“人并不仅仅只是他自己”，而是存在于一个群落中，并为这个群落而存在着。有的谚语反应了群落的重要性，“寻求群落的善，就是寻求你自己的善；

寻求你自己的善，就是寻求你自己的毁灭”。研究认为，血族关系将继续保持至高无上的地位，除非其他社会安全系统可以取代大家庭网络。

二、日本的 Amae

日本人的人格虽然得到很多研究，特别是从集体主义社会的角度，很多研究发现日本人跟西方人有很大差异。但是，要深入了解日本人的人格特征，还要从其特殊的文化角度，特别是可以从反映文化的本地语言去了解。

精神病专家土井（Doi，1973）提出了一个理解日本人的核心概念，即 Amae，读作 ah - mah - eh。根据土井的解释，Amae 是一种被动形式的爱或依赖，来源于婴儿与其母亲的关系。年幼儿童普遍希望与母亲接触，这对于形成成人之间新的关系也很重要。日本人比其他文化中的人更关注 amae。土井发现了重要的一点，即日语中有与 amae 对等的词，还有相当多的词语与 amae 有关。

土井认为，日本人的 amae 心理具有多而深远的含意。寻求他人的溺爱以及随之而来的被动的爱和依赖，使西方社会中人（以自我这一概念表示）和社会群体之间的明显界限变得模糊了。Amae 还影响盛行于日本的集体主义态度。表现为心身失调症状的心理健康问题，以及感到害怕和忧虑，都可能由于隐藏了 amae 而产生。病人心理处于一种不能把溺爱加于别人之上的状态。如果一个人正遭受迫害或伟大的幻觉，“amae 很少作为他对别人体验移情的中介。他对 amae 的追求倾向于自我中心，他寻求满足的方式是成为一个具有目标的人”。在一个对日本社会巨变的分析中，特别是 20 世纪 60 年代晚期 70 年代早期的学生动乱，土井指出，现代社会弥漫了更多的 amae，每个人都变得更加孩子气。代际之间缺少了边界，amae 已经成为成人一样的孩子和孩子一样的成人的行为的共同成分。

需要注意，在一些重要问题上，土井的概念已经受到了日本国内和国外的研究者的质疑。有研究者认为，amae 作为一种爱的感觉，通过在给予和所取，或者自我远离和自信姿态之间轮流的相互作用模式来表达。还有研究者认为，对具体行为的观察表明，amae 同时具有依赖和依恋两方面，一方面回归到拒绝分离，另一方面又需要来自情感对象的情绪和身体安慰。这些陈述表明，amae 与其他地方所发现的心理机制很相似。

三、印度的人格理论

很多西方学者以及印度的学者都在西方理论的框架下对印度人的人格进行了研究，发现印度人的人格和行为模式与西方有很大的不同。

但是，印度人特殊的人格概念将有助于我们了解印度人的人格。

1.“jiva”

贝里等（Berry et al，2002）介绍了帕兰杰佩（Paranjpe）对印度人“jiva”概念的理解。帕兰杰佩认为，“jiva”的概念与人格的概念很相似，“jiva”代表了与个人有关的一切，包括贯穿个体整个生活圈的所有经验和行为。“jiva”可以区分出五层同心圆。最外一层是身体。第二层叫做“生命的气息”，指生理过程，例如呼吸。第三层包括感觉和“心智”，等同于感觉功能。自我中心的感觉就在这里，与“我”以及“我的”有关。第四层代表了人的智力和认知方面，包括自我形象和自我表征。最里边的第五层是体验极乐的场所。

帕兰杰佩发现在“jiva”的概念体系中有很多与西方的概念相似的概念。例如，在“jiva”中有一个“真实自我”或生命本源，即生命永久不变的基础。在这一点上，帕兰杰佩引述了古印度哲学家商羯罗（Sankara，788－820）的话“在我们内心有一种‘我’的感觉，那总是意识的底层…这种内部自我（antar——生命本源）是一种永恒的原则，它总是一个，而且包括整体的极乐体验……生命本源可以通过心灵的控制实现。”

为了实现极乐的状态，人们需要一种特殊的意识状态。

2. 瑜伽

瑜伽已经成为风靡全世界的锻炼方法，起源于印度的瑜伽并不是时髦的健身运动这么简单。其实瑜伽是一个非常古老的修炼方法，集哲学、科学和艺术于一身。瑜伽的基础建筑在古印度哲学上，数千年来，心理、生理和精神上的戒律已经成为印度文化中的一个重要组成部分。

对印度的瑜伽练习者来说，他们深信通过运动身体和调控呼吸，可以控制心智和情感，冷淡快乐目标的感觉，忍受艰难，以保持永远健康的身体，他们最希望的是达到最高级的意识状态。达到意识的终极原则，达到终极现实，超越时空，是一个长期而困难的过程。如果达到了完全超然和内心平静的状态，人的身体就变成了身外之物（就像衬衫），就会变得无畏、关心同伴和镇定。人们通常只有微弱的控制力，这意味着他们不能把自己与总是存在的刺激以及生命的兴衰相区分。因此很明显，那些训练的超然的人将很少遭受生活的压力和紧张。

考虑到瑜伽的思想特点，一些研究者（Pande，1992）思考把瑜伽作为应对压力的方法。西方心理学的目标是控制人的行为，而古印度教教徒重视超然于行为之外的可能后果。西方研究的是失控这一可能导致无助和抑郁的因素，而超然则要主动放弃控制，希望能对心理健康有积极的效果。

小结

本章讨论了人格与文化的关系。第一节介绍了自我的概念，即人们理解和体验自己的方式。自我概念的结构在不同的文化背景中并不相同，特别是在个人主义和集体主义社会中有所不同。自尊的意义和水平在不同文化中也有区别。第二节讨论了有关人格特质的研究，同样的量表在不同文化中的得分并不一致，而且某些文化中，例如中国人的特质与西方有一定的差异。第三节考察了一些意识改变状态，这些意识状态在非西方文化中是很重要的，而且跟在工业化城市社会中的意义有所不同。不同文化中的意识改变状态形式也不相同。第四节讨论了非西方的人格概念，呈现了一些非西方文化中的本土化的概念和理论。

思考题

1. 文化如何影响自我？
2. 日本文化中的自尊有何特点？
3. “大五”因素模型是否具有跨文化的普遍性？
4. 不同文化中的意识改变状态有何不同？
5. 非西方文化中还有哪些人格观念？

参考文献

理查德·格里格、菲利普·津巴多著，王垒、王甦等译：《心理学与生活》，人民邮电出版社，2003 年。

彭聃龄:《普通心理学》，北京师范大学，2001 年。

杨国枢、王登峰:《中国人的人格维度》，第三届华人心理学大会论文，北京，1999 年。

王登峰、崔红:《中国人人格量表（QZPS）的编制过程与初步结果》，载《心理学报》，2003，35（1）：127－136.

Barrett P. T, Petrides K. V, Eysenck S. B. G, & Eysenck H. J., The Eysenck Personality Questionnaire: an examination of the factorial similarity of P, E, N, and L across 34 countries. Personality and Individual Differencc, 1998, 25 (5): 805－819.

Berry J. H, Poortinga Y. H, Segall M. H, Dasen P. R. Cross－cultural psychology: Research and applications (2nd Ed). Cambridge: Cambridge University Press, 2002.

Bourguignon E, Evascu T. L. Altered States of Consciousness within a General Evolutionary Perspective: A Holocultural Analysis, Cross－Cultural Research, 1977, 12 (3): 197－216.

Cheung F. M, Leung K., Indigenous Personality Measures: Chinese Examples. Journal of Cross－Cultural Psychology, 1998, 29 (1): 233－248.

Church A. T., Culture and personality: Toward an integrated cultural trait psychology. Journal of personality, 2000, 68 (4): 651－703.

Costa P. T, McCrae R. R., Revised NEO Personality Inventory (NEO PI－R) and NEO Five－Factor Inventory (NEO－FFI). Odessa, FL: Psychological Assessment Resources, 1989.

Doi T., The anatomy of dependence. Tokyo: Kodanska International. 1973

Kasamatsu A, Hirai T. An electroencephalographic study on the zen meditation (Zazen). Folia Psychiatrica Neurologica Joponica, 1966, 20 (4): 315-336

Kagitcibasi C. Family and Human Development across Cultures: A View from the Other Side. Hillsdale, NJ: Erlbaum. 1996

Kitayama S, Markus H. R, Matsumoto H, Norasakkunkit V. Individual and collective processes in the construction of the self: Self-enhancement in the United States and self-criticism in Japan. Journal of personality and social psychology, 1997, 72 (6): 1245-1267.

Lewis M, Ramsay D. S, Kawakami K. Differences between Japanese Infants and Caucasian American Infants in Behavioral and Cortisol Response to Inoculation. Child Development, 1993, 64 (6): 1722-1731.

Ludwig A. M., Altered States of Consciousness, In Tart C C (Eds). Altered States of Consciousness. New York: John Wiley & Sons, 1969.

Markus H. R, Kitayama S. Culture and the Self: Implications for Cognition, Emotion, and Motivation. Psychological Review, 1991, 98 (2): 224-253.

McCrae R. R, Costa P T et al. Cross-Cultural Assessment of the Five-Factor Model: The Revised NEO Personality Inventory. Journal of Cross-Cultural Psychology, 1998, 29 (1): 171-188.

Norman W. T., Toward an adequate taxonomy of personality attributes: replicated factors structure in peer nomination personality ratings. Journal of abnormal and social psychology, 1963, 66: 574

-583.

Pande N, Naidu R. K., Anasakti and Health: A Study of Non-attachment. Psychology and Developing Societies, 1992, 4 (1): 89-104.

Paunonen S. V, Ashton M. C., The Structured Assessment of Personality across Cultures. Journal of Cross-Cultural Psychology, 1998, 29 (1): 150-170.

Peabody D. National characteristics. Cambridge: Cambridge University Press, 1985.

Peters L G & Price-Williams D. Phenomenological. Overview of Trance. Transcultural Psychiatric Research Review, 1983, 20: 5-39.

Rotter J. B., Generalized expectancies for internal versus external control of reinforcement. Psychological Monographs, 1966, 80 (1): 1-28.

Shaffer D. R著，邹泓等译：《发展心理学——儿童与青少年》(第六版)，中国轻工业出版社，2005年。

Shweder R. A, & Bourne E J. Does the concept of the person vary cross-culturally? In Shweder R A & LeVine (Eds). Culture theory. New York: Cambridge University Press, 1984.

Singelis T. M, Bond M. H, Sharkey W. F, et al., Unpackaging Culture' s Influence on Self-Esteem and Embarrassability: The Role of Self-Construals. Journal of Cross-Cultural Psychology, 1999, 30 (3): 315-341.

Strelau J, Angleitner A, Newberry BH. Pavlovian Temperament Survey: An International Handbook. Berne: Hogrefe, 1999.

Triandis H. C. The Self and Social Behavior in Differing Cultural Contexts. Psychological Review. 1989, 96 (3): 506 -520.

Tsai J. L, Ying Y. W, Lee P. A., Cultural predictors of self - esteem: A study of Chinese American female and male young adults. Cultural diversity and ethnic minority psychology, 2001, 7 (3): 284 -297.

Van de Vijver F. J. R, & Leung K., Methods and data analysis of comparative research. In Berry J W, Poortinga Y H, & Pandey J (Eds). Theory and method. Vol 1 of Handbook of cross - cultural psychology (2nd Ed). Boston, MA: Allyn and Bacon, 1997.

Wallace A. C., Cultural determinants of response to hallucinatory experience. A. M. A. Archives of General Psychiatry, 1959, 1: 58 -69.

Williams J. E, Satterwhite R. C, Saiz J. L., The Importance of Psychological Traits: A Cross - Cultural Study. New York: Plenum, 1998.

Yamaguchi S, Lin C, and Aoki S.:《文化背景中的自尊》，日本. 见荆其诚主编，张侃等译：《当代国际心理科学进展——第二卷：社会和应用心理学》，华东师范大学出版社，2006 年。

Zhang J, Bond M H. Personality and Filial Piety among College Students in Two Chinese Societies: The Added Value of Indigenous Constructs. Journal of Cross - Cultural Psychology, 1998, 29 (3): 402 -417.

第六章　社会行为与文化

周杰伦主演的电影《头文字D》中崎岖的山路让不少观众认识了日本的群马县以及位于群马县的榛名山。群马县位于日本关东平原，日本前首相福田康夫就出生在那里。有趣的是，群马县有一个外号，叫做日本的“悍妻之乡”。《环球时报》的记者曾到此探秘，并对群马县的“悍妻”风俗进行了考证：

记者听群马县附近的人说，当地男子择偶时，温柔是次要的标准，泼辣的性格才更受欢迎。群马女人不但处理家庭事务，而且经常抛头露面，充当丈夫的军师和助手。也许是受气候的影响，群马的方言相对比较粗犷。一般日语里的女性用语都给人温柔谦恭的感觉，可群马方言里却几乎没有专门的女性用语。这大概也是她们给人强悍印象的原因之一。

关于群马县“悍妻”的来历，最早的说法是古代曾有一批群马县民被征去海边采集珍珠。由于女性脂肪层较厚，更适合在寒冷的海水中长时间作业，因此下水干活的多是女人。这些女子回来时多半挣足了钱，无须像其他地方的日本女人那样依靠男人。后来，江户幕府又把群马县的丝绸制品列为重要贡品，桑蚕织锦成为当地的生活支柱。这个领域自然更是女性的天下，会织锦手艺的女性特别吃香，而男人种地的那点儿收入根本算不上什么。久而久之，这里的女人地位自然不同。其实“悍妻”在日语里叫“母天下”，本意并非“剽悍”，而是“咱家女人天下第一能干”的意思。不过无论怎么说，普通日本人说起群马县的女性来，都带有三分惧色。

剽悍也罢，能干也罢，群马人已经接受了这个响亮的称号，男人们则半自嘲半认真地说，家有悍妻的男人在社会上才容易出人头地呢。

在很多国家和民族，包括日本的大部分地方，温柔、漂亮是对女性的首要要求，而群马县由于其特殊的生态环境，泼辣则是重要的择偶标准，这是社会行为在特定文化中的特殊表现。

社会行为（Social behavior）是人与人之间交感互动时所表现的外显行动或内在感觉与思想（张春兴，1994）。因此，社会行为虽由个体表现出来，但所表现的行为总是与他人有关。例如价值观、社会认知、性别行为，还有友谊、爱情、仇恨、嫉妒、偏见、态度等，这都是社会心理学研究的对象。由于人与人的相互作用发生在社会环境中，而各个不同的社会具有不同的特点，因此在不同的社会中，人们的社会行为可能存在一定的差异。本章将讨论社会行为在不同社会中的表现，具体包括价值观、从众、社会认知和性别行为，将考察这些表现有何共性和差异，以及出现共性和差异的原因。

第一节　价值观与文化

价值观无法直接进行观察，也难以研究，因为我们只能通过观察一个人的行为，进而推断他的价值观。当人们在某种情境中面临选择的时候，可以清晰地看到人们重视的东西并不一样。例如，当某人承担重要工作的时候妻子病了，这时他是继续工作还是陪妻子去看病？不同的选择反映了不同的价值观。如果我们相信通过行为表现可以推断价值观，那么就可以系统地考察一个人在各种情境中的行为表现，来推断他的价值观系统。

但是，是否所有文化群体中的人们重视的东西都一样呢？还是存在巨大的差异，甚至有些我们重视的东西在某些文化中连想都不会想到？本节讨论价值观与文化的关系。

一、价值观的一般研究

1．价值观的定义

价值观（value）就是主体按照客观事物对其自身及社会的意义或重要性进行评价和选择的原则、信念和标准（彭聃龄，2001）。价值观也可以说是个人或群体的成员集体持有的令人期望的观念，当人们要从众多行动方式和目的中进行选择时，这种观念能够产生影响。例如，“诚信”的价值观，会让人坦承面对困境及对别人说明事情的真相，提升别人对他的信任度。“纪律”的价值观，会让人依规定行事，产生执行力。“关怀”的价值观，会让人关心别人，了解别人的困境，对别人产生共情。不同的价值观会产生不同的行为模式，进而产生不同的社会文化。

2．价值观的分类

德国的心理学家斯普兰格根据社会文化生活方式，把人的价值观区分为六种，分别是经济价值观、理论价值观、审美价值观、社会价值观、政治价值观和宗教价值观（彭聃龄，2001）。经济性价值观以谋求利益作为最高的价值，持有这种价值观的人倾向于从经济观点出发看待一切事物，其生活目标就是获得财富。理论价值观是以发现事物的本质作为人生的最高价值，持这种价值观的人，对批判的观点或思想感兴趣。审美价值观以感受事物的美作为人生的最高价值。社会价值观崇尚人的交往和帮助他人。政治价值观以掌握权力作为最高价值。宗教价值观以超脱现实生活为最高价值。

奥尔波特和他的同事（Allport et al，1960）编制了一份测量价值观的问卷（Allport - Vernon - Lindzey，AVL），问卷涉及大量不同环境，要求被试从一系列选项中选出符合自己的答案。结果发现，人们的价值观也表现在六个方面，这六种价值观和斯普兰格的价值观分类一致，分别是：理论型、经济型、审美型、社会型、政治型、宗教型。他们还发现，价值观在各维度上的得分相互影响。这份问卷受到很多研究者的关注，并以此进行了很多研究。

另外一种受到广泛关注的价值观分类方式是罗克奇（Rokeach，1973）提出来的。他根据工具—目标维度，把价值观分为工具性价值观和终极性价值观。工具性价值观是以个体的行为方式为工具，如有礼貌、诚实、有责任感、有自我控制能力等，获得社会的认可。终极性价值观是个体以一种行为方式谋求多种终极目的，如社会认可、友谊、宗教信仰以及家庭安康等。实际上，工具性价值观是终极价值观的手段，二者的关系比较复杂，很难区分开来。

二、价值观与文化

1. 价值观定向与文化

在人类学和社会学中，价值观是文化的一部分，研究者倾向于对这些文化中所表现出的价值观进行观察、描述。根据C·克拉克洪（Kluckhohn C，1951）提出的价值观分类，F·克拉克洪等（Kluckhohn F et al，1961）在广泛的文化背景中研究了人们的价值观定向。早期的人类学研究价值观，是根据神话和政治制度等这些自然的文化指标来判断价值观，而F·克拉克洪等采用的是来自心理学研究的方法。他们从美国农村社区中的五个不同的文化群体中抽取样本，这五个文化群体分别是德克萨斯人、摩门教徒、美籍西班牙人、祖尼人、纳瓦霍人。

他们的价值观定向分类运用了五个维度：

第一，人—自然定向，涉及人类与其自然环境的关系。有三种选择：人类掌控自然、人类屈服于自然、人类与自然和谐相处。

第二，时间定向，是关于个人根据过去、现在和未来进行定向。

第三，活动定向，是关于存在、变化和行动，从本质上来说，这体现了享受个人当下的存在，享受为新的生存方式而进行的变化，或者享受没有任何变化的活动。

第四，关系定向，涉及人类与他人的关系，是强调个人主义、间接关系（偏爱扩展群体中的他人）或线性关系（群体内规则的连续性）。

第五，人的本质，在一个维度上被判定为好、坏或不好不坏，或者在另一个维度上是易变的或不易变的。

在研究中，他们向被试呈现具有多种可选结果的一系列短故事，并要求他们指出他们认为哪种备选解决方案是最好的；对答案记分，并作为五个维度上价值观的指标，根据被试的选择来判断不同群体的价值观定向。他们的研究发现，通过个体的回答可以测量文化价值观定向。具体结果是，各文化之间在五个维度上出现了系统的差异：摩门教徒和德克萨斯人在“行动”上比其他群体得分高，美籍西班牙人是“现在—存在”定向，并且与其他群体相比更重视人们对于自然的屈服，祖尼人偏爱“行动”和掌控自然，而纳瓦霍人在时间定向中偏爱现在以及与自然的和谐相处而不是掌控自然。

这一研究对文化群体进行了一般化的描述，但过于概括，不适于描述文化中的个体的价值观。

2. 价值观分类与文化

根据罗克奇（Rokeach，1973）提出的价值观分类，一些研究者对价值观分类进行了广泛的跨文化研究。以下是贝里等（Berry et al，2002）对这些研究进行的综合分析。

施华滋（Schwartz）等在一个大型研究中，从54个社会中抽取学生和老师作为被试，向他们呈现了一个含56个项目的量表，并要求被试在7点量表上评定等级。结果发现，存在10种单独的价值观类型，这些价值观都是西方过去的价值观量表中出现过的。研究者认为，这10种价值观类型可以体现在两个维度上，并以圆圈的形式进行描述。这两个维度是自我增强（权力、成就、享乐）对自我超然（救世、仁慈）；守旧（从众、安全、传统）对随时变化（自我指导、激励）。施华滋认为这两个维度以及10种价值观体现了人类存在的所有方面并植根于基本的个体需要，即生物、人际和社会文化需要。后来独立进行的验证性研究证实了上述价值观结构。

施华滋在文化或国家层次的群体内对单个得分进行聚合，从而产生了七个代表群体特征的国家水平的价值观，这七种价值观是：保守、感情自主、智力自主、等级、平等主义的承诺、掌控以及和谐。对这七个文化水平的价值观进行了进一步分析，产生了三个两极维度：保守对自主、等级对平等主义、掌控对和谐。其中感情自主和智力自主合并在一起，称为自主。不同的文化位于三个两极维度的任意一维的一段。这三个维度分别涉及所有社会中都有的三个基本问题：第一，个体如何跟群体联系在一起，表现为个体是嵌入群体还是独立于群体；第二，人们如何考虑他人的福利，表现为群体内的关系是垂直组织还是水平组织；第三，人们与自然和社会的关系，表现为他们控制、利用还是与自然和社会共处。

另外的分析发现，只存在两个两极维度，分别是：（1）自主：自主、平等主义——保守；（2）等级：等级和掌控——和谐。这两个维度与人类学的发现以及其他的研究都非常一致。

美国管理协会的著名管理心理学家霍夫斯塔德曾为一家大型跨国公司工作很多年，他的价值观跨文化研究历时七年，对50多个不同的国家、66个不同民族的雇员进行超过116000次问卷调查。他对每一个国家的个人得分进行聚合，最后提出了价值观的四个维度，用以说明各个文化中人们的价值观（Hofstede，1980）。这四个维度是：

第一，权力距离：在组织中上司和下属之间在多大程度上是不平等的（a pecking order）；

第二，不确定性规避：不能容忍含糊，试图提供较大的职业安全感，需要正式的规则，不容忍偏离的观点和行为，希望通过知识和专家评定的手段来避免；

第三，个人主义—集体主义：个人主义是松散的社会结构，人们只关心自己和家庭。集体主义是严密的社会结构，有内部群体和外部群体之分，人们希望得到内部群体的关心，对内部群体绝对忠诚；

第四，男子气：在多大程度上重视工作目标和自信（男性特征的价值观），还是重视人际关系的和睦和抚养子女（女性特征的价值观）。

例如在中国和日本的文化中，组织中上司和下属之间的权力距离较大，希望规避风险，更加重视集体，更加重视人际关系等。

英格尔哈特等（Inglehart et al，2000）另从涵盖全世界75%人口的65个国家中抽取被试进行研究，发现了两个基本的价值观维度，他们分别叫做传统—世俗理性和生存—自我表达。第一个维度的价值观特征是在养育儿童时重视服从而不是独立以及尊重权威。第二个维度的价值观特征是重视经济和身体的安全而不是生活的质量。这两个维度既是国家层次上因素分析的结果，同时还体现在个体分析的水平上。从各文化中的价值观来看，西北欧在世俗和自我表达价值观上得分高，而东欧在世俗价值观上得分高，但在自我表达价值观维度上得分低；英语国家在世俗价值观上得分中等，而在自我表达价值观上得分高；南亚和非洲在两种价值观上得分都低，而拉丁美洲在世俗价值观上得分低，但在自我表达价值观上得分中等。

3. 文化价值观与经济水平

如果对价值观和价值观分布的国家进行分析，可以发现一个有意思的现象：价值观相似的国家，经济发展水平也相似，表现出稳定的模式。

对英格尔哈特等的研究结果进行分析发现，国内生产总值低的国家在世俗价值观和自我表达价值观上得分都低，国内生产总值高的国家在两种价值观上得分都高。霍夫斯塔德等的研究也发现，价值观维度与反映经济发展水平的国内生产总值有相关（与权利距离相关 $r = -0.67$，与个人主义相关为 $r = +0.82$）。

尽管有这样的相关，但难以判断是文化层次的某些价值观影响经济发展水平，还是经济发展水平导致该文化中人们普遍持有某种价值观。

第二节 个人主义和集体主义

霍夫斯塔德等（Hofstede et al，1980）进行的庞大研究计划最终提出，各个国家的价值观分布在四个维度上，这四个维度是权力距离、不确定性规避、个人主义—集体主义和男子气。其中，所提出的个人主义维度最受重视，引发了大量研究。本节介绍在个人主义—集体主义维度上的人类行为和心理的跨文化差异。

一、个人主义和集体主义的概念

1. 个人主义

法国神权学校的反动思想家曾使用这一术语，用于反对政治自由主义。“个人主义”的概念最早由法国的圣西蒙社会主义者使用，用于描述他们认为的1789年革命后导致法国社会分裂的原因。圣西蒙社会主义者并没有把政治自由主义看做一个问题，但认为个人主义是一种形式的“利己主义”和“无政府状态”，是现代工业中人对人的残忍剥削。在英语中首次使用“个人主义”，是在19世纪30年代，后来史密斯首次以褒义的形式使用这一术语，认为个人主义是一种普适的价值观，能够发展出原创力。他认为，没有个人主义，个人就无法积累财富增进个人的幸福。

个人主义的内涵，一般来说有广义和狭义之分。广义的个人主义，是泛指西方从文艺复兴以来，随着资本主义生产关系的发展，随着反封建压迫和神权统治的斗争而形成的以个人为中心的思想。狭义的个人主义，主要是指“个人主义”（Invidualism）这一概念出现以后的个人主义思想体系及其理论，也即西方的一种政治哲学和社会哲学。其主要内容是：强调人是价值的主体，相信每个人都具有价值，高度重视个人的自我支配，自我控制，自我发展。一句话，个人主义是以个人为本位的人生哲学。

社会学家认为，个人主义是西方价值观的核心。著名社会学家韦伯在其名著《新教伦理与资本主义精神》一书中谈道，资本主义文明之所以最初发生在西欧，除了欧洲当时的政治、经济和社会因素外，十六、十七世纪的宗教改革以来所产生的宗教伦理是一个极重要的精神与价值因素。任何时代、任何地域都有想发财的人，但在资本主义文明兴起之前，传统的价值观影响了对财富的观念与求财的方法。由于求财方法的理性化，以及资本的大量积累，资本主义在西欧兴起了。在个人行为方面，表现出勤奋地进取、审慎地投资、精打细算、稳健地积累资本，运用才智努力致富才是上帝选民的责任。韦伯认为，正是这一新教伦理在整个欧洲的发扬光大，使那里产生了与这一伦理相适应的资本主义精神，奠定了资本主义价值体系的基础。后来，随着工业文明的发展，资本主义或西方的价值观体系也在丰富和变化，主要内容包括个人努力工作、追求成就、自我关注以及自我提高。

2. 集体主义

集体主义就是强调人们的相互依赖，以及强调集体的重要性大过独立的个体的价值观。集体主义者强调团体与社会，认为群体的目标优先于个体的目标。其哲学基础是整体论和社会有机论，认为整体大于部分之和。具体来说，作为一个整体的社会，其意义或价值大于组成这个社会的独立的个体。一般来说，集体主义与个人主义对立，有时这两种观点又组合在一个系统中。

集体主义可以分为“水平集体主义”和“垂直集体主义”。水平集体主义强调人们之间的平等，人们参与分享与合作，其基础是假定个体在某种程度上是平等的；垂直集体主义强调等级，人们服从于权威，能做到自我牺牲，其基础是假定个体从根本上区别于他人。

以上的分析主要是社会科学家所认为的个人主义和集体主义所包含的意义。至于两种价值观在不同的国家到底有怎样的分布和具体表现，以及这两种价值观如何影响人们的心理和行为，则是跨文化心理学研究的内容。

二、个人主义—集体主义维度

特里安迪斯从20世纪60年代就开始致力于研究不同文化背景中的个人主义和集体主义，区分并阐述了个人主义文化和集体主义文化，为跨文化心理学的研究做出了重要贡献。关于个人主义—集体主义研究的隐含研究假设是：不管个人主义文化还是集体主义文化，都会以一种复杂而广泛的方式影响着文化成员的行为和人格，并将表现在人类行为、社会交往和人格的差异上。

霍夫斯塔德等（Hofstede et al，1980）发起的研究也以实证方法证明个人主义—集体主义是一个两极一维的构念。他历时多年进行了大型的研究，在国家层次的因素分析中运用了较少的项目，发现了个人主义—集体主义维度（I－C）。之后在当代跨文化心理学中，个人主义和集体主义这一价值观维度得到了深入的研究，从社会心理学、发展心理学、人格心理学到政治科学和管理学，这一价值观维度已经在很多研究领域中占据了统治地位。

1. 维度特征

尽管最早的实证研究是在国家层次上定义个人主义—集体主义，但后来主要的研究都是关注个人，而不是关注个人所属的群体。对于如何区分个人主义和集体主义，很多研究者也已经进行了详细描述。

特里安迪斯等（Triandis et al，1988）的文章考察了个人主义和集体主义的内涵。在第一项研究中，他们以美国芝加哥大学的300名大学生为被试，用一份包括158个项目的问卷考察他们关于个人主义—集体主义的行为和信念倾向。例如“只有那些依靠自己的人才能在生活中获得成功”，“当我的同事把他们的隐私告诉我时，我们的关系更加亲密了”，通过被试对这些项目的赞同或反对来说明他们的个人主义—集体主义倾向。结果发现，被试回答中几乎50%的变异可以用三个因素来解释，这三个因素是“自信”、“与所属群体的关系亲疏”和“竞争”，只有14%的变异能被“对团体的关注”这一因素解释。这一研究说明，美国式的个人主义是一个多方面的概念，它包括：关心个人的目标胜过群体的目标、不太关注群体的观点、竞争伴随的自信、与群体的疏离、根据自己的观点而不是别人的意见做决定、不太关心群体等。在另一项研究中，研究者以美国大学生和波多黎各大学生为被试，用两份问卷测量了个人主义—集体主义的各个方面，结果发现，集体主义和社会支持存在正相关，与孤独程度呈负相关。对美国大学生来说，“在竞争中表现出自信”是最重要的因素，而对波多黎各大学生来说，最重要的因素是“联系”，也就是与他人的互动。在该文章中，特里安迪斯等发现了四个因素来区分个人主义和集体主义：家庭完整性、人际交往中的相互依赖、与群体关系的亲疏、享乐主义伴随的自信。这些差异表现在不同文化之间，而且表现在文化中的不同个体之间。这表明，把两种文化类型当做连续体的两端似乎较为合适，任何一个特定的社会都位于两端之间的某个点上。

特里安迪斯（Triandis，1995）后来又提出了定义个人主义和集体主义的四个特征：（1）作为个人或作为集体的自我的定义，独立的或者相互依赖的；（2）个人的目标优先于群体的目标（或反之）；（3）强调交换而不是公共关系；（4）个人态度或社会规范对个人行为的相对重要性。

从一项研究（Hui & Yee，1994）的量表中的项目可以看出内容的范围和测量I—C的方式。他们首先提出，I—C是一个两极一维的构念，并重视测量目标在个人的反应中的重要性。最初，六个目标包括在一系列项目中（配偶、父母、亲戚、邻居、朋友、同事）。研究发现了五个因素，而且，这些因素可以简化为两个高等级的因素："内群体团结"包括涉及核心家庭成员（父母和配偶）和那些可以自由选择的人的项目；"社会义务"包括涉及其他亲戚和邻居的项目。

内群体团结：

青少年在约会问题上应听从父母的建议。(C)

我不会与父母分享我的主意和新知识。(I)

到哪里去工作的问题应该跟配偶一起决定。(C)

即使孩子获得了诺贝尔奖，父母也不应感到任何荣耀。(I)

我喜欢跟好朋友住得比较近。(C)

跟朋友去旅行会让人减少自由和机动性，因而会减少乐趣。(I)

社会义务：

我遇到任何麻烦都会向亲戚寻求帮助。(C)

每个家庭都有其独特的问题，跟亲戚说这些问题不会有帮助。(I)

我喜欢每天跟邻居会面、聊天。(C)

我对于知道邻居到底怎样不感兴趣。(I)

2. 有关I-C维度的讨论

I-C维度之所以受到广泛的研究和讨论，并被很多心理学家用于研究跨文化心理学，是因为这一概念能够解释很多行为的跨文化差异。然而，对这一维度并不是没有质疑。例如，有人质疑，个人主义和集体主义是一个单一维度的对立两极，还是两个不同的维度呢？如果是两个维度，那么一个人可能在两个维度上得分都高或都低，或者在一个维度上得分高而在另一个维度上得分低。霍夫斯塔德等（Hofstede et al，1980）的早期研究就认为I—C是一个单维两级的维度，个人主义和集体主义是对立的。而特里安迪斯也指出，我们并不能把个人主义和集体主义简单地看做彼此对立、非此即彼的，应该把个人主义和集体主义看做多维度的结构，每一维度的性质和特点主要取决于其所属群体的现状、情境线索以及所研究的具体行为。而后来的一些研究认为，也许个人主义和集体主义并不是对立的，而是从概念上和经验上互相独立的。

三、个人主义行为和集体主义行为

尽管把I-C看做一个两极一维还是看做两个维度还有争论，但很多研究暂时把I-C看做一个维度的两极，并发现，用I-C维度可以解释很多行为的跨文化差异。

1. 关于分配公平的跨文化研究

特里安迪斯（Triandis，1984）对香港大学和美国伊利诺斯大学的学生的分配公平观念进行了比较研究。他设计了一种情境，即群体共同得到一笔报酬后在群体内部进行分配。研究者提出了三个可供选择的分配原则，分别是“公平原则”，也就是根据每个成员的贡献大小进行分配；“平均原则”，即不考虑个人的贡献平均分配；“需要原则”，即不考虑贡献也不平均分配，而是根据成员对钱的需要程度分配。结果发现，中国学生比美国学生更倾向于平均分配，或倾向于使他人满意。万明钢（1996）提到，有人针对分配的公平问题，对美国和印度的大学生进行了比较研究。在研究中，给被试提供 12 个虚拟的分配问题情境，问题情境中的角色由工作努力经济较富裕和工作不努力生活贫困的工人组成。所提供的问题中，有一半是积极的，即发给报酬或奖金，另一半是消极的，即扣除报酬或罚款。供被试选择的分配方案有五种：第一，不考虑贡献，全部分给贫困的人；第二，3/4 给贫困的人，1/4 给贡献大的人；第三，一半分给贫困的人，一半分给贡献大的人；第四，1/4 分给贫困的人，3/4 分给贡献大的人；第五，不考虑贫困程度，全部按贡献分配。其中前三种选择是平均分配，后两种是公平分配。结果发现，在积极问题情境中，也就是需要分配奖金时，美国大学生普遍赞成以公平原则进行分配，只有 16% 的人选择了需要原则，而印度大学生普遍倾向于以需要原则进行分配，只有 16% 的人选择了公平原则。而在消极问题情境中，也就是需要扣除报酬或罚款时，美国和印度的大学生选择按需要原则分配的人数都有增加，但是印度大学生仍然比美国大学生更倾向选择需要原则。因此可以说，无论何种情境，印度人都把需要原则作为分配公平的一种基本模式，而美国人是当能得到报酬或奖金时，以公平分配为原则，当要扣除报酬或支付罚款时，则比较倾向于以需要原则进行分配。对于这种差异的原因，研究者认为，印度是一个比较贫困的国家，对财物的需要比美国人更为迫切，因此更倾向于按需要原则进行分配。

2. 关于社会懈怠的跨文化研究

社会懈怠效应（Social Loafing）指因为他人在场而使个体的行为能力或水平有所下降。法国心理学家黎格曼曾进行过一项实验，专门探讨团体行为对个人活动效率的影响。他要求工人尽力拉绳子，并测量拉力。参加者有时独自拉，有时以 3 人或 8 人为一组拉。结果是：个体平均拉力为 63 公斤；3 人团体总拉力为 160 公斤，人均为 53 公斤；8 人团体总拉力为 248 公斤，人均只有 31 公斤，只是单人拉时力量的一半。黎格曼把这种个体在团体中较不卖力的现象称为“社会懈怠”。后来又有大量研究证实了这种社会行为现象。

研究者认为，出现社会懈怠效应的原因可能有三个：第一，社会评价的作用。在群体情况下，个体的工作是不记名的，他们所做的努力是不被测量的，因为这时测量的结果是整个群体的工作成绩，所以，个体在这种情况下就成了可以不对自己行为负责任的人，因而他的被评价意识就必然减弱，使得为工作所付出的努力也就减弱了。第二，社会认知的作用。在群体中的个体，也许会认为其他成员不会太努力，可能会偷懒，所以自己也就开始偷懒了，从而使自己的努力下降。第三，社会作用力的作用。在一个群体作业的情况下，每一个成员都是整个群体的一员，与其他成员一起接受外来的影响，那么，当群体成员增多时，每一个成员所接受的外来影响就必然会被分散、被减弱，因而，个体所付出的努力就降低了。

社会懈怠效应是否具有跨文化的一致性呢？韦纳等（Weiner

et al，1981）以印度人和美国人为被试研究了社会懈怠效应在不同文化中的表现，发现在两种文化中都出现了社会懈怠效应，表明这种现象具有跨文化的普遍性。

有研究者（Gabrenya et al，1983）假定，在具有集体主义价值观的文化中，社会懈怠效应将会弱一些。他们用来自中国台湾的学生为被试，要求他们在各种条件下通过拍手或叫喊制造声音。结果发现，台湾的学生所出现的社会懈怠现象跟美国出现的这一现象类似。不过他们在 1985 年的研究（Gabrenya et al，1985）认为，以前的研究之所以没有出现预期的结果，可能与任务有关。如果被试认为集体所进行的任务的结果不会得到评价，则会出现社会懈怠效应，如果会得到评价，则会出现其他结果。在新的研究中，他们以中国台湾和美国 6—9 年级的学生为被试，进行听觉跟踪任务。结果发现，美国的学生出现了社会懈怠现象，而中国台湾的学生出现了相反的模式，即社会助长（social striving）效应，也就是说，当被试两两组对进行任务时，他们的成绩反而更好。

研究者认为，这一研究结果说明，社会懈怠现象并不是一种跨文化的普遍现象，在不同的文化中，社会懈怠的表现会有一定的差别。研究中出现的差别是因为在两种文化中，人们所持的价值观分别是集体主义价值观和个人主义价值观，因而看待个人努力和其他人努力的方式会有不同。在中国这样的集体主义文化中，人们作为群体成员进行活动时非常重视群体得到的评价，因而不但不懈怠，反而会更加努力地工作。

3．决策行为的跨文化研究

根据个人主义价值观和集体主义价值观的特点不难推论出，文化会影响人们的决策行为。在集体主义文化中，人们之间会根据社会地位等因素形成一个等级，在家庭中，也会根据性别、出生顺序、年龄等因素形成一个等级。人们会倾向于尊重地位较高、年龄较长的人，他们的角色和权威决定了他们会为集体做出有利于集体的决定。相对于个人主义社会，人们更倾向于顺从权威的决定。当然，也可能出现另外的情况，也就是，由于集体主义社会中有平等主义的观念，这可能决定了人们会参与决策的制定。至于文化会如何影响人们的决策风格，有心理学家进行了相应的研究。

较早的研究认为，美国人的决策行为更具有竞争性，东亚人的决策更具有集体的风格。然而，又有研究发现，个人主义文化中的决策更多采用投票决定。可见，决策行为的影响因素很多。有研究者（Yi et al，2003）考察了韩国、日本、中国、美国和加拿大大学生的决策风格。他们开发出一个问卷，对上述五个国家的 800 多名大学生进行了调查。调查的五种决策风格是合作性、协作性、回避性、竞争性和支配性。结果发现，几种决策风格都没有出现预期的效果。例如，与事先预期不同的是，美国和加拿大的大学生并没有表现出更强的竞争性，相反，东亚三国的被试反而表现出更强的竞争性；日本被试并没有表现出较高的合作性，相反在这项得分最低，韩国被试的得分反而最高。研究者认为，这与决策风格的影响因素多，以及当今社会文化交流较多有关。

因此，决策风格与个人主义—集体主义价值观维度的关系还没有得到确认。

第三节 从众行为与文化

生活在群体中的人们，总是能够感受到一些群体的规则，这些规则包含了一些期望，告诉群体成员哪些态度和行为从社会角度看是适当的，这些期望就是社会规范。个体的行为遵从群体的社会规范是必要的，这可以保证群体具有足够的凝聚力，使群体的功能得以实现。实际上，生活在群体中的人们总是会在某种程度上采纳多数人的意见，服从社会期望，遵从社会规范，这就是从众。

上一节提到，各个社会分布在个人主义—集体主义维度的不同位置，根据个人主义和集体主义价值观的内容，一个合理的推论是，集体主义社会中可能会有更多的从众行为，个人主义社会中的从众行为可能较少。本节讨论从众行为的跨文化差异问题。

一、从众行为的现象与研究

从众（Conformity）就是人们采纳其他群体成员的行为和意见的倾向（格里格等，2003）。一般来说，从众是因为个体受到了来自两个方面的压力：（1）信息压力。经验使人们认为，多数人的正确机率比较高，越是缺乏自信，难以独立判断的情况下，就越发相信多数人，越容易从众。（2）规范压力。群体中的个人往往不愿意违背群体意见而被其他成员视为越轨者，害怕与众不同而遭受孤立，因此采纳多数人的意见。日常现象和一些著名的实验证明了从众现象的存在。

1．日常从众行为

在日常生活中，如果我们生活在一个群体中，当面临不了解的情境，行为无所适从时，我们的行为会参照谁的行为呢？试想，当我们在深夜走下火车，尽管站台上有昏暗的灯光，但我们急切之下还是难以明确看到火车站的出口。面临这种情况时，我们似乎从未长时间停留在站台，等看清出口以后再走，而是随着人流一起向某个方向走去，因为我们认为多数人的行为一般不会错。

大学高校常有这样一种现象，入校时学生班级、宿舍是随意安排的，但过一年左右的时间，各个班级、宿舍就在各个方面显示出不同层次，出现明显的不同步现象。优等生、英语过级、研究生录取等情况，都会相对集中在某些班级、宿舍中。宿舍成员集体出动参加各种证书培训班、集体考研、考公务员等现象已在大学校园蔚然成风。

其实日常生活中还有大量行为是服从于其他群体成员的，这就是从众。

2. 谢里夫的光点实验

20 世纪 30 年代，美国社会心理学家谢里夫（Sherif M，1906 –1988）进行了著名的光点实验，揭示了从众行为的发生。实验开始时，把一组被试关在一间完全黑暗的实验室里，然后在墙上投射一个光点，要求被试判断十几英尺外一个光点移动的距离。由于光点出现在全黑的背景上，没有任何参照，因此虽然光点实际上是静止的，但看上去像是在运动，这是一种叫做自主运动的运动错觉。开始，由于没有参考意见，被试的判断完全出自本人以往的经验和当时的感受，答案是五花八门的。在接下来的实验中，谢里夫把参与者召集在一起，小组里还有陌生人，每个人大声说出自己的判断。结果是，经过几次这样的实验后，被试对光点移动方向和距离的判断越来越接近。其实，光点在实验中自始至终根本没有移动。谢里夫的实验表明，人所以会出现从众，并不是简单地盲从，而是与缺乏必要的信息有关。在没有其他参照信息时，单独一个人的观点主要是受本人以前的经验和当时的感受制约的。但一个人处在群体中时，别人的观点就成了参照，于是个人的观点会越来越集中、趋同，出现所谓“漏斗形关系”，群体规范或者说主流意见就这样产生了。

比较有意思的是，在结束集体观看之后，这些被试独自回到同样的暗室，研究发现他们继续遵从跟其他被试在一起时所形成的群体规范。而且，群体中的规范一旦形成，它们自身就倾向于永久存在下去。后来的研究发现，这些规范在一年后的测试中依然存在，即使原先一起参加实验的小组成员并不在现场。

3. 阿希的从众实验

1951 年，美国社会心理学家所罗门·阿希（Asch S，1907 - 1996）进行了一个著名的三垂线实验。他以一群大学生为被试，将每七名被试组成一个小组，安排在实验室中坐成一排，要求被试比较第一张卡片上的标准线段 X 与第二张卡片上的线段 a、b、c 中的哪一条等长。线段的长度差异是明显的，正常情况下人们一般都能正确判断 X = b。但在这个小群体中，除了被安排坐在最后一名并最后回答问题的那个人是不知情的真正被试外，前面的六名被试其实都是阿希事先安排好的实验助手。最初两次实验没有什么特别安排，被试基本上都能正确回答 X = b。但从第三次到第十二次的实验中，作为实验助手的第一名被试按阿希的要求故意错误地回答，例如回答 X = c ，然后后面每一名假被试都根据阿希的要求附和第一名的错误回答，例如也跟着说 X = c，由此观察最后一名真正的被试是否附和大家的答案。结果表明，大约有15%左右的被试，从众倾向严重，其从众判断占其全部判断的75%以上；大约有25%左右的被试，没有任何从众现象发生，始终保持独立判断；大约有75%左右的被试，至少发生一次从众；全部答案中从众答案的比例平均高达35%以上。实验后，阿希对出现过从众的被试作了访谈，了解到从众有三种情况：（1）知觉歪曲。指被试确实出现观察错误，在发生了知觉歪曲的基础上才出现了判断歪曲。（2）判断歪曲。指被试的观察本来并没有错误，但意识到自己的观察结论与大多数人不同，于是认为多数人的判断总比自己一个人更正确些，最终修改了自己起初的判断。（3）行为歪曲。被试明知自己是对的，其他人都错了，但还是选择了错误回答，发生了行为歪曲。

二、从众行为的跨文化研究

在本书前面儿童发展的部分我们看到，通过儿童养育和训练最后在多大程度上是独立的和自我（与群体相对）依赖的，各个文化之间存在差异。因此很容易提出预期，也许在童年训练中坚持自我依赖的社会中，从众行为可能较多，而在强调独立训练的社会中，从众行为可能较少。邦德等（Bond & Smith，1996）对有关的研究进行了综述。

1. 生存经济与从众行为

贝里考察了生存经济与从众的关系。他在研究中预测，从众存在于各种文化中，但由于生态和文化等因素，从众在各文化中的具体表现并不相同。其具体预测是，如果一个社会以打猎为基础，社会组织形式是松的，也就是较低的社会一致性，并且儿童社会化的目标是“坚持”，那么这样的社会中的成员就会表现出较低水平的从众。相反，如果一个社会以农业为基础，社会组织形式是紧的，并且儿童社会化的目标是“顺从”，那么这些社会中的成员就会表现出较高的从众程度。他的考察对象包括来自10个不同文化的17个社会样本，所采用的研究任务跟阿希的从众研究任务相似。在研究之前，首先根据各个社会样本在生态文化指标中的位置（从打猎—松—坚持到农业—紧—顺从），对这些社会样本分别赋值。在研究中，通过当地的研究助手把团体规范传达给被试，计算各文化样本的从众得分，然后计算两个变量之间的相关。结果发现，17个社会样本在两个指标上的相关系数为+0.70，研究中所有的780个个体的相关系数为+0.51。该研究明确表明，在儿童受到坚持训练的“松”的社会中，在从众任务中的从众性较低，而在儿童受到顺从训练的“紧”的社会中，在从众任务中的从众性较高。

2. 工业化社会与从众行为

韦德等（Bond & Smith，1996）综合分析了工业社会中的从众现象的有关研究。这些研究预测，在所有文化中都有从众现象，但由于文化的某些方面，从众的程度在各文化中有差别，一般与松紧程度有关，就像在生存社会中一样。他们把各个国家的个体的价值观得分集合起来，作为国家水平的价值观得分，然后在研究中获得各个国家的被试的从众得分，计算两个变量之间的相关。总的来说，在持保守主义、集体主义价值观和偏爱归属地位的社会中，从众程度较高；而在重视自主、个人主义和获取地位的社会中，从众程度较低。

通过这样的研究，从众与集体主义价值观联系在一起。但是我们知道，相关关系并不代表因果关系，也许存在另外的可能：更广阔的生态文化背景决定了价值观，同时也决定了从众水平。也就是说，一些社会以农业为基础，决定了这些社会即使发展到工业化时代，也会表现出集体主义的价值观并偏爱归属地位，同时也决定了这些社会的成员表现出更多的从众行为；相反，另外一些社会以打猎为基础，决定了这些社会发展到工业化社会以后表现出个人主义的价值观并更倾向于获取地位，同时也决定了这些社会的成员表现出较少的从众行为。

第四节 归因与文化

处于社会情境中的人，总是会遇到各种社会信息，人们如何加工这些信息，这是社会认知研究领域的问题。社会认知就是研究人们如何对社会信息进行的各种加工，包括编码、存储、提出并用于社会情境。具体来说，社会认知研究人们如何理解和解释自己的社会。

事实上，由于这种解释总是嵌在个人的文化中，因此有心理学家认为，社会认知更恰当的名字应该是社会文化认知。社会认知研究中最重要的问题是归因，也就是人们对事件原因的认识。本节关注的也是人们的归因方式如何受到社会文化的影响，各种文化中的归因方式有何差异。

一、归因理论及研究

人对别人或自己所表现的行为（或某一事件的发生），就其主观的感受与经验对该行为发生原因予以解释的心理历程称为归因（张春兴，1994）。归因研究源于海德，后来罗特、维纳等又对归因理论进行了发展，形成了目前归因理论的基本框架。

1. 海德的归因理论

社会心理学研究社会知觉时，对于“某人为什么会有某种行为”的问题，海德（Heider F，1896－1988）在1958年提出了归因理论来解释。海德是最早进行归因研究的心理学家，他认为，人们之所以不断做出因果归因，部分原因在于他们试图全面地理解社会存在。他指出，人们都是直觉心理学家，都试图弄清楚人们在什么方面相似，导致行为的原因是什么等。他提出，对行为发生原因的归因有两种：一是情境归因（situational attribution），二是性格归因（dispositional attribution）。例如，你（或某人）当时为什么偷东西？对于自己的行为，倾向于情境归因，对于别人的行为，倾向于性格归因。

2．罗特尔的控制点理论

由于人们解释个人的成功或失败的方式与个人的成就行为心理健康关系很大，因此人格心理学家罗特尔提出了控制点（locus of control）理论，用于解释个人如何对自己的成败行为进行归因以及不同的归因方式对个人以后行为的影响。内在控制点（internal locus of control）指个人把所得到的强化或惩罚看做自身努力的结果；外在控制点（external locus of control）则指一个人所受的强化和惩罚与自身无关，非自己所能左右和控制。一般来说，具有内在控制点的个体比具有外在控制点的个体更能潜心追求知识、学习文化。但在一些情况下，具有外在控制点的个体有更好的适应性。

3．维纳的三维归因理论

美国心理学家韦纳提出了三维归因理论，其指导原则和基本假设是：寻求理解是行为的基本动因。学生们试图去解释事件发生的原因，他们试图去为他们的成功或失败寻找能力、努力、态度、知识、运气、帮助、兴趣等方面的原因。韦纳认为：能力、努力、任务难度、运气、身心状况等其他因素是人们在解释成功或失败时知觉到的主要原因，特别是前四种。他将这四种主要原因分成控制点、稳定性、可控性三个维度。根据控制点维度，可将原因分成内部和外部的。根据稳定性维度，可将原因分成稳定和不稳定的。根据可控性维度，又可将原因分成可控的和不可控的。

4. 归因错误

尽管心理学家提出了系统的理论来解释可能的归因方式，但在实际生活中，人们进行归因的方式有一定的倾向性。例如：假如我们约了一个朋友 5 点见面，但时间已经过去了一个小时，朋友还没有来。我们一般会怎么解释呢？

解释一：他没有按时到肯定是因为遇到了特别重要的事情。

解释二：这家伙总是迟到，就不能早点来吗？

根据海德的理论，我们可能归因于情境，也可能归因于个人的性格。但西方的研究表明，多数情况下人们更愿意选择第二种原因，即性格归因。而且，这种归因倾向非常强烈，因此心理学家把这种归因倾向叫做基本归因错误（fundamental attribution error，FAE），也就是人们在对某些行为或后果进行归因时往往高估性格因素而低估情境因素的双重倾向。

另外在很多时候，人们在归因时还会出现另外一种倾向。例如：假如还是上面的情境，但迟到的是我们自己，我们一般会怎么解释呢？

解释一：我没有按时到是因为遇到了特别重要的事情。

解释二：我总是迟到，这跟我的性格有关。

显然，我们很容易原谅自己，更倾向于选择第一种解释。但如果是积极的事情，就倾向于进行性格归因了。心理学家把这种归因倾向叫做终极归因错误（ultimate attribution error，UAE）。也就是在对消极行为进行归因时的倾向是，对外群体行为更多归因于内部特征，对内群体更多归因于情境；而对积极行为进行归因时，对外群体行为更多归因于情境，对内群体更多归因于内部特征。

二、归因的跨文化研究

当心理学家提出基本归因错误和终极归因错误以后，很多研究发现，这些归因错误具有跨文化的普遍性。但后来的研究发现，两种归因错误都有一定的跨文化差异。

1. 社会事件归因

1991 年，美国的衣阿华大学的中国研究生卢刚在校园枪杀 6 名同事，然后自杀，这一事件震撼了美国校园甚至全美国。对于为什么发生这件事情，美国人和中国人的解释可能存在差异。莫里斯等（Morris & Kaiping Peng，1994）对这件事以及其他实验室情境进行了系统的研究。

在实验室情境中，他们用同样的社会事件的卡通片（鱼群在水里游动）作为实验材料，让中国人和美国人进行归因。结果发现，中国高中生在各种类型的鱼群卡通中都更多地知觉到对蓝色鱼运动的外部影响，也就是他们更多地把蓝色鱼的运动归因为外部力量，而美国高中生更多地把蓝色鱼的运动归因为内部力量。研究者认为，代表个人主义文化的美国人倾向于用个人原因来解释社会事件的发生，而代表集体主义文化的中国人则倾向于从环境或外部原因来解释社会事件的发生。

研究者还对事件发生后两个月内两家报纸对卢刚事件的原因分析进行了归纳。一家美国报纸（The New York Times）代表美国文化，一家中文报纸（World Journal）代表中国文化。结果发现，两家报纸对悲剧的原因分析完全不同。美国报纸认为，卢刚脾气坏，是一个邪恶的、危害他人的人，之所以脱离社会或反社会是他的人格所驱使。但中文报纸认为，卢刚与导师的关系紧张，卢刚可能与其他亚洲学生一样，过分追求学业成功而感受到太大的压力，成为尖子学生教育政策的牺牲品，如果环境不同，结果可能也不同。"中国人把行为归因于情境，而美国人把行为归因于内部特征……中国被试认为，如果是在另外的情境中，杀人犯将采取不太血腥的行为，而美国被试认为，杀人犯残忍的内部特征一定会无情地表现出来，不管情境如何改变。"

可见中、西文化中对于同一事件的归因不同。西方强调人格方面，中方则强调环境因素。为了平衡研究，研究者还对人们对另一悲剧的归因方式进行了分析。密西根的一名爱尔兰裔的邮政工人对老板不满，枪杀老板和几名同事、路人后自尽。两家报纸对此事的评论也具有上述区别。

另外一项研究考察了同一社会中不同群体的人们对违反规范的预期行为反应（DeRidder & Tripathi，1992）。被试包括四组群体，两对群体来自印度，两对来自荷兰。在两个国家中一对由经理和下属组成，而另一对是当地对立的教徒（印度教教徒和穆斯林，这些穆斯林有的是印度的，有的是土耳其移民和荷兰土著居民）。

研究者向被试呈现一些假设的情景，在这些情景中有本群体或其他群体的成员出现了各种违反规范的行为，如插队、嘲笑他人信仰、保险诈骗、偷用公司汽油等，要求被试回答：看到这样的行为时本群体成员可能会如何反应？为了解释结果的差异，研究者根据四种背景变量收集数据：（1）感觉到的本群体的力量；

(2) 本群体以及其他群体的社会地位; (3) 对本群体的认同程度; (4) 对其他群体的态度。这些研究最重要的发现是，能够解释对违反规范的行为的反应差异的，是每一对群体中两个群体的经济和社会力量，而不是认同和态度等心理学变量。很明显，回答者根据实际条件来评估他们的地位：他们能够意识到自己以及他人在社会中的地位，而这影响了他们的反应。

2. 物理事件归因

彭凯平等（Peng et al, 2003）利用两个实验考查了美国人和中国人对物理事件的归因。第一个研究发现，没有受过正规物理教育的美国人和中国人对八个物理事件的归因方式不同，美国人更多归因于物体本身的因素，如重量，而较少归因于情境因素。而中国人正好相反。第二个研究中，首先启动被试作为亚洲人或作为美国人的身份，然后要求他们解释实验一中的八个物理事件。结果发现，中国被试对事件内部归因的程度更低，而归因于情境因素的程度更高。

这些研究说明，不同文化中的人们在解释物理事件和社会事件时，受各自文化的影响，进行归因时所采取的方式差别很大。

第五节 性别行为与文化

汉语中的“性别”一词，在英语中有两个对应的词，分别是想“sex”和“gender”。但这两个单词在英语中的意思并不完全相同，“sex”指的是生物学性别，而“gender”指的是社会性别。对于一个人的生物学性别，可以通过其身体的解剖学特征来判断，而对于一个人的社会性别，则要从这个人的经验、感情和行为特征来判断。毫无疑问，一个人的生物学性别会直接影响其社会性别，而且多数情况下一个人从解剖学上来说是男性的人，其社会性别也是男性。但在某些为数不多的情况下，某个人的生物学性别也可能与社会性别并不对应。因此，人们的生物学性别与其行为特征的关系是一个重要的问题。生物学的男性和女性具有不同的性器官和性激素，以此为基础，男女的社会性别也会存在差别，他们在价值观、文化信念和思想意识等方面可能不同，而且会导致男女在很多心理学特征上具有重要的差异。

问题是，男女在这些心理学特征方面的差异是某个文化的独特现象，还是存在于所有文化中的普遍现象？本节要讨论的是，文化与人们的生物学性别、社会性别差异的关系。

一、性别角色及其社会化

男女两性在身体外部形态上的差异是显而易见的，而且这种差别具有跨文化的一致性。例如，男性一般比女性个子高，骨骼密度更大；女性的骨盆按比例要比男性的宽；男性的肌肉在体重中所占的比例更大；男性比女性的肺活量大等。为什么男性和女性之间有这样的差异，这是一个有争议的问题。我们所关心的问题是，身体的差异是如何导致男性和女性的性别行为的差异的。

1. 性别角色

“角色”是一个社会学概念，指的是一个人在给定情境或小组中发挥作用时，人们期待他做出的一套由社会界定的行为模式。例如，一个人在家里扮演“父亲”的角色，到了学校又扮演“教师”的角色。作为“父亲”，社会将期待他以一个父亲的身份行事，关心、照顾子女，为子女提供安全保障和经济保障，为子女的行为做出表率；作为“教师”，社会将期待他以一个教师的身份行事，教书育人，关心学生。

人们的行为方式受到角色的强烈影响。有一个著名的社会心理学实验，即“斯坦福监狱实验”，让人看到角色对人的行为所起到的巨大的影响作用。格里格等（2003）提到，在实验中，津巴多等人在斯坦福大学心理学系的地下室建立了一个模拟监狱，他征募了一些性格鲜明的男大学生，他们之前没有任何犯罪前科，并顺利通过了“正常”的心理学测试。他们随机指派一半的被试扮演囚犯角色，另一半被试则充当警察。他的实验计划持续了两个星期，细致地观测这些志愿者在监狱中的角色产生的交互影响。结果发现，在接受角色以后，行为迅速发生了分化。处于看守角色时，原本温文尔雅的大学生变得盛气凌人，有时甚至残酷成性。而处于囚犯角色的大学生，很快就行为怪异，有的甚至情绪激动、思维混乱，而且严重抑郁。

性别角色是附加于男性和女性的不同的社会地位的期待行为的总和。这些期待行为既与个人的生物学性别有关，又与社会所分配给他的工作或职业有关。例如，在中国的传统社会中，特别是在北方社会，人们期待男性要勇敢、坚强，要有责任感，要努力工作，为女性提供保护，等等，而对于女性，则期待她们温柔、顺从，要有家庭责任感，负责照顾子女，等等；而在中国的南方社会，人们期待男性也要花较多时间照顾家庭、下厨做饭等。

但是，在中国所出现的对男性和女性的性别角色期待是不是也出现在其他文化中呢？万明钢（1996）提到，人类学家米德曾在20世纪30年代对新几内亚的三个部落进行了跨文化的比较研究，并据此写出了著名的《三种原始社会中的性别与气质》一书。米德发现，在一个叫做阿拉佩什的部落中，男女都有一种在西方主流社会看来是属于女性特征的个性。他们都性情温和，待人热情，强烈反对侵犯、竞争和占有欲，男女都有义务照看孩子。相反的，邻近的一个叫做蒙杜古莫的部落是一个有吃人肉的习性的部落，那里的人们无论男女都性情残暴并具有侵犯性。女人很少表现出母亲的特征，她们害怕怀孕，不喜欢带孩子，尤其对女儿有敌意。还有一个部落是昌布里部落，这个部落与前两个部落不同的是，这里男女的性别角色差异显著，但与西方主流社会的男女角色截然相反：这里的女性专横跋扈、盛气凌人，她们不戴饰物，精力旺盛，是家庭中的主要支柱；而这里的男性则喜爱艺术、喜欢饶舌、富于情感，并负责照顾孩子。米德据此指出，男女的个性特征与生理特征没有必然的联系，性别角色特征不是天生注定的，而是通过在不同文化中经过系统的性别角色社会化过程而形成的。

从米德的研究可以看出，生理差异本身并不能决定思维和行为的差异，而是后天的学习和社会化造成了男女行为方式的差别。在特定的社会中，儿童学会了社会所期待的行为模式。对于女孩，她们知道该如何行为才能得到成人的赞赏，而对于男孩，则是相反的一种行为模式。有的时候，社会对男女的行为期待又有一定的重叠，但多数时候男女有显著的行为差异。当然，这并不是说生理因素在男女的行为、心理差异中不起作用，而是强调社会环境在人们性别角色形成中的作用。

2. 性别角色的社会化

人们从出生开始，就在社会化过程中受到性别角色期待的教育，并不断增强这样的观念。心理学家从不同的角度分析了性别角色社会化的机制。

以班杜拉为代表的社会学习理论认为，性别行为的形成机制主要是观察学习的过程。当儿童观察到男性和女性的行为差异时，他们就会对男性的行为模式和女性的行为模式形成一种概念，儿童在相同的情境中会模仿同性别成人所表现的行为。随着年龄的增长，他们会对观察材料进行加工，把它与已经获得的知识结合在一起，以构成性别适合性的概念，也就是形成与社会文化一致的性别角色行为模式。儿童性别角色模式的最初模仿对象主要是父母，大众传播媒体也常常强化这种模式，例如儿童从电视、电影或杂志中看到的形象符合现实的性别模式差异，而且这些颇具吸引力的人物形象使儿童形成对自己的期望和幻想，希望自己长大以后能像自己所喜欢的明星一样（万明钢，1996）。

儿童一方面对成人的行为积极地模仿，另一方面，成人又通过多种方式对男女儿童的性别行为给以不同的期待（Shaffer，2005）。例如在西方社会，当孩子出生时，父母或亲友的第一个反应就是孩子是男孩还是女孩，而且来自性别标签的反应是迅速而直接的。父母总是把他们的儿子叫做“胖小子”、“小老虎”，热衷于根据孩子的哭声、握紧的拳头、乱蹬的双腿来评论这些男孩的力量，认为他们的儿子浓眉大眼、具有男子气等。而对女孩，父母会叫她们“甜心”、“心肝儿”等，说她们纤弱、可爱、讨人喜爱、聪明伶俐等。在西方国家，男孩出生不久就被包裹在蓝色的襁褓里，而女孩则被包裹在粉色的襁褓里。在以后的发展中，父母不断以自己的期待塑造儿童的性别行为。父母更倾向于对男孩使用体罚；给男孩穿素色的衣服，给女孩穿颜色鲜艳的衣服；给男孩买玩具刀枪，给女孩买洋娃娃等；要求男孩雄心勃勃、富有竞争力，要求女孩行为温顺、妩媚可爱等。这种对男孩和女孩不同的期待，塑造了男孩和女孩不同的性别行为。

除了以上所述家庭在儿童性别角色社会化过程中扮演重要角

色以外，学校也是性别角色社会化的重要场所。在学校中无论是课内还是课外，许多活动都带有明显的性别特征，从做角色游戏开始，他们选择的角色和社会生活中的性别角色分配是一致的，例如男孩当大夫、女孩当护士，男孩当司机，女孩当售票员。在体育活动中，教师会鼓励男孩从事足球、篮球等激烈的竞争性强的运动，而鼓励女孩从事体操、游泳等运动。

3. 性别角色社会化与文化

上述性别角色社会化的过程主要是西方社会的，在中国的社会中也有类似的情况。但是，是不是所有社会中男女的社会化过程都有性别差异？男女的角色特征是不是都表现出西方社会这样的趋势呢？

贝里等（Berry et al，2002）提到，门罗（Munroe）人在1975年提出，每个社会中都有行为上的性别差异模式，每个社会都有一些根据性别来划分的职业，这两种现象具有跨文化的普遍性，并相互联系在一起。贝里等（Barry，1959）等人研究了100多个几乎没有文化的社会后发现，儿童训练是为了发展成年期所需要的能力。在高食物积累的社会中，儿童训练强调顺从，而在低食物积累的社会中，儿童训练强调坚持。而且发现，很多社会在儿童早期的社会化期待是有性别差异的。他们在后来发表的对45个社会的跨文化研究报告中提出，每个社会中对男女在抚养、责任、顺从、自信心、成就、独立性等方面的社会期待都有性别差异。而且发现，社会对性别差异的期待与现实行为的性别差异非常一致。这些研究者提出，男女行为的性别差异显示出男性更加自我肯定、追求成就和支配地位，女性更加顺从、敏感和被动。

对于上述男女在社会期待上的性别差异的原因，巴里等人对早期的人类学研究进行了分析。他们指出，人类学研究发现，在各个文化中都普遍存在根据性别进行职业分工的现象，而且分工的内容也比较一致。一般来说，在绝大多数社会中都由女性来准备食物，抚养儿童也是她们的责任。虽然在不同的社会中按性别分工的情况并不完全一致，但却没有发现不同文化之间完全对立或相反的情况。他们认为，之所以不同文化中成年人性别角色相对一致，是因为他们在维持生存的经济活动中的角色不同导致的，两性经历不同的社会化过程也是人类维持生存活动的一部分。通过男女不同的社会化过程，使儿童为以后承担成人的性别角色做准备。性别的差异主要发生于社会化过程中，女孩常常在顺从、教养、责任等方面接受更多的训练，而男孩则在自信、成就和独立性方面接受较多的训练。哈克尼斯（Harkness，2008）进行的一项较新的研究也认为，由于父母双方关于照顾婴儿方面的观念和习惯在各文化之间差异很大，这导致了儿童早期阶段所获得的技能具有较大的跨文化差异。因此，在不同的文化中，人类发展遵循不同的道路。

巴里（Barry et al，1980）等人的研究解释了人类社会为什么以性别来划分职业。他认为，各种文化中都是根据妇女对维持生存活动的贡献程度、在食物采集活动中的作用大小来划分职业的。例如，在人类学家报告过的 14 个采集社会中，79% 的食物都是由妇女采集的，而在 16 个狩猎社会中只有 13% 的食物是妇女获得的。在各种不同类型社会维持生存的活动中，妇女贡献的百分比分别是渔猎 29%，畜牧业 46%，早期农业 77%，集约化农业 33%。因此，妇女对维持生存的农业和采集社会中有较大的贡献，而在渔猎、狩猎和集约化农业社会中的贡献相对较少。由此导致的结果是，女性对社会生存贡献的大小首先影响他们的婚姻关系、性关系、抚养子女的方式、价值观等方面。在妇女贡献较大的社会中，女性受到相对较高的评价，甚至能得到一些男性所没有的特权。因此，由于女性在维持生存的活动中的角色不同，不仅在不同的社会文化中男女两性的行为有差别，而且在不同的社会中男女两性之间的相互关系也不同。男女性别差异在不同文化中的差别，是由文化通过社会化和生态因素造成的。

二、性别刻板印象与文化

在西方社会，人们一般认为男性具有支配性、独立性和冒险精神，而女性是情绪化的、软弱的、顺从的。这是一种性别刻板印象。对于这种性别刻板印象是否存在于其他文化中，则刚刚得到一些跨文化的研究。

1. 性别刻板印象

刻板印象就是根据人们所属的性别、种族、宗教等而对这些人所持有的一种概括的信念。这种信念可能来自同一类型的人、事、物中的某一个个体给人的印象。刻板印象通常情况下都是负面的而且是先入为主的，并不能代表每个属于这个类型的人、事、物都有这样的特质。例如在中国，人们容易认为“四川人爱吃辣”，“山东人豪爽，爱喝酒”，“日本人爱吃生鱼片”，等等。这是一种刻板印象，其实四川人不一定都爱吃辣，山东人也不一定都豪爽、爱喝酒，日本人也未必都爱吃生鱼片。

性别刻板印象是人们关于男性和女性特征的一致信念。人们通常认为所有的男性都有一定的特征，所有的女性又有另外的一些特征，其实这是一种刻板印象。例如在美国的各种媒体中，女性多数被描写为是温柔、美丽、软弱、羞怯，她们容易得到帮助，容易受到迫害，常常表现出嫉妒，并且缺少远见，而男性则被描写为坚强的、有力的、机警的、助人的、侠义的、凶悍的，等等。一项研究发现，在美国的小学教科书中，也大量充斥着性别刻板印象的描述。

由于性别刻板印象往往是不正确的观念，很多甚至是负面的观念，因此有必要消除这种性别刻板印象。洛等（Law et al，2004）对在1995—2000年间出版的香港小学的汉语课本的内容进行了分析，具体分析了108本课本中的5180幅图所表现出的性别刻板印象。结果发现，在这些课本里，性别刻板印象相当普遍。但与以往的情况相比，这种倾向已经有了某种程度的减轻。李等（Lee et al，2006）的研究也发现，香港小学的英语课本里的性别刻板印象也相当普遍，不过过去的几年由于出版商意识到了这种情况，已经采取了措施，已经比以往好多了。

2. 性别刻板印象的跨文化研究

威廉姆斯等（Williams et al，1982）对30个国家的性别刻板印象进行了研究，结果发现，在许多西方国家和非西方国家中，当人们把儿童的行为归入男性和女性的特征模式时，不同国家的儿童之间行为极为相似。这些相同的行为模式一般在5—8岁的儿童行为中都可以看到。而且发现，很多国家的儿童对他们自己的性别模式的了解优于对另一性别的了解，性别模式具有跨文化的普遍性。在他们进行的另一项研究中，研究者在25个国家中每个国家找到100名大学生为被试，研究他们对男性和女性拥有的特征的看法。结果发现，在300种不同的特征中，不同文化和社会中所认为男性和女性所具有的特征具有普遍的一致性，其中某些特征具有相当程度的普遍性。他们认为男性的主要特征是支配、自主、侵犯性、表现欲、成就、忍耐性等，而女性的主要特征是谦卑、服从、求助、教养、依附等。而且他们对男性的描述更为强壮和充满活力。

在威廉姆斯等（Williams et al，1990a）进行的另一项研究中，从27个国家找到（非洲3个，欧洲10个，亚洲6个，北美2个，南美6个）2800名被试（每个国家从52人到120人，男女的数量大体相同），采用“迫选”任务，要求他们以观察者和报告者的身份回答，对于描述人的心理特征的300个形容词，他们认为更多的与男性还是女性有联系。尽管指导语要求进行两分选择且不鼓励“相等”的回答，但事实上如果被试发现不可能做出选择，研究者也可以接受“难说”的回答。结果表明，所有国家的被试都认为男性和女性的特征存在很大差别，而且这种性别差异在不同国家之间存在很大的一致性。因此可以说，对于性别刻板印象，不同文化之间具有相当程度的普遍性。

如果一个国家的样本中有2/3被试把一个形容词分配给男性或女性就定义为一致同意，就会有49个形容词被一致同意分配给男性，这49个形容词是积极、精力充沛、现实、冒险、进取、鲁莽、好攻击、强有力、粗壮、野心勃勃、顽固、粗鲁、傲慢、冷酷、自信、过分自信、幽默、严肃、专制、独立、严厉、自负、机灵、苛刻、思维清晰、首创性、冷淡、粗俗、善发明、强壮、狂妄、懒惰、无情、勇敢、合逻辑、刻薄、残暴、大声、明智、大胆、男子气、坚决、可憎、目无法纪、机会主义的、支配的、进步的、任性、理性。另外，25个形容词被一致同意分配给女性，这25个形容词是做作、害怕、性感、亲爱的、女子气、害羞、焦虑的、温和、仁慈、有魅力、亲切、顺从、迷人、温顺、迷信、依赖的、讨人喜欢、软弱、多梦的、敏感、情绪化、多情。

另外，威廉姆斯等（Williams et al，1990a）为了考察在各个国家被一致同意用于描述男性和女性的这些形容词集的潜在意义，对分配给每一类别的形容词进行了因素分析。他们的研究超越前人研究之处是发现了三个因素，分别叫做赞许性、活动性和力量。

第一个因素是对不同国家男性和女性从负面到正面的总评价。在这个维度上，所有国家之间几乎没有总平均值的差异；男性的赞许性为505，而女性为498，这些得分只比标准化的中点分数500略高或略低。然而，在这一维度上有明显的跨文化差异：日本、尼日利亚和南非的男性刻板印象的赞许性最高；意大利和秘鲁的女性刻板印象赞许性最高。

第二个维度是关于男性和女性活动性的判断。在这个维度上，男女的活动性总平均分差别很大（男性得分为545，女性得分为462），而且分布是不重合的：日本和美国在女性主动性上得到了最高的分数，法国和印度在男性主动性上得到最低分，但后者竟然比前者分数还高。说明在性别刻板印象中，男性的活动性比女性的活动性要高得多。

第三个维度是力量。在这一维度上出现了巨大的总平均分差异，男性为541，女性为459。分布还是没有重合：女性力量最高的两个得分（意大利和美国）比男性力量最低的两个得分（委内瑞拉和美国）还要低。同样说明在性别刻板印象中，男性的力量比女性的力量要大得多。

总的来说，尽管所有国家内部都用不同的词语分别描述男性和女性，但多数国家又用一些相似的词语描述男性，也用相似的词语描述女性。尽管各个国家的男性和女性的赞许性平均得分相等，但在活动性和力量两个维度上，各个国家的性别差异都相当大，男性被普遍地认为更加积极和强壮。尽管在三个维度上各文化之间有一定的差别，但与总体相似性相比，这些差别是相当有限的。

之所以出现这种普遍性的男女性别刻板印象的模式，可能是因为最初的生物学差异导致文化习惯的差异、导致男女任务分配和社会化的不同，这些差别造成了男性和女性的心理学差异，因而性别刻板印象仅仅是对这些差异的精确知觉。但是，也可能是另外的情况：对于男女应该是怎样的，各文化中存在相似的信念，这样的信念导致不同的文化和社会化习惯，并且导致了对男性和女性形象的歪曲知觉。也就是说，固有的不正确的信念足以导致男女在行为和心理特征上的差别，甚至会加大潜在的生物学差异。

三、性别角色思想意识与文化

各个文化中都存在性别刻板印象，也就是在大多数文化中人们对男性和女性的实际情况有一些固有的、片面的、歪曲的认识，理所当然认为男性和女性实际上就是那样的。认为具有这样的特征并不等于认同这样的特征，实际上，对于男性和女性应该是怎样的，人们也有一些固有的信念，这就是性别角色思想意识（gender role ideology）。

1．性别角色思想意识

性别角色意识指的是关于女性和男性在社会中应当担当的角色、所拥有的权利、应当承受的义务等的信念系统，或者说是关于男性和女性应该像什么或应该干什么的标准信念。这一概念所涉及的信念可以普遍存在于所有领域，也可能只存在于经济、家庭、法律、政治等特定领域内。

性别角色思想意识从整体上没有一个特定的变化维度，可以是传统的、保守的，可以是男女平等主义的、自由主义的，也可以是反男女平等主义的。具体到家庭，传统的性别角色意识强调男性和女性扮演截然不同的价值观，男性通过工具性的、取得成功的活动来履行角色义务，而女性通过教养子女、干家务等活动履行角色义务。而平等主义的性别角色意识则强调男女的价值是等同的，共同分担生计和家务。

以下是威廉姆斯等（Williams et al，1990b）的研究中所使用的问卷中的一些项目，从这些项目可以看出性别角色思想意识的具体内容。

体现传统思想意识的项目：

如果一位男性和一位女性住在一起，女性应该做家务，男性应该干重活；女性应该注意自己的外貌，因为这可能会影响别人怎么看她丈夫；女性的首要责任是为家庭照顾孩子。

体现“平等主义”思想意识的项目：

女性应该和男性具有完全一样的行动自由；婚姻对女性职业的干扰不应该大于对男性职业的干扰；女性应该和男性有同样的性自由。

2. 性别角色思想意识的跨文化研究

在威廉姆斯等（Williams et al，1990b）利用形容词列表进行了一项大型跨文化研究，目的是考察不同文化中人们的性别角色思想意识，即男性和女性应该是什么样的。同时也考察了个体认为他们是什么样的（实际自我），他们愿意成为什么样的（理想自我）。他们的被试共1563名，来自14个国家（5个国家来自亚洲，5个来自欧洲，两个来自北美，非洲和南美各1个），每个国家大约有50名男性被试和50名女性被试。结果表明，对于实际自我和理想自我，男性和女性几乎没有出现跨文化差异。

但在性别角色思想意识的测量中出现了巨大的跨文化差异。总体来说，性别角色思想意识在平等主义维度上得分越高的国家，社会经济发展水平就会相对较高，新教教徒比例较高（同时穆斯林比例低），妇女在外工作和在大学学习的比例较高，在个人主义价值观维度上得分也较高。前面谈到，性别刻板印象在各文化之间很相似，而这一研究发现，性别角色思想意识在各文化之间存在巨大的差异。

性别角色思想意识在具体生活中具有重要的意义，对男性和女性的角色分配、家庭地位具有显著的影响。性别不平等是一个普遍存在的社会问题，而男性和女性又都认为自己应该怎样，这种不平等的性别角色思想意识又加剧了性别的不平等，并且导致其他的社会问题。在尼日利亚进行的一项研究（Odimegwu，2003）发现，性别不平等是各种形式的基于性别差异的暴力的根源，而性别角色思想意识又加强了这种不平等的性别角色。该研究采用多级聚类抽样技术，从尼日利亚选取了 308 名 15—50 岁的妇女为被试进行研究。结果发现，尽管已经有了一些变化，但所有妇女不管住在哪里，都赞成男性主导的性别角色，这种以男性占主导的性别角色思想意识强烈影响了针对妇女的暴力。该研究认为，应该通过社区教育来改变社会对于针对女性的暴力的态度。

3. 性别角色思想意识的变化

性别角色思想意识主要是关于男性和女性应该像什么或应该干什么的标准信念，但男性和女性未必真心希望自己要符合社会的信念，或者说，这样的信念有时并不符合当事人的利益。随着社会的发展，人们的性别角色思想意识也会发生变化。与传统社会相比，大部分发达国家的女性就业率较高，上大学的比例也较高，这使得两性的地位更加平等，性别角色思想意识也会相应地向男女更加平等的方向转变。

弗恩海姆等（Furnham & Karani，1985）研究了宗教群体中人们对妇女的态度。他们要求印度教、索罗亚斯德教和基督教这三个群体的男性和女性完成一个对女性态度的量表、公平世界信念量表和控制点量表。考虑到这些妇女在她们各自文化中的角色和地位，研究者预测，男性会比女性更加保守，在对待女性方面，印度教比索罗亚斯德教更保守，而索罗亚斯德教又比基督教更保守。结果证明了所有的预测。另外发现，男性比女性更强烈地希望建立一个公平的世界，这与他们不平等的对待女性的保守态度并不一致。妇女对性别平等持更加自由的态度，他们认为这个世界就是不公正的，表现在机会不均等、权威或外部的控制。研究者把这一研究结果与对美国的观察进行了比较，发现在现代化程度很高的美国社会中，男女平等的程度比这些宗教群体中高得多。

男性是支持还是反对改变女性的角色，反映了他们是否愿意放弃拥有的特权和对社会的控制。有研究者认为，在一个社会中女性角色的变化是社会现代化水平的指标。在许多社会中，随着现代化进程的进行，传统的男性支配、女性服从的模式逐渐向男女平等以及女性参与政治的现象变化。

四、择偶行为与文化

性别刻板印象和性别角色思想意识的存在，决定了在各种文化中，人们都对男性和女性实际上什么样和应该什么样有特定的信念系统。既然如此，人们在择偶时是否会寻求这些性别特征呢?

1. 择偶行为

选择配偶是人生所要面临的最重大的事情之一，要获得幸福的婚姻生活，理性、智慧地选择配偶是一个基本要求。无疑，在选择配偶时，个人的社会经济地位、受教育程度和智力水平、种族、信仰等都会对择偶行为产生重要的影响。具体到双方个人的特征，双方的年龄、态度与价值观、所愿承担的性别角色以及个人习惯等都会产生影响。除了这些因素，男女双方都希望选择具有自己所喜欢的人格特征的异性作为配偶。那么男女双方有什么样的择偶标准呢?

在西方，选择配偶要有一个较长时间的学习过程。在这一过程中，人们会进行一些相对于婚姻来说较不正式的交往，例如约会。选择约会对象的标准在一定程度上代表了选择配偶的标准。在一项模拟选择约会对象的研究中（Fisman，2006），研究者设置一种情境，被试可以遇到9—21名约会对象，每个对象的时间是几分钟，并有机会接受或拒绝对方。结果发现，女性更加重视男性的智力和种族，倾向于选择生长于富裕地区的男性。而男性更加重视女性外表的吸引力，如果女性的智力或报负水平超过了男性自己的智力或报负水平，男性就不再重视对方的这些特点了。

2. 择偶行为与文化

巴斯等（Buss et al，1989）研究了择偶行为与文化的关系。他们对37个国家的大约10000名被试进行了问卷测验，首先请被试在四点量表上评定所列举的18个特征在择偶时的重要性或想要的程度。第二个工具要求这些被试按择偶时想要的程度对13个特征进行排序。结果发现，尽管各文化间在传统—现代的维度和是否重视教育的维度上存在区别，但择偶偏好存在普遍的一致性。在第一个量表上的评定得分的跨文化样本相关为+0.78，排序的相关为+0.74。而且，男性和女性所选择的前四个品质是一样的：亲切和理解、聪明、具有令人兴奋的人格、健康。这种基本的性别相似性的证据是，所有文化样本之间的男女平均相关为+0.87。

除了总体上存在的相似性，研究还发现了性别差异。主要的性别差异是，女性比男性更重视潜在的挣钱能力，而男性比女性更重视外表。巴斯等认为，这种性别差异的跨文化一致性反映了男性和女性在进化选择压力上的区别。研究还发现了普遍存在的文化差异，其中对贞洁的重视程度具有最大的跨文化差异，其中北欧的重视程度比亚洲低。对于成为一个好主妇的需要以及对家和孩子的需要方面，也存在跨文化差异。巴斯等认为，尽管存在文化和性别差异，但在择偶的偏好排序方面，各文化之间和两种性别之间还是存在很大的一致性。

有人（Todosijevi et al，2003）专门对来自塞尔维亚的127名被试进行了研究，考察他们择偶标准的男女差异。要求他们在7点量表上评定对60个行为和人格特征喜欢或不喜欢的程度。在一些特质上双方出现了最大的差异，其中女性比男性更重视力量特质，而男性比女性更重视体型、自怜、脆弱、侵犯性、美貌这些特质。男性不太关注潜在配偶的负面特征，而女性不太关注潜在配偶的外在长相。地位越高的女性越关注男性的潜在社会经济地位。这一研究与其他文化的研究结果非常相似。

巴斯在《进化心理学》（2005）中回顾了很多研究，发现了男性和女性的一些普遍的择偶倾向性。女性选择倾向较高的男性往往具有如下的特点：经济资源较丰富、经济前景较好、社会地位较高、年龄长于自己、具有较高的抱负水平和勤奋的特质、可靠性和稳定性较高、运动能力强、健康、外貌较好、重视爱情和承诺、愿意为子女投资。而男性选择倾向较高的女性往往具有如下的特点：年轻、外表有吸引力、具有适当的体型和腰臀比。

五、心理特征的性别差异与文化

由于男性和女性的生理特征具有显著的不同，在此基础上，男性和女性社会化的过程和角色活动也存在巨大的差异，刻板印象和思想意识方面也存在性别的差异。因此，一个合理的预测是，男性和女性的心理特征的很多方面也会有一些差异。很多研究已经发现，男性和女性在认知能力、从众行为、暴力和攻击行为方面存在显著的性别差异，这些差异的大小及普遍性，与文化因素有密切的关系。

1. 空间能力的性别差异与文化

在日常生活中人们经常发现，男性比女性的空间能力更好一些，表现在空间定向、空间想象以及其他包含空间成分的任务中，男性的成绩总是比女性更好。很多研究也发现，男性比女性的空间能力更好一些。但是，这种性别差异是先天就有的，还是由于男女不同的经验导致的差别？跨文化研究可以提供有关的解释。

贝里（Berry，1966）认为，男女在空间任务上能否出现差异，取决于社会化过程对男性和女性要求的不同以及训练的不同。为此，他对西部非洲农耕社会的滕内人（Temne）和加拿大东北部的巴芬岛上狩猎社会的因纽特人（Inuit）进行了比较。有意思的发现是，滕内人的空间能力出现了男女性别的差异，而因纽特人中则没有出现性别的差异。贝里给出的解释是，在因纽特人社会中，空间能力对于男性和女性来说都是高度适应性的能力，男孩和女孩都有充分的训练和经验，从而提高了空间能力。而对于滕内人来说，男性和女性的分工不同，男性外出谋生的机会更多，因此在童年时期会得到较多训练，而女性则训练较少，从而导致空间能力的差别。

视窗

因纽特人

因纽特人是北极地区的土著民族，又称“爱斯基摩（Eskimos）”。“爱斯基摩”一词是由印第安人首先叫起来的，即“吃生肉的人”。因为历史上印第安人与爱斯基摩人有矛盾，所以这一名字显然含有贬意。因此，他们并不喜欢这个名字，而将自己称为“因纽特”或“因纽皮特（Inupiat）”人，在当地语中是“真正的人”的意思。

因纽特人　　　因纽特人的冰屋

因纽特人分布在从西伯利亚、阿拉斯加到格陵兰的北极圈内外，分别居住在格陵兰、美国、加拿大和俄罗斯，属蒙古人种北极类型。他们的住房有石屋、木屋和雪屋，房屋一半陷入地下，门道极低。因纽特人一般养狗，用以拉雪橇。

在北极地区狩猎是因纽特人的“特权”，也是他们的传统生活方式。他们世世代代以狩猎为主，主要靠猎捕海洋哺乳动物（海象、独角鲸和各类鲸）和陆地哺乳动物为食（加拿大驯鹿、白熊、极地狐和北极象）。因纽特人也从事渔业。主要捕食海鱼（鲨鱼、鳕鱼、鳟鱼和红鲑鱼），一些地方也捕捉淡水鱼。因纽特人已经开始使用现代渔猎工具，并乘汽艇从事海上狩猎，也从事一些毛皮贸易。他们的生活日益受到白人文化的影响，在格陵兰地区已有80%的人移居小城镇，并出现了贫富分化。

在严酷的自然环境下，养育后代的条件非常恶劣。为了提高婴儿的成活率，因纽特人很早就依靠集体力量养育后代，久而久之，他们形成了大同观点，认为孩子是大家的。因此，不管你喜欢哪家的孩子，只要你真心想领养，父母很可能就会同意你把他的孩子带走。如果他想养孩子，就到别的家去看，喜欢哪个就领回家来。所以，因纽特孩子往往要在很多家周转后才长大。

柯斯积木图案测验（Kohs Blocks Test）是一种常用的测验空间能力的测验，在测验中，被试需要用16个彩色方块复制测验卡片上的一系列模式。这种测验不需要语言，因而可以用于对语言或听力有障碍的被试进行测验。一项研究用柯斯积木图案测验任务研究了空间任务的性别差异。研究者考察了17个社会在该任务上的性别差异。结果发现，性别和测验得分之间的相关差别很大。如果用正相关表示男性得分较高，负相关表示女性得分较高，那么性别和测验得分之间的相关从+0.35到-0.51。如果用生存经济、定居模式、人口密度、社会松紧度以及社会化习惯计算生态文化指数，并把相关系数按从大到小排顺序就会发现，在紧的社会、定居的和农业社会中，男性在这项任务中的得分高于女性，而在松的社会、游牧、打猎和采集社会中，男性得分不高于甚至低于女性得分。

据此可以说，空间任务的性别差异既不是完全一致的，也不是不可避免的。在紧的社会、定居的和农业社会中，儿童社会化的过程和角色分配决定了男女所从事的有关空间的任务多少不同，从而导致了该项能力上的性别差异。而在松的社会、游牧、打猎和采集社会中，男女儿童社会化的过程和角色分配差别不大，因此在空间能力上没有大的性别差异。如果真是这样，那么可以预测，通过某种形式的训练，可以减少男女在空间任务上的差异。冯等（Feng et al，1990）的研究发现，通过打一种动作视频游戏（action video game），可以消除空间注意任务中的性别差异，并同时减少心理旋转这种高水平空间认知任务成绩的性别差异。仅仅通过 10 个小时的训练，被试就发现在空间注意和心理旋转上提高很多，而且女性提高比男性更多。而控制组的被试玩的是没有动作的游戏，没有发现这种水平的提高。

因此，经验和训练是男女空间能力性别差异的基础。

2．一般智力的性别差异与文化

一般来说，男女的智力没有显著的差异。但是，男女智力的结构存在差异却是显然的。一般的观察也发现，男性在逻辑能力、数学能力方面较好，而女性的语言能力较好。

在美国心理学会发表的报告《智力：已知与未知》中，研究者综述了很多研究报告后指出，绝大多数标准的智力测验结果表明，男性和女性的智力得分从总体上说没有性别差异。尽管也有一些研究发现存在智商的性别差异，但差异的方向并不稳定，差异也相当小。当然，总体上没有差异并不等于说每个个体的能力没有差异。具体到言语能力，女性在产生同义词和言语流畅性上优于男性。平均来说，女性在大学的文学、英语作文和西班牙语成就测验上高于男性，在阅读和拼写上也优于男性。男性的阅读困难和其他阅读失能问题更多，口吃的人数也更多。女性还在一些记忆任务上表现优于男性，但也有一些研究发现了相反的结果，并且差别在不同的研究中也不相同。而对于数字能力，男女之间也具有稳定的性别差异。在学校教育的早期阶段，女孩在数字任务上明显优于男孩，但这种差异的方向在青春期之前就反了过来，男性从此一直到年老阶段都在数字任务上优于女性。学业性向测验的显示，男性的数学能力优于女性，最高分几乎全是男性。男性在比例推理和机械推理上也优于女性。

这种智力成分的性别差异与文化有什么关系呢？博恩等（Born et al，1987）对189个研究进行了元分析。这一元分析根据瑟斯顿的智力理论模型，把智力分为多个方面。对于研究对象的文化，把所有研究分为5个大的文化群。就总体来说，智力的性别差异较小。在某些智力因素中，各文化群之间也没有显著差异。但从一些智力测验的分测验来看，也存在很多性别差异：女性在言语任务（包括言语流畅性）、记忆和知觉速度中的表现往往优于男性，而男性则在数字任务及多项其他知觉任务（包括完形、空间定向和空间视觉化）中得分高于女性。从总体上说，在“少数民族”中性别差异最小，而在“非洲”和“亚洲”样本中性别差异最大。在具体测验中，“非洲”和“亚洲”人的空间定向性别差异最大，表现为男性显著优于女性，而在西方社会，空间想象能力的性别差异最大，同样表现为男性显著优于女性。

尽管这一跨文化的元分析综述了大量文献，但实际上只是一个跨大陆分析和跨地区分析，因为他们的分析是根据地理区域进行分类，而不是根据文化来分类。因此，智力的性别差异与文化的关系到底怎么样，还不能得出结论。

3. 从众行为的性别差异与文化

从西方社会儿童社会化的过程来看，男孩和女孩受到的训练不同，因而男性可能更加独立，而女性更加顺从。与独立、顺从联系在一起的是，当遇到群体压力的时候，男性受到的从众压力是否比女性要少一些呢？西方的有关文献表明，女性比男性更容易受到从众压力的影响。但这一现象是不是在所有文化中都存在？或者说从众现象与文化之间的关系是怎样的呢？

贝里（Berry，1979）考察了 17 个文化中男性和女性的从众行为，结果发现，性别差异与文化的关系出现了清晰的模式。在 17 个样本中，在紧的社会、定居和农业社会中出现了最大的性别差异，表现为女性比男性更加从众；而在松的社会、游牧、打猎和采集社会中，性别差异较小，有时甚至出现男性比女性更加从众这种与西方社会相反的模式。性别差异大小与"生态文化指数"的总体相关为 +0.78。因此，我们再次发现心理特征的性别差异是否出现以及大小在各文化中是有差别的，也可以根据男女儿童的养育差异知识、角色分配知识以及社会分层程度（在分层社会中，女性往往处于社会的较低层次）进行预测。

4. 攻击行为的性别差异与文化

从日常的观察就可以得出结论，男性总是比女性表现出更多的攻击行为。研究也发现，不论是工业化国家还是非工业化国家，男性的攻击行为比女性更多，特别是在青少年时期，这一事实可以解释这些社会中男女暴力犯罪的差别。但也有研究发现，其实男孩和女孩都可能有很高的敌意和攻击性，只是表现的方式不同而已。克里克等（Crick et al，1995）在研究中要求 3—6 年级的学生根据一定条件对同学进行提名，提名条件包括外显攻击行为和关系控制的行为。结果发现，男孩被提名具有很高的外显攻击行为，而女孩更多地被感知到使用关系攻击。女孩更倾向于关注情感目标或关系型目标，也就是与他人建立亲密和谐的联系而不是战胜或控制对方。因此，女孩的攻击行为与她们所追求的社会目标一致，主要包括隐秘的关系攻击形式，如拒绝接纳、冷落、排斥，以及其他可能破坏对方友谊及同伴地位的行为，如散步谣言。考虑到一般研究者比较关注外显的攻击行为，因而我们的跨文化分析只涉及外显的攻击行为。

对于攻击行为性别差异的原因，一种可能是成人顺应男孩和女孩的本性，从而容忍了男孩的攻击行为，却不容忍女孩的攻击行为；另一种可能是，为了让儿童提前适应成人期的生活，从而对男女儿童进行了不同的教育。

男性的睾丸激素水平较高，这决定了男性注定会比女性表现出更多的攻击和反社会行为。也就是说，攻击行为的潜在可能性存在于人类自身。然而，社会对攻击行为的容忍度，也会对攻击行为产生巨大的影响。由于社会中对男孩和女孩的攻击行为的容忍度不同，可能导致攻击行为的性别差异。也就是说，攻击行为是文化影响的产物，很大程度上是通过以文化为中介的儿童期经验产生影响的。

如果男性和女性具有不同的经验，从而对他们表现出攻击行为的倾向产生不同的影响，那么只有知道这些经验是什么，才能理解攻击行为。这种经验中有一类非常有名，即对男女灌输了不同的关于攻击行为的教育。巴里等（Barry et al，1976）对大约150个社会的样本进行了研究，发现在有意的教育和鼓励儿童的攻击行为方面，平均来说存在着性别差异。如果多数社会中男孩确实比女孩接受了更多的攻击行为教育，那么攻击行为具有性别差异的原因很简单，就是文化。但情况不是这样。巴里等之所以能够发现平均差异，是因为相对较少的社会造成的，而在这些社会中攻击教育又有巨大的性别差异。实际上，在所有的社会中，只有20%的社会中具有显著的差异。因此，除了教育的差异和激素的差异，肯定还有其他的因素对攻击性的性别差异产生影响，这些因素可能单独产生影响，也可能合起来产生影响。

西格尔等（Segall et al，1999）还分析了其他文化因素对攻击行为性别差异的原因。由于劳动根据性别进行分工的现象相当普遍，而且养育儿童主要由女性承担，这使得男性对儿童早期的影响不突出，因而年幼的男孩发展出双性别的特征。为了让成年的男性承担起社会所期望的责任，就要对具有双性别特征的男孩的行为进行矫正，或者通过针对男性青少年进行的严厉的男性启蒙仪式，从而使男性的攻击行为逐渐多于女性。在第二章开头部分，我们介绍了很多文化中的成人仪式，这些仪式更多的是针对男性，并且特别强调男性勇敢、敢于搏斗等品质。也许这样的成人仪式对培养男性的攻击行为有一定的影响。

小结

本章讨论了多种形式的社会行为与文化的关系。第一节讨论了不同文化中的价值观，重点讨论了价值观定向和和价值观结构与文化的关系；第二节讨论了一种具体的价值观维度——个人主义和集体主义价值观，并分析了位于该维度不同位置的文化中的个体在一些具体行为中的不同表现；第三节讨论了从众行为与文化的关系，发现从众行为与生态文化有模式化的关系；第四节讨论了归因与文化的关系，东西方文化中的个体在社会事件及物理事件中的归因模式存在差异；第五节讨论了男女性别行为的差异与文化的关系。有关的研究表明，社会行为的具体表现与生态文化和社会文化有一定的关联，在普遍性中表现出多样性。

思考题

1. 价值观定向与文化有什么关系？

2. 个人主义和集体主义文化中的个体在社会行为表现上有何不同？

3. 从众程度和生态文化之间有何关系？

4. 东西方对社会事件的归因有何不同？

5. 社会行为的性别差异与文化有什么关系？

参考文献

巴斯著，熊哲宏译：《进化心理学》，华东师范大学出版社，2007 年。

理查德·格里格、菲利普·津巴多著，王垒、王甦等译：《心理学与生活》，人民邮电出版社，2003 年。

彭聃龄：《普通心理学》，北京师范大学，2001 年。

万明网：《文化视野中的人类行为——跨文化心理学导论》，甘肃文化出版社，1996 年。

张春兴：《现代心理学：现代人研究自身问题的科学》，上海人民出版社，1994 年。

Allport G. W, Vernon P. E, Lindzey G., A Study of Values. Boston: Houghton Mifflin, 1960.

Barry H, Josephson L, Lauer E, and Marshall C. Agents and techniques for child training: Cross - cultural codes 6. Ethnology, 1977, 16: 191 - 230.

Barry H. Customs Associated with Premarital Sexual Freedom in 143 Societies. Cross – Cultural Research, 2007, 41 (3): 261 – 272.

Barry H, Child I & Bacon M K. Relations of child training to subsistence economy. American Anthropologist, 1959, 61: 51 – 63.

Barry H, & Schlegel A (Eds). Cross – cultural samples and codes. Pittsburgh, PA: University of Pittsburgh Press, 1980.

Berry J. W. Temne and Eskimo perceptual skills. International Journal of Psychology, 1966, 1: 207 – 229

Berry J. W. A cultural ecology of social behavior. In: Berkowitz L (Eds). Advances in experimental social psychology, vol12. New York: Academic Press, 1979.

Berry J. H, Poortinga Y. H, Segall M. H, Dasen P. R., Cross – cultural psychology: Research and applications (2nd Ed). Cambridge: Cambridge University Press, 2002.

Bond R, Smith P. B. Culture and Conformity: A Meta – Analysis of Studies Using Asch's (1952b, 1956) Line Judgment Task. Psychologica Bulletin, 1996, 119 (1): 111 – 137.

Born M, Bleichrodt N, Van der Flier H., Cross – cultural comparison of sex – related differences on intelligence tests: A Meta – Analysis. Journal of Cross – Cultural Psychology, 1987, 18 (3): 283 – 314.

Buss D. M. Sex differences in human mate preferences: Evolutionary hypotheses tested in 37 cultures. Behavioral and Brain Sciences, 1989, 12: 1 – 49.

Crick N. R, Grotpeter J. K., Relational Aggression, Gender, and Social – Psychological Adjustment. Child Development, 1995, 66

(3): 710 - 722.

DeRidder R Tripathi R. C., Norm violation and intergroup relations. New York: Oxford University Press, 1992.

Feng J, Spence I, and Pratt J., Playing an action video game reduces gender differences in spatial cognition. Psychological science, 2007, 18 (10): 850 - 855.

Fisman R, Iyengar S. S, Kamenica E, Simonson I. Gender differences in mate selection: Evidence from a speed dating experiment. The Quarterly Journal of Economics, 2006, 121 (2): 673 - 697.

Furnham A. F & Karani R. A cross - cultural study of attitudes to women, just world, and locus of control beliefs. Psychologia, 1985, 28 (1): 11 - 20.

Gabrenya W. K, Latane B, Wang Y. Social Loafing in Cross - Cultural Perspective: Chinese on Taiwan Journal of Cross - Cultural Psychology, 1983, 14 (3): 368 - 384.

Gabrenya W. K, Wang Y, Latane B., Cross - cultural Differences in social loafing on an optimizing task: Chinese and Americans. Journal of Cross - Cultural Psychology, 1985, 16 (2): 223 - 242.

Harkness S. Human Development in Cultural Context: One Pathway or Many? Human Development, 2008, 51: 283 - 289.

Hofstede G., Culture's Consequences: International differences in work - related values. Beverly Hills, Calif.: Sage, 1980.

Hofstede, G., Culture's Consequences: Comparing values, behaviors, institutions and organizations across nations Beverly Hills, Calif.: Sage, 2001.

Hui C H & Yee C. , The shortened Individualism – Collectivism Scale: Its relationship to demographic and work – related variables. Journal of Research in Personality, 1994, 28: 409 –924.

Inglehart R, Baker W. E. Modernization, cultural change, and the persistence of traditional values. American Sociological Review, 2000, 65: 19 –51.

Kluckhohn C. K. Values and Value Orientations in the Theory of Action. In Parsons T and Shils E A (Eds). Toward a General Theory of Action. Cambridge, MA: Harvard University Press, 1951.

Kluckhohn F R & Strodtbeck F L. Variations in Value Orientations. Evanston, Ill. : Row, Peterson, 1961.

Law K. W. K and Chan A. H. N. , Gender role stereotyping in Hong Kong' s primary school: Chinese language subject textbooks. Asian Journal of Women' s Studies, 2004, 10 (1): 49 –69.

Lee J. F. K. , Gender representation in Hong Kong English textbooks. Paper presented at the 2nd International Conference on Gender Equity Education in the Asia Pacific Region, Hong Kong, 2006.

Morris M. W & Peng K. , Culture and cause: American and Chinese attributions for social and physical events. Journal of Personality and Social Psychology, 1994, 67: 949 –971.

Neisser U. , Intelligence: Knowns and Unknowns. American Psychologist. 1996, 51 (2): 77 –101.

Odimegwu C, Okemgbo C. N. , Gender role ideologies and prevalence of violence against women in Imo State, Nigeria. Anthropologist, 2003, 5 (4): 225 –236.

Peng K, Knowles E. D. Culture, Education, and the Attribution of Physical Causality Personality and Social Psychology Bulletin, 2003, 29 (10): 1272 - 1284.

Rokeach M. The Nature of Human Values. New York: Free Press, 1973.

Segll M H, Dasen P R, Berry J W, & Poortinga Y H. Human behavior in global perspective: An introduction to cross - cultural psychology (2nd ed). Boston, MA: Allyn and Bacon, 1999.

Shaffer D R 著，邹泓等译：《发展心理学——儿童与青少年》（第六版），中国轻工业出版社，2005 年。

Todosijevi B et al. Mate selection criteria: A trait desirability assessment study of sex differences in Serbia. Evolutionary Psychology, 2003, 1: 116 - 126

Triandis H., Toward a Psychological Theory of Economic Growth. International Journal of Psychology, 1984, 19 (1): 79 - 95.

Triandis H., Collectivism vs. Individualism: A reconceptualization of a basic concept in cross - cultural psychology. In Verma G & Bagley C (Eds) Cross - Cultural Differences in Game Theory 30 cultural studies of personality attitudes and cognition. London: Macmillan, 1988.

Triandis H., Individualism and collectivism. Boulder, CO: Westview. 1995.

Weiner N et al., Social Loafing in India and the United States. Joint Meetings of the Second Annual Conference of the International Association for Cross - Cultural Psychology and the International Council of Psychologists, Taipei, Taiwan, 1981.

Williams J. E, Best D. L., Measuring sex stereotypes: A thirty nation study. Berkeley, CA: Sage Publications, 1982.

Williams J. E, Best D. L., Measuring sex stereotypes: A multi – nation study. (2nd Ed) Newbury Park, CA: Sage Publications, 1990a.

Williams J. E, Best D. L., Sex and psyche: Gender and self viewed crossculturally. Newbury Park, CA: Sage Publications, 1990b.

Yi J. S, & Park S., Cross – cultural differences in decision – making styles: A study of college students in five countries. Social Behavior and Personality, 2003, 31 (1): 35 –48.

第七章　心理治疗与文化

在中国东北一些地方的农村，有些人相信通过跳大神可以治疗很多疾病。当人得了某种疾病，又没有到医院治疗的经济条件或意识，或者到医院暂时没有治好，就会求助于“萨满”。萨满会根据患者的症状采取不同的程序。如果认为是“外来的鬼”致病时，就会在大门外或村边上生起篝火，萨满在篝火边“跳神”，并做象征性的射击，表示“驱鬼”。在“驱鬼”的过程中，萨满会进入精神恍惚状态，并以不同的声调讲话，表现就像另外一个人，声称是被神灵附身。中国东北当地把这叫做“跳大神”。透过附身的“神”，萨满会传达神意，说明病人的疾病是什么，并且告知如何治疗或克服。萨满说的话不容易被人理解，通常有一个助手，替他解释所说的话，或传达神意。如果认为是触犯某一种神致病时，便杀猪、杀牛或杀羊进行祭礼，由萨满主持献祭，“请求神的宽恕”。遇到病危的患者，认为其“灵魂”已经离开肉体，到了“阴间世界”，便在夜间祭祀，萨满的“神”到“阴间”把病人的“魂”带回来附还于肉体。据说不管你患了何种病，病情多么严重，萨满都可以用不同的办法给你治好。

萨满其实是一种巫医。在一些自然取向的医学和心理治疗没有普及的地方，人们会通过萨满解决一些生理或心理疾患。虽然这种巫医是迷信的治疗方法，其主要基础是对“超自然”力量存在的信仰。但由于具有一定的“疗效”，因此可以了解其发挥作用的机制，并可以看做心理咨询与治疗在特殊文化中的一些表现形式。

除了某些特殊文化中的心理治疗手段，还要注意不同的文化中的心理障碍有一定的区别。由于不同的文化对人们的约束并不相同，人们遇到的心理问题差异很大，导致各种心理问题在不同文化中的分布差别很大，各文化看待心理问题的方法也不相同，相应的处理方式也不一样。作为心理咨询和治疗师，也应了解求助者的不同文化背景，并采取最适当的方法。本章讨论心理障碍在不同文化中的表现，各种文化对待心理问题的特殊方式，以及如何帮助来自不同文化的求助者。

根据江光荣（2005）的观点，心理咨询和心理治疗是本质相同的专业助人活动，依据同样的心理学理论，应用同样的技巧，并且服务对象“同中有异”，因此本章在表述时，很多地方对心理咨询和心理治疗不作区分，统统叫做心理治疗。

第一节 心理障碍与文化

当我们听说某人自杀时，我们一方面感到悲伤和惋惜，同时也对他们的自杀行为感到莫名其妙：到底有什么原因竟能让他们放弃生命？其实，当人们处于身体、精神状况良好的情况下，很难想象心理障碍者的内心体验。但对很多人来说，有时的确会产生种种不正常的心理感受，例如，人们有时会为某事过分担心；有时会感到焦虑或担忧却不知道为什么；有时我们明明知道某个事情不可能对我们造成伤害却非常害怕它。这些情况如果表现得非常严重，我们就倾向于说他心理不正常，或有心理障碍。

心理障碍的具体表现在不同的文化中是不同的，有些文化中会出现其他文化中所没有的心理障碍。本节讨论文化与心理障碍的关系。

一、心理障碍的性质

1. 什么是心理障碍?

在欧美国家，专门研究精神疾病及心理障碍的专家对于在西方背景下的心理障碍（mental disorder）或变态（abnormal）有比较一致的认识。《心理学与生活》（格里格，2003）引述了《美国诊断分类统计手册第四版—正文修订版》（DSM－Ⅳ－TR）关于“变态”的七项标准。

（1）痛苦或功能不良。个体经历痛苦或功能不良，进而造成身体或心理衰退的危险或丧失行动的自由。例如，无法抑制地感到生活没有意义，觉得活着非常痛苦。

（2）不适应性。个体的行为方式妨碍了目标的达到，不利于个人的幸福，或者严重扰乱了他人的目标和社会的需要。例如，总是容易因为小事跟别人发生冲突，并威胁到他人的安全。

（3）非理性。个体的行为或言语方式是非理性的或不能被他人所理解。例如，总是觉得被人窃听，觉得要被人谋害等。

（4）不可预测性。个体从一个情境到另一个情境的行为都是不可预测和无规律的，好像有一种不能控制行为的体验。例如，一个孩子无缘无故用拳头打碎玻璃就是在表现出不可预测性。

（5）非惯常性和统计的极端性。个体的行为方式在统计学上处于极端位置且违反了社会认为可接受或赞许性的标准。要符合上述两个标准才算作变态，例如拥有极低的智力；但只符合前一标准不能算作变态，如拥有天才水平的智力。

（6）令观察者不适。个体通过令他人感到威胁或遭受痛苦而造成他人的不适。例如，一个人走到大街中间，自言自语大声讲话，会对试图绕过他的车辆上的观察者造成不适。

（7）对道德或理想标准的违反。个体违反了社会规范对其行为的期望。按照这一标准，不愿工作或不信教的人可能会被一些人认为是不正常的。

需要注意的是，这七条标准中的任意一条都不能作为变态的必要条件。也就是说，尽管有的人属于变态，但他不一定会表现出所有七条标准中的表现。另外，任意一条标准也不能作为变态的充分条件。很难根据一条截然的分界线区分正常和异常行为，一个人的行为合乎一整套公认的异常标准的程度并不相同，其行为可能处于从心理健康到心理疾病的连续体的某个位置。

尽管心理障碍有七条标准可用于对病人进行诊断，但在实践中由于种种原因，实际上很难做到严格、公正和客观的诊断。

2. 心理障碍与文化

尽管根据心理障碍的诊断标准可以比较准确地判断一个人的行为是否正常，但在很多情况下，这样的标准并不十分恰当。很多在欧美文化中可以判定为心理障碍的行为表现，在某些特定的文化中却是正常的。

例如，在欧美文化中，一般认为幻觉是心理困扰的表现，但在某些文化中，幻觉又是正常的、是好的。各种文化对压力的看法和解决方式也存在差别。例如在印度，人们不认为压力是一个大问题，也不会为此担忧而去寻求专家的帮助，而是认为压力是生活不可分割的部分。人们普遍用神秘力量解释压力，通过向神灵献祭、朝拜圣地或求助于某些特殊的治疗者，也采用冥想和瑜伽来解决。

二、心理障碍的文化特异性

心理障碍者的行为表现是病态或异常的，但欧美社会中的各种心理障碍在不同的文化中有什么特殊的表现呢？

1. 常见心理障碍的文化特征

这里介绍的常见心理障碍包括器质性及药物使用障碍、精神分裂症、抑郁等。这些心理障碍与文化都有一定的关系。

（1）基于生物功能的障碍。基于生物功能的心理障碍更可能具有跨文化的普遍性和绝对性，可能受文化的影响较少，这些障碍包括器质性障碍（organic disorder）、药物使用障碍（substance disorder）及各种不同形式的智力发育迟滞。器质性的精神疾病包括阿尔茨海默氏综合症（Alzheimer），由于器质性原因如亨廷顿舞蹈症和帕金森综合症而导致的精神疾病；药物使用障碍包括由于使用对精神有影响的物质如酒精、烟草、大麻、镇静剂、可卡因及致幻剂等而导致的精神疾病；智力发育迟滞表现为智力发展的迟缓及低智商。

尽管这些心理障碍有生物基础，但是并没有研究证明这些障碍的绝对性，相反，有些研究证明文化因素可能会影响这些障碍的出现频率和表现形式。例如，尽管对酒精的生理反应在不同的人群中有很大的差异，这是生物学因素影响的结果，但是不同的文化规范对喝什么酒、在哪里喝、喝多少等都有不同的看法，这使不同文化中的个体对酒精的反应有着很大的差异。因此，即使心理障碍与生理过程有紧密的联系，但文化因素可能会影响这些障碍的某些方面，要了解变态或心理障碍的表现，根本无法脱离具体的文化因素。

（2）精神分裂症。精神分裂症（schizophrenic disorder）是一种严重的心理病理形式，患有这种病的人的人格似乎解体，思维和知觉出现歪曲，情感变得迟钝（格里格，2003）。这种精神障碍的主要表现是缺乏自知力、幻觉、妄想、情感低沉等。

墨菲（Murphy，1982）对精神分裂症进行了跨文化研究，他提出，文化可以通过四个途径影响精神分裂症的发展：一是对信息加工过程的错误训练；二是将提供给人们的信息复杂化；三是当信息不清楚时对决策的期待；四是鼓励或不鼓励有精神病史的家庭生小孩的程度。除了这些影响精神分裂症流行的可能的文化因素之外，墨菲还提出文化会影响精神分裂症的定义、识别、接受以及征候（障碍表达的信号或行为）；而且文化还会影响这种精神障碍的发展过程以及对此障碍治疗的反应。

贝里等（Berry et al，2002）提到，世界卫生组织对哥伦比亚、捷克斯洛伐克、丹麦、印度、尼加拉瓜、中国台湾、英国、美国、前苏联等 9 个国家和地区专门训练的精神科医师进行了研究。这些医师使用标准化的诊断量表，每个国家或地区的研究中心都对超过 100 名精神疾病患者进行了检查，在一共 1202 名患者中，77.5% 的人被诊断为“精神分裂症”，各个研究中心都发现了一种“核心共有症状群”，包括社会及情感退缩、妄想以及平淡感。然而，对症状的描绘在各个中心之间有着很大的差异。例如，美国的精神分裂症患者在缺乏自知力和幻听等症状上与丹麦和尼加拉瓜的患者就有很大不同，尼加拉瓜患者比另外两个地区的患者有更多的“其他幻觉”。该研究的结论是，精神分裂症是一种广泛存在的精神障碍，是一种在所有文化中都可被识别出来的疾病，但是在表现方式上随着文化经验的不同而有所差异。

有人（Kulhara et al，2001）研究了文化对精神分裂症的各方面情况的影响。结果发现，西方发达国家和东方发展中国家中精神分裂症的流行状况、病原学、症状学、过程和结果等方面都存在一些差别。这说明文化与精神分裂症有一定的关系，一定程度上证明了墨菲所提出的文化对精神分裂症的影响。

精神分裂症的某些症状在不同文化中的意义是有差别的。例如有人（Stompe et al，2006）研究了来自奥地利、波兰、立陶宛、乔治亚、巴基斯坦、尼日利亚和加纳的1080名被试，以考察错觉、幻觉以及首要症状的内容在多大程度上受文化的影响。结果发现，大概有15%—40%的症状是受文化影响的。因此，在理解和治疗精神分裂症时，应充分考虑文化的影响。

对于精神分裂症这种相当流行且非常严重的精神障碍，要得出跨文化的任何结论，仅仅使用西方的量表、定义，以及只采用世界范围内的少量文化样本，也都是不够的。

（3）抑郁症。抑郁几乎发生在每个人身上，并频繁发生，因此被形容为“心理病理中的普通感冒”。很多研究者认为，抑郁症也具有“基本核心”症状，正是由于这些症状的存在，使抑郁得以在所有文化中都能被识别出来。这些症状包括情绪悲伤、缺乏动力、兴趣和快感丧失等。抑郁常常伴随着情绪变化（如负罪感、愤怒及焦虑），生理变化（如睡眠障碍、疲倦、没胃口、体重减轻、力量下降），行为变化（如哭泣、退缩、易激惹）以及自我评价变化（低自尊、悲观、无希望感、无价值感）；严重的抑郁可能还会伴有自杀倾向。

文化的某些方面会影响抑郁。例如家庭是否提供更多的社会支持、母子关系状况等，在某些悼念仪式中，悲伤的仪式化和过度表达也会产生轻度抑郁。马尔塞拉（Marsella，1980）提出了一个文化维度，把不同的文化分为主观取向和客观取向。在相对“客观”的文化类型中，语言更为抽象，自我结构更为个体化，在这样的文化中，抑郁主要以情感和认知的形式表现出来（并且会体验到孤独感）；在相对“主观”的文化类型中，语言中有更多的隐喻，人与人之间的结构更为紧密，在这样的文化中，抑郁主要以躯体症状的方式来表现。后来的研究发现了类似的结果，例如董（Tung，1994）发现，通过研究中国人在陈述抑郁症状时所使用的语言，可以发现他们把抑郁症状与身体联系起来，这说明他们的抑郁表现出更多的躯体症状，即躯体化（somatization）。

抑郁是世界性的疾病，但是和目前众多世界性疾病一样，研究方法以及被试选取的西方文化取向对抑郁的概念、症状描述以至于最后的结论都有很大的影响。雷德蒙德等（Redmond et al，2006）对单相抑郁的跨文化研究进行了分析，结果发现，在对单相抑郁进行跨文化研究时，不同研究者在方法的设计、抑郁和文化的测量，以及研究者对于抑郁具有普遍性还是由社会建构这一问题的看法等方面，都存在分歧。雷德蒙德等通过分析提出，在对抑郁进行跨文化研究时，不但要采取普遍性的观点，也要采取社会建构的观点。要对不同文化的抑郁表现进行比较，必须进行量化的测量，而质性的信息则应作为补充信息，用以提供文化特殊性的观点。在测量文化时，以往研究者只采用霍夫斯塔德的维度，但这不足以涵盖文化的复杂性。而且，当今世界全球化进程不断推进，这也要求我们应不断重新审视文化。

2. 文化特异性综合症

除了《美国诊断分类统计手册》所列举的心理障碍之外，在某些文化中还有一些特殊的，仅见于少数文化的心理障碍，这种本地化的心理障碍叫做文化特异性综合症（culture - specific syndromes 或 culture - bound syndromes）。

对于这些本地化心理障碍，当地的居民对这些现象赋予了丰富的解释和意义，但从跨文化心理学的角度应该考虑的问题是，这些现象是否有潜在的共性？或者说，这些看上去是由特定文化决定的症状，也许只是一些广泛存在的精神疾病在该文化中的表现。

贝里等（Berry et al，2002）列举了一些典型的本地化心理障碍。

（1）杀人狂（Amok）。在马来西亚、老挝、菲律宾和波利尼西亚，认为自己被侮辱的男性有时会发狂，郁闷一段时期后，他们突然爆发，随意地对人和物品施以暴力，变得有攻击性或杀人，这就是杀人狂。

（2）脑力衰竭（Brain fag）。脑力衰竭包括学习障碍、头疼、视力疲劳以及注意力无法集中等问题。这种精神疾病常见于西非学生，尤其是在考试前会频繁出现，在此文化区域之外并未发现有类似情况。

（3）缩阳症（Koro，马来语“乌龟”之意）。在东南亚一带，男性患者可能突然强烈地害怕自己的阴茎会缩入体内，女性患者会害怕乳房或阴唇缩入体内，此外，患者还认为严重的缩阳症会致死。尝试阻止生殖器缩入腹部的恐惧会导致严重的生理伤害。在西非也报导了与此相似的外生殖器缩小恐惧症。

（4）拉塔病（Latah）。常见于女性群体，表现为无法控制的模仿行为：动作及语言的重复；在这种状态中的个体常常会服从命令去做一些正常行为之外的事情（如一些淫秽猥琐的事情）。这种病症的发作常常是由突然或令人吃惊的刺激引发的。“拉塔”这个词在印尼、马来语中的意思就是“不稳定的”。

（5）北极癔病（Pibloqtoq）。其症状包括出现无法控制的强烈欲望想要离开居所、脱掉自己的衣服、将自己的身体在寒冷的北极的冬天暴露在外。这种病症发现于格陵兰岛、阿拉斯加以及加拿大位于北极圈内的地区，据说与孤立的环境条件以及长期缺少阳光的冬天导致缺钙等因素有关。

（6）着魔惊恐（Susto）。其症状有失眠、冷漠、抑郁及焦虑，常见于儿童，常由惊吓所导致。在安第斯山脉高地人群中，人们认为这种病是由于与超自然力量（巫术等）接触所导致，并且这种病会导致灵魂的丧失。

（7）雪怪综合症（Witiko）。其病症包括厌恶普通食品的味道、抑郁感及焦虑感的出现，是由 Witiko 幽灵（一种吃人的巨型妖怪）造成的，最终会导致杀人或吃人。发现于加拿大土著人当中，并被解释为饥饿焦虑的极端表现形式。如果不能治愈，雪怪综合症患者常会请求处以死刑以避免其吃人的欲望造成伤亡。

（8）神经性厌食症（Anorexia nervosa）。是厌食症的一种，目的是为了追求极度消瘦。见于西方工业化社会当中，有人认为这是物质丰裕社会的文化综合症，在其他社会中的部分精英地区也有所发展。

以上这些综合症的特点在于它们均表现出了文化独特性；每一种综合症在其所存在的文化背景下都有相应的解释。跨文化精神病学的任务是判断这些病症在心理治疗学的基本框架下是否广泛存在，但目前还没有统一的解释。

第二节　土著民俗性心理治疗

在本章的开头，我们介绍了萨满教中如何解决人的健康问题。在原始社会以及社会文化还不够发达，尤其是自然科学取向的医学还没有建立起来、现代医学还未普及的地方，人们的科学素质较低。当人们遇到躯体疾病或心理健康问题时，由于不能理解或心存畏惧，又缺乏利用现代医学治疗的意识，如果社会中有一些解决疾病或心理问题的“神汉”、“巫婆”或“萨满”，人们就会主动前去求助。

本节介绍这些土著民俗性的心理治疗。

一、土著民俗性心理治疗概述

根据曾文星（2002）的说法，土著民俗性的心理治疗，主要指一种原始“医疗”性的操作，企图利用一些对“超自然”的信奉心理去减轻或解决求治者心理上的困难，可以包括巫医、算命、占卦、求签等。这些治疗程序采用的是比较原始性的、土著性的、超自然趋向的方法。其治疗者没有接受过系统性的训练，主要依靠其本能与直观性的了解与推测而进行。

从狭义的观点来看，这些治疗方法并不是专业的心理治疗，但从广义的立场来看，可以看做帮助求助者的具体操作。但我们站在科研的立场，从心理学的角度研究和了解这些土著民俗性心理治疗的作用和效用机制，考察是否具有对正规心理治疗有用的地方，同时也了解这些土著民俗治疗方法可能对人们造成哪些伤害，起到教育社会的作用。

但必须说明的是，土著民俗性的心理治疗方法是非科学的、非医学性的，而且主要以“超自然”为取向的医疗系统，不但其理论、方法是不正确的，而且容易耽误真正的治疗，有时求助者还被骗财骗色，自然是不可取的。另外，占卦、算命、求签都是宿命论的表现，表明对自己的判断缺乏信心，要依赖他人的指示才敢做决定，是心理上存在疑惑的弱点，容易受他人的影响而无法自己负担自己的决策。因此，这些方法不是理想的寻求解答的方法，也不是解决困难的健康途径。

二、各种土著民俗治疗

曾文星在其《文化与心理治疗》中介绍了一些土著民俗心理治疗方法，在此我们参照这些介绍。

1．巫医

巫医就是使用巫术企图治疗求医者的疾病或问题，是迷信的医疗方法。其主要基础是相信存在“超自然”的力量，并使用魔术、迷信、暗示性的治疗方法。

在古代的中国，有巫师和医师，古人多求助于鬼神以治病，故巫、医往往并提。有的巫医具有两重身份的人，既能交通鬼神，又兼及医药，是比一般巫师更专门于医药的人物。殷周时期的巫医治病，从殷墟甲骨文所见，在形式上看是用巫术，造成一种巫术气氛，对患者有安慰、精神支持的心理作用，真正治疗身体上的病，还是借用药物，或采取技术性治疗。巫医的双重性（对医药的应用与阻碍）决定了其对医药学发展的功过参半。

通常，巫医行医的地区都是比较偏僻的。那里文化落后，科学知识缺乏，迷信色彩严重，医药条件又差，于是巫医在这些地区就有机会利用鬼神迷惑群众，借“鬼”治病，骗取钱财，危害人民健康。另一个原因就是确实有少数病例，经巫医诊治后病情有所好转。这样，除巫医故弄玄虚、吹嘘神奇外，“治愈者”的现身说法也帮他们扩大了影响。

那么巫医“治愈”的都是哪些疾病？又为什么能“治愈”呢？对此，有专家曾对此进行专门调查，发现凡是经现代医学检查确诊的一些器质性疾病，无一例由巫医治好。并且其中还有部分病人由于巫医的误诊，使病情恶化或失去抢救机会而死亡。至于被巫医“治好”或有显著好转的病症，主要是癔症、心因性精神障碍以及其他类型的神经官能症、痛经、消化性溃疡等。这些病也不是都有能被巫医治好，其中有很多是完全无效的。另一些则属于有限期自愈的病症，如呼吸道感染、肠胃炎等。除了某些有限期自愈的疾病外，所有经巫医之手能“治好”的疾病，都与人们的心理因素密切有关。换言之，这些疾病主要都是由于心理因素引起的。由此可见，巫医治病的秘诀绝不是香灰仙水或鬼神的暗助，而是靠了一种心理的暗示作用。用巫医的话说，即所谓“心诚则灵”，只要病人虔诚地相信他招来的鬼神之灵，能去病祛邪，就是一种强烈的心理暗示。这不但能使病人增强恢复健康的信心，而且能通过大脑调整整个身体的抗病功能，从而使疾病转机。这样的机制不仅对心理疾病具有作用，就是对某些慢性躯体疾病也有一定帮助。所以对那些受骗的群众，除了大力普及科学文化知识，提供现代医疗保健服务，以及必要的心理指导外，还应当热情耐心、细致地向他们阐明疾病治好的科学道理，揭穿巫医迷信鬼话，以便从根本上铲除迷信活动，保障人民的健康。

在各种巫医里，比较典型的是萨满。在中国的北方各少数民族和中亚地区，很多人信仰“萨满教”，这是一种在原始信仰基础上逐渐丰富与发展起来的一种民间信仰活动。“萨满”是萨满教巫师即跳神之人的专称，也被理解为这些氏族中萨满之神的代理人和化身，被称为神与人之间的中介者。他可以将人的祈求、愿望传达给神，也可以将神的意志传达给人。萨满企图以各种精神方式掌握超越生命形态的秘密和能力，获取这些秘密和神灵力量是萨满的一种生命实践内容。职业萨满为整个部落、村或屯的萨满教的首领，负责全族的跳神活动；家庭萨满则是家庭中的女成员，主持家庭跳神活动。

萨满的宗教活动职能中经常性的活动之一是所声称的能为病人祭神驱鬼。本章开头介绍了萨满进行治疗的程序。执行萨满的医疗者一般被认为特别有神缘，他们经过自我训练，可以进入精神恍惚状态，并且表现出被附身的精神表现。在精神医学上，这叫做“精神解离状态”（dissociation），心理学上有时叫意识改变状态（altered state of consciousness）。在这种状态下，他们会发生人格变化，扮演不同的人格，犹如被不同的人格所取代。有些人因为精神不稳定，平时容易发生精神解离状态，经由巫医指出有神缘，并经巫医训练而变成巫医。日本和朝鲜的巫医多为女性，中国过去是男女参半，泰国等东南亚地区则以男性为主。

巫医对求医者的问题或疾病的解释有几种情况，最常见的说法是受了邪神的影响，被魔鬼入身捣乱，患者灵魂被吓走等。为此，要举办仪式来驱除邪神恶鬼或把遗失的灵魂召回。

由于求治者深信神鬼的存在，并且相信可以通过驱除邪神恶鬼而医治自己的问题，因此这种“相信”就产生某种医疗的暗示性效果。但是，如果求治者的问题是纯粹的躯体疾病，则完全可以利用现代医学解决，而通过巫医则完全没有效果。而且，很多情况下求治者会成为某种形式的受害者。例如，有的求治者的问题其实是躯体疾病，却听信了巫医的解释，而这些巫医的目的就是骗财，因此要求求治者花巨资举办治疗仪式，求治者被骗走大量钱财。有的巫医在治疗时声称要通过痛打求治者而驱除恶鬼，因此有的求治者被打伤，有时甚至意外被打死。有的巫医目的是骗色，他们以医治为由要求“神媾”，也就是要求女性求治者与附了神的巫医发生性关系。因此，作为研究者，我们可以去了解这些巫医治疗的方法和原理，但绝不可轻信，更不可利用这些方法来治疗疾病和心理问题。

2. 算命、占卦和求签

算命、占卦和求签是从古就有的习惯。虽然大同小异，但都是被用来求解答的方法。当一个人面对困难，特别想知道如何去面对，需要做决定而难下决定的时候，就想依靠算命、占卦和求签的方法来获得指示。这些方法都是典型的迷信做法，但对求助者来说，会认为有效，能够解决内心的困惑，获得对事情的判断与决定，能够稳定心情，获得一定的心理上的满足。因此，从广义的角度，可以把这些做法看做心理辅导的一种，是土著、民俗性的辅导，值得学者们去研究。

算命、占卦和求签都带有相信“超自然”力量的味道，但主要的是已经采取了“自然”的取向，相信宇宙有个自然的规律，相信一个人的生活与去向，都有个命运性的安排与先天性的注定，是宿命论的表现。因此，算命、占卦或求签，就是想去知道自己的命运如何，该往哪个方向走自己的人生，主要涉及的问题包括婚嫁、学习、医疗、诉讼、旅行、迁移等人生大事。因此，寺庙里求签的签文里，就罗列了有关此类情况如何处理的建议。

根据曾文星（2002）的研究，人们过去遇到人生中的大事，会到庙里去求签。经由认真求神指示对某个问题的解答以后，就去抽一个签看结果。这种庙里的签，数目不一定，多半是100套，有的是80或60套。不管一套签文有多少，可以去统计一下签文的内容，可以发现整套签文里所提供的建议或答案会有一个趋势，各种问题的提议方向有一个模式。假如谈到婚嫁，多半都会赞成；假如有婚姻困难，就建议忍耐，终有一天会和好；假如有关疾病，多半推测好坏各半；假如医疗结果一直不满意，就赞成换医疗者；假如去旅行，就不太鼓励离家到远处旅行；假如是诉讼，就劝导和解，不要花财力与精力去诉讼而导致两败俱伤；假如是迁移，多半建议不要搬家，鼓励住在原来的地方，等等。这些事先编好的签文，都反映了社会的一般文化思想，例如签文里很少赞成跟邻居或朋友去争辩、诉讼，不鼓励放弃原地而搬迁，或到异地去开拓新的事业。可以说，这些思想都是保守性的农业社会里的价值观念的表现。从另一个方面来说，这是一种民俗性的辅导，是鼓励求医者采取顺从文化的思想而去适应社会，这是辅导所起的文化的作用之一。如果再分析签文的吉凶，就可以发现，整套签文里起码八成左右是属于“吉”的，而其余的才是“凶”或不吉利的，也就是说，从统计上说，大部分人都可以抽到“吉”签而受到鼓励。由于大部分人去求签是因为有心理的烦恼或苦闷，因此，求签可以得到鼓励、获得希望。而辅导的功效之一，就是要帮助求医者增加信心，提供对接触困难的“希望”。

因此，从签文所反映的行事的方向以及提供的吉凶的判断来说，求签者可以得到遵循文化思想的建议，并可以获得鼓励，从两方面获得辅导的效果。

第三节　文化特殊性心理治疗

有些心理治疗的理论与方法是在特殊的文化背景中发展起来的，带有浓厚的特殊文化气息。这些方法受文化因素的影响比较大，也比较适于解决本土文化中出现的心理问题，在本文化背景中进行比较有效。但在其他的文化中，由于求助者的信念、价值观等与本土文化差别较大，这种治疗方法未必有效。我们把这种产生并适用于特殊文化中的心理治疗方法称为文化特殊性心理治疗。

一、森田疗法

森田疗法产生于日本特殊的文化中，并与特殊的文化背景联系在一起。

1. 森田其人及森田疗法的形成

森田疗法（Morita Therapy）的创始人，日本的森田正马（Morita Shoma，1874－1938）出生于日本的高知县，父亲是小学教师，母亲是家庭妇女。他继承了父亲的聪明才智，也继承了母亲的善良与爱心。父母两人的养育子女方式极不相同。父亲对正马要求严厉，母亲则十分溺爱和娇纵。正马幼时体弱多病，但聪明伶俐，而父亲对森田正马寄托着很大的期望，望子成龙心切，从很小就教他写字、读书，5 岁就送他上小学，一从小学回家，父亲便叫他读古文和史书。10 岁时，晚间如背不完书，父亲便不让他睡觉。学校本来功课就很多，学习已经够紧张了，回家后父亲又强迫他背这记那，使森田渐渐开始厌倦学习。每天早晨，又哭又闹，缠着大人不愿去上学，开始厌学逃学、离家出走、留级，用现在的话说，就是“学校恐怖”，这与父亲强迫他学习是有关系的。

森田7岁时，祖母去世，其母亲因悲伤过度，曾一度陷入精神恍惚、默默不语的状态，接着第二年祖父也相继过世。正当家庭连遭不幸时，森田偶尔在日本寺庙里看到了两幅色彩浓艳的地狱壁画之后，立即感到毛骨悚然。他看到地狱图中人死后下地狱的惨状，有的在上刀山，有的在下火坑，有的在进血池，等等。这些可怕的场面在森田幼小的心灵中留下了深深的烙印，一直在他脑海里盘旋，从此，便经常想到人死后的情景，产生了对死亡的恐怖。而且，遇到什么事情都要和生死问题联系起来思考一番，对所谓有关生死的问题、哲学问题产生了难以摆脱的探求意向。这就是后来森田理论中关于“死的恐怖”一说的来源。

森田16岁时患了头痛病，常常出现心动过速，医生诊断为心脏病。这种病容易疲劳，总是担心自己的病，是所谓“神经衰弱”症状。

20岁时森田患了一次严重的伤寒，在恢复期间因练习骑自行车，当晚突然发生了心悸，全身震颤，产生了濒死的感觉，在请医生打过针后才平静下来。此后，每年都要发作数次。后来又为腰痛所折磨，被医生诊断为“坐骨神经痛”，接受药物治疗、温泉治疗、针灸疗法等多种治疗，均毫无效果。

森田在25岁时考入东京帝国医科大学。上大学后，森田时常被焦虑及各种病痛所折磨。为了摆脱烦恼，他一方面大量阅读心理学书籍，一方面接受各种治疗，但效果甚微。期末来临时，他已经不能学习和考试。恰逢此时，父母因农忙，连续两个月忘记给森田寄生活费，森田误以为父母不支持他上学，感到很气愤，甚至想到当着父母的面自杀。他开始自暴自弃，不再关心自己的身体，什么药也不吃了，放弃一切治疗，而且暗下决心，豁出去拼命学习，要干出个样子让家里人看看。考完试后，取得了意想不到的好成绩，不知什么时候，神经衰弱的症状不知不觉也消失了。从自身的经历中受到启发，森田决心从事精神卫生领域的工作。

1904 年森田进入东京大学医学院专攻精神疗法。他对当时认为治疗神经症有效的各种疗法进行实践验证，尝试运用药物治疗、说服疗法、催眠疗法，均未收到预期的效果。最后，森田把当时的主要的治疗方法如安静疗法、作业疗法、说服疗法、生活疗法等结合起来，并结合自己的研究及切身经历，创立了他自成体系的心理疗法。对这一治疗方法，森田本人并没有专门取名称，只是把它称为对神经质的特殊疗法，后来他的学生们称之为“森田疗法”。

目前，森田疗法这种根源于东方文化背景和传统思想的心理疗法不仅风行于日本，而且也受到欧美学者的关注。1983 年日本森田疗法学会正式成立，第一任会长高良武久教授及第二任会长大原健上郎教授继承并发展了森田疗法，并将森田疗法的适应症扩大到神经质以外的神经症、精神病、人格障碍、酒精依赖等治疗领域。并且已广泛应用于正常人的生活适应及改善生活质量中。

2. 森田疗法的理论与方法

森田疗法治疗的对象主要是神经质症，即神经症中的神经衰弱、强迫症、恐怖症、焦虑症。据日本的研究报道，采用森田疗法痊愈率（无论主观上还是客观上症状消失）达 60% 左右，好转率（主观上还残留症状，客观上对社会的不适应多少还存在）达 30% 左右，治疗效果显而易见。近年来，森田疗法的适应症正在扩大，除神经质症患者以外，药物依赖、酒精依赖、抑郁症、人格障碍、精神分裂症等患者通过治疗，取得了效果。

森田正马认为，各种神经症的主要症状包括精神上的及身体上的，这些症状都包含抑郁、焦虑、不安、强迫、以及失眠和精神疾患所导致的躯体不适等。他认为导致这些身心不适症状的主要原因是这些患者的思维的方向过分地指向自我，过分地不断进行自我内省，批判自我，过分地夸大自己的缺点，并且对各种危险表现格外的敏感，导致不安情绪的形成。还有就是这类患者的内在欲望比一般人要大，容易导致内心矛盾的形成，从而导致焦虑及强迫症状的形成。所以，他认为对这些神经症的治疗应采取“顺应自然”的人生态度去对待，不要主动地对症状有任何的抗争，要对疾病采取听之任之的态度，不要在乎它，带着焦虑去生活、工作，从而打破这种心理的恶性循环，久而久之，症状自然会消失。

森田当初在自己的家里对求助者进行治疗。他有两层楼的日式房子，把二楼留给家里人私用，把一楼的卧室、客厅和厨房提供给求助者使用。他通常接收五六个神经衰弱的年轻人，跟他们住在一起。开始的两个星期让患者卧床躺着，不准做任何活动，只能上厕所和进食。经过这样几乎跟一般生活隔绝的状态后，让求助者产生强烈的“生活欲望”。然后允许求助者进行简单的生活，例如出来跟外面的环境接触，看看院子里的草、花，做做厨房的工作等。由于长时间卧床，现在对周围的任何东西都有新鲜感，重新感受到生活的滋味，而把过去只操心、烦恼自己症状的情况抛弃，开始过正常的生活。求助者会感到在院子里扫落叶、在厨房洗碗、帮忙晾衣服都很有乐趣。这时，开始让求助者天天写日记，书写当天发生的事情及心得，并且由治疗者用红笔在日记上写评语。在治疗的后期阶段，还要注重工作治疗，要求求助者专心从事工作，少顾虑自己的烦恼心事，更禁止跟别的病人交谈，包括谈论自己的问题。

概括起来，森田疗法具有以下的治疗特点（路英智，2006）：

（1）不问过去，注重现在。

森田疗法认为，患者发病的原因是有神经质倾向的人在现实生活中遇到某种偶然的诱因而形成的。治疗采用“现实原则”，不去追究过去的生活经历，而是引导患者把注意力放在当前，鼓励患者从现在开始，让现实生活充满活力。

（2）不问症状，重视行动。

森田疗法认为，患者的症状不过是情绪变化的一种表现形式，是主观性的感受。治疗注重引导患者积极地去行动，“行动转变性格”，“照健康人那样行动，就能成为健康人”。

（3）生活中指导，生活中改变。

森田疗法不使用任何器具，也不需要特殊设施，主张在实际生活中像正常人一样生活，同时改变患者不良的行为模式和认知。在生活中治疗，在生活中改变。

（4）陶冶性格，扬长避短。

森田疗法认为，性格不是固定不变的，也不是随着主观意志而改变的。无论什么性格都有积极面和消极面。神经质性格特征也是如此。神经质性格有许多长处，如反省能力强、做事认真、踏实、勤奋、责任感强；但也有许多不足，如过于细心谨慎、自卑、夸大自己的弱点、追求完美等。应该通过积极的社会生活磨炼，发挥性格中的优点，抑制性格中的缺点。

3. 森田疗法的文化特点

森田疗法产生于20世纪初的日本，当时日本的工业逐渐发展，变成了工业生产的社会。社会压力的增大，导致神经症患者显著增加。在这样的社会背景中，森田正马试图用西方的精神医学方法解决日本的神经症问题，但没有成功，因而结合日本的文化特点，创立了森田疗法。森田疗法植根于日本的文化，具有如下的文化特点。

（1）在治疗过程中，治疗者让求助者天天写日记，并由治疗者写评语。由于日本人不太习惯用口头表达自己内心的私事，而且平时有写日记的习惯，因此利用这个文化特点进行辅导。

（2）在治疗过程中，治疗者对求助者写的日记的评语大多传达“无心”的态度，使用“不安常住”（不安的心情是总有的现象，是生活的一部分，要以自然的态度去接收，而不要紧张），“顺其自然，按实接受”（不管事情的好坏、痛苦与否，都是现实的一部分，要去接受，不用费心想祛除或改善），“日日是好日”（要把握当时而利用且享受），“行动为准绳”（不管怎么想，采取实际行动才算数）等，这反映了禅道对森田理论的影响。

二、内观疗法

内观疗法（Naikan Therapy）由日本的吉本伊信创立于特色鲜明的日本文化中，同时也只有在日本的文化中才有比较好的治疗效果。

1. 吉本伊信其人及内观疗法的形成

内观疗法的创始人吉本伊信（Yoshimoto Ishina，1916－1988）生于日本奈良县大和郡山市。其父母是经营肥料的商人，笃信佛教的净土真宗。他在兄妹5人中排行第三。在童年时代，他的家庭生活比较艰苦。他于8岁时读小学，有表演才能，能当众独唱；9岁时，其4岁的妹妹患病去世，对他影响很大。当时母亲非常难过，从而对宗教的活动更为积极，吉本每天和母亲到寺里参拜，因而有机会接触到日本净土真宗的宗教精神修养法，称为“身调乀〵”，即不饮食，不睡眠，去悟生死无常。后来，其母曾将他寄养在净光寺，和其他僧侣一样学习经书。20 岁时他决定自己开设书道教书。21 岁，他从师驹谷谛信，接受“入信体验谈话”的演讲，开始认真钻研“人为何要活在这个世上”等一系列问题，并进行探索，开展对自身的内观和反省。

吉本自己在进行内观时，总共经历了四次才成功。前三次遵循日本净土真宗的宗教精神修养法，即不饮食、不睡眠，去悟生死无常，因无法忍受生理上的痛楚而放弃，第三次也因饥饿而放弃。吉本后来认为不睡眠、不饮食相当痛苦，将会阻挠人求道进取之心，而且不能持久。吉本加以改造，使一般人也可以做，并改称为“内观”。23 岁时他结婚了，此时正值日本大肆侵略中国之时，他因视力障碍未被征召入伍，仍参加日常工作。不久，他第四次进行自身的内观体验，达到领悟的境界，取得了成功。

这时吉本认为，修行法只限于狭窄的宗教团体和少数人这并不适当，于是他对这种修行方法加以修改，期望能拓展至普通人。24 岁时，他动员母亲、嫂嫂、弟弟开展内观体验。继之又动员自己所属公司的员工开展内观体验，以集中内观为主。1945 年，在吉本伊信 30 岁时，他的公司遭受美军空袭，因大火而全部被毁，而他的老师驹谷谛信也被炸死。

1949 年时，吉本患肺结核，前后共咳血 30 次，但他依然努力工作，相继开张 12 所分店。他则在各个分店中开展内观法。1953 年，38 岁的吉本为了与疾病作斗争，专心开展内观法的研究，就退出实业界、转让公司，在奈良的大和郡山市开设“内观道场”。继之到日本各地的国立结核病疗养所去普及“内观法”，还到奈良的少年教养所去进行内观法介绍，均取得非常好的效果。由于他不断摸索经验，1964 年时在若干学校里也开展起内观法，并进行有关内观的心理学研究。

吉本伊信努力发展内观法，并逐渐成为内观疗法，经 42 年的发展，在日本有专设的内观疗法研修所十多所，获得了广泛的应用，吉本本人也在国内获得了很多研究机构和政府机构颁发的荣誉。后来，内观疗法传播至世界各地，美国和欧洲的一些国家也已经设立了对内观疗法的专门研究机构，中国也有很多人去日本学习内观疗法。

2. 内观疗法的理论与方法

所谓“内观”，即“观内”、“了解自己”、“凝视内心中的自我”。借用佛学“观察自我内心”的方法，设置特定的程序进行“集中内省”，以达到自我精神修养或者治疗精神障碍的目的。内观疗法可以称作“观察自己法”、“洞察自我法”。

内观的对象可以是精神健康的人，如学生、护士、医生、教师、职员、家庭主妇等，尤其对独生子女的自我中心问题，效果显著。内观疗法作为心理疗法，主要用于矫正一些人的精神疾病和心理、行为问题，如夫妇关系不和、反社会行为、逃学、神经症、酒精依赖、抑郁症、心身疾病等。

内观疗法的理论认为，不光明的人都是病人，亦即在健康者与精神官能症患者之间未有明确的界线。内观疗法强调人性暗淡的一面，要求患者学习正确的反省方法。内观疗法认为“无明”是精神官能症的根源。“无明”是佛教词汇，也就是说神经质症状是来自欲望太大，过分执迷而拘泥于此的欲望。因此，精神官能症的根源是欲望，而欲望的根源是“无明”。内观疗法认为只要无明消失，欲望将转为欲生，精神官能症就可以治愈。内观疗法以欲望为精神官能症的根源，这种观点与现代精神医学的理念不谋而合。

开展内观疗法的原理，主要是回顾和检讨自己历来在人际关系上所作所为中存在的问题而予以彻底反省，以比较自身对他人的冲撞和他人对自己的慈爱这二者之间的差异和原因，并进行自我洞察、自我分析，以纠正自己在人际交往中的不良态度，改善自己的人格特征。

内观疗法认为罪恶感是来自“自私”，也就是所谓的“我执”。吉本伊信说：内观的目的在于祛除“我执”。要祛除“我执”，在内观上需要先察觉自己的“我执”，也就是要察觉到自己得到别人的恩惠太多，却一直未注意及此，不但未感恩图报，反而带给别人太多的麻烦，自己的自我本位、放任、傲慢、匮乏体贴心是这些罪恶的根源。

内观疗法除了要求去察觉个人的罪恶，同时也强调要去察觉他人的爱，也就是“了解他人对自己照顾多少，自己又对这些人回报了多少”，要去体会在过去的人生过程中有哪些人关爱到我或别人为我做了哪些事情，不管是物质的、劳力的还是精神层面的。而在内观的过程中，感受爱最强烈的，莫过于洞察到“别人为我有献身的、牺牲行为的爱，而自己却有背叛性行为，尽管如此，别人仍然宽恕自己”。

以此为基础，在进行内观时，应对自己有密切关系的人和事作三方面的情况回顾，即：①人家为我做的；②我为人家做的；③给他人增加烦恼的。然后按年代顺序进行回忆，通过深刻的情绪体验，可使自己产生后悔感、内疚感、内心感谢体验和报答心理等，从而产生与他人的共鸣，增强自己的责任感，消除不良的心理状态和调整人格偏离。

在具体实施过程中，内观者要面向墙壁，保持放松的姿势，坐下。为了遮断心理上和视觉上的隔离，可以在屋里的一个角落，用屏风围起来，坐在中间。内观者可以躺着，可以闭眼睛，也可以睁开眼睛。设定孤独的、自己静静地面对自己的情境。要反省自己对于别人采取的行为。要从母亲开始，如果没有母亲则是选择和自己最亲近的人，祖母、祖父等，要反省三点具体的事实：（1）母亲为我做过哪些事情？（2）我为母亲报答过哪些事情？（3）我带给母亲的困扰有哪些？三个问题所用的时间分别占内观时间的20%、20%、60%。回忆的次序是按年代顺序，从幼年时代到现在，时间的切割可以越来越细，这短短三个问题，自己在一人静下之后，细细回想起来会令人涌现感激之情，在一般情况下，一人从出生至成年要接受父母多少的恩惠，而且自己对母亲也很少有回报，就算有为母亲做了什么，也是被要求或是不情愿的状况下，发自内心的回报也是少数，也许就是每年的过年及母亲生日、母亲节时，我才会主动地送份礼物，或请妈妈吃饭，而小学时代，回报妈妈的方式就是画张卡片给母亲，母亲就很开心了。经过内观，会由衷产生感恩之心，推己及人到至亲、夫妻、兄弟姐妹、亲戚、男女朋友、同事，都可以放下自我为中心的观念，由衷地感谢别人。

3. 内观疗法的文化特点

内观疗法产生于日本，在日本也比较有效，这是因为这种方法与日本人的心理与性格有关（曾文星，2002）。日本人强调对父母长辈的尊敬，期待偿还恩情或人情债，以及对他人有耻辱心等。另外，静坐、内省这些具体的方法也是日本人可以接受的，但在西方国家要求求助者静坐十几个小时沉思内省，恐怕难以实行。

内观疗法的鲜明文化特色是，从理论到方法上都受到日本净土真宗的强烈影响。日本盛行佛教，尤其是从净土宗所分出的净土真宗，该教派在秉承佛教的基本教义之外，认为我们只要对弥陀有十足的信心，一切善行都可以不必修，只要信就行了。所以，对于日本的和尚来说，在学佛修行的同时，吃、喝、嫖等一切行为都不受影响，这也正是日本佛教信徒众多、影响广泛的重要原因之一。

三、戒酒匿名会

戒酒匿名会（Alcoholics Anonymous，AA）是一个产生于美国的互助戒酒组织，带有鲜明的美国文化特色，并已传播到很多国家，并取得了良好的戒酒效果。

1. 戒酒匿名会的历史

1934 年，美国人比尔·威尔逊（Bill Wilson）由于长期过量饮酒，导致很有前途的职业生涯的荒废。在朋友的介绍下，威尔逊在纽约的一所医院接受精神治疗，该医院一位医生倡导酗酒是一种疾病的观念。在治疗期间，威尔逊接受精神治疗，并最终成功戒酒。1935 年，威尔逊在一次旅行中强烈感受到再次喝酒的欲望，于是找到另外一个酒友帮忙。这个酒友向他介绍了鲍伯·史密斯医生。经过一段时间的合作，威尔逊和史密斯一起创办了一个团体，目的是帮助酗酒者彻底戒酒，重新过正常的生活。由于史密斯最后一次喝酒是在 1935 年 6 月 10 日，因此其成员把这一天当做该团体的创立日期。1939 年，当该会大约有了 100 多个会员的时候，威尔逊写了一本书，书名叫做《戒酒匿名会》（Alcoholics Anonymous），后来团体成员以这本书的名字把这个团体命名为戒酒匿名会。从此，戒酒匿名会获得了很大发展。为了统一戒酒匿名会内对这一活动的认识，威尔逊在 1946 年公布了这一自愿群体的指导原则，即所谓的“十二项传统”（Twelve Traditions）。戒酒匿名会共出版过四本读物，被会员们视为“教科书”，它们分别是《嗜酒互诫》、《十二个步骤与十二条准则》、《发展成熟的戒酒匿名会》和《比尔的看法》

2. 戒酒匿名会的活动与理念

戒酒匿名会是一个自助组织，是人人同舟共济的团体，有戒酒的愿望是加入本协会所需具备的唯一条件。入会不需要缴纳会费，主要经费来自会员自愿捐款。戒酒匿名会不与任何教派、宗派、政党、组织、团体结盟。不介入任何争论。不赞成、也不反对任何运动。戒酒匿名会的宗旨只在于保持戒酒和清醒，并帮助别的酗酒者也戒酒和清醒过来。

由于有些慢性酒瘾患者还可以用个人的毅力来保持冷静，为了挑战这种认识，戒酒匿名会把嗜酒视作疾病。其理念是，人一旦成为嗜酒者，就不由自主地想喝酒并产生继续喝酒的强迫性冲动；嗜酒者不可能通过任何形式以安全的方式喝酒，一旦形成习惯，就不能戒除。戒酒匿名会认为，承认个人内在的缺点对于找到个人在其他人中以及在上帝面前的位置非常重要。

在戒酒匿名会的活动中，所有成员通过相互交流经验、分享各自的经历、力量和希望，相互支持、相互鼓励，以达到戒酒的目的，解决他们共同存在的问题，并帮助更多人从嗜酒中毒中解脱出来。此外，所有成员对外亦均保持个人的匿名。戒酒匿名会的会员们改变行为的具体步骤称为十二个步骤，而指导戒酒匿名会小组活动的原则称为十二传统。

视窗

戒酒匿名会的十二个传统

1. 我们共同的福利应列第一；个人的康复全赖戒酒匿名会的团结一致。

2. 为了我们团体的目的，我们只有一个主要的权威：一个有爱心的上苍，而祂可以在我们的团体良心中表达祂自己。我们的领袖只是受委托的仆人，而不管治他人。

3. 作为戒酒匿名会成员的唯一要求，就是有停止喝酒的愿望。

4. 每一个组别应是自治的，足以影响到其他组别或整个戒酒匿名会事务者为例外。

5. 每一组别只有一个主要目的：把它的讯息传递给那些仍在受苦的酒徒。

6. 任何戒酒匿名会组别不应认可、资助或允许任何有关组织或外面的企业机构使用戒酒匿名会的名字，以免因为金钱、物业及声誉上的问题，将我们转离了主要的目的。

7. 每一个戒酒匿名会组别应自给自足，谢绝外界的捐献。

8. 戒酒匿名会应该永远保持非专业性，但服务中心可以雇佣专门的工作人员。

9. 戒酒匿名会就其性质而言，不应该建立组织体系，但我们可以创立服务理事会或委员会，直接向所服务的对象负责。

10. 戒酒匿名会对外界事务不作评论；因此不应该把戒酒匿名会的名字卷入公开的争论中。

11. 我们的公共关系政策是建基于吸引外人参加，而非建基于自我宣传上；我们在报章、电台和影视界方面，需要常常保持个人的匿名。

12. 匿名是我们所有传统中的精神基础，不断提醒我们把原则置于个人操守之上。

戒酒匿名会的活动范围远远超出了改变饮酒的行为，它还包括鼓励改变嗜酒的性格，产生能从酗酒状态中恢复的人格。戒酒匿名会认为，通过12个步骤进行精神唤醒，在团体中履行职责、从事服务，经常参加集会并与其他团体成员保持联络，可以达到改变人格的目的。

戒酒匿名会的集会有“开放”（open）集会，不嗜酒的人也可以参加，而“封闭”（closed）集会则是让有戒酒意愿的人参加的。另外还有一些专门的集会，例如专门针对男性和女性的，专门针对同性恋的，专门针对说少数民族语言的集会，等等。

3. 戒酒匿名会的文化特点及效果

戒酒匿名会要求会员就像当众忏悔一样报告自己的问题，这是美国人的习惯做法，跟他们平时在教会里公开忏悔作证十分类似，符合美国人的文化习惯。同时这也是戒酒匿名会在美国和欧洲广泛流行的原因。

自诞生至今的近70年里，戒酒匿名会的戒酒方案已经使200多万名嗜酒中毒者得益于它的帮助，从嗜酒的泥潭中走出来，得到了全面康复。有资料表明，近年来戒酒匿名会在亚洲、欧洲和拉丁美洲有较大发展。据统计，截至2006年，分布于全世界的大约有十多个戒酒匿名会团体，成员有180多万。而且，近期的一些研究（例如Day，2005）发现，戒酒匿名会的参加者获得了良好的戒酒效果，并且还有其他方面的积极影响。

四、钟氏领悟疗法

钟氏领悟治疗法又称认知领悟疗法，中国心理治疗专家钟友彬先生首创，是依据心理动力学疗法的原理与中国实情及人们的生活习惯相结合而设计的精神治疗方法。这种在中国文化中发展起来的治疗方法带有鲜明的中国特色，已经成为中国人治疗精神障碍常用的方法（江光荣，2005）。

1. 钟友彬其人及认知领悟疗法的形成

认知领悟疗法的创立者钟友彬（1925—2009）生于中国山东省，1945 年考入北京大学医学院，被称为“中国的弗洛伊德”，擅长神经症的心理治疗。

在 20 世纪五六十年代，中国精神医学界受前苏联影响，巴甫洛夫的高级神经活动学说成为对神经症的权威解释。钟友彬向巴甫洛夫理论提出质疑，指出心理因素是神经症的致病根源。通过对巴甫洛夫的质疑，促使他转向对弗洛伊德的理论的学习，并与志同道合的王景祥医生一起讨论，偷着实践，对几个强迫症和恐怖症病人进行了试验性治疗。“文化大革命”中，试验被迫中止，“文化大革命”后期钟友彬又重新开始治疗研究。80 年代以后，钟友彬的工作进展较快，到 1988 年，钟友彬的《中国心理分析——认识领悟心理疗法》出版，标志着钟氏领悟疗法正式诞生。

钟氏领悟疗法是通过解释使求治者改变认识、得到领悟而使症状得以减轻或消失，从而达到治病目的的一种心理治疗方法，是依据心理动力学疗法的原理与中国实情及人们的生活习惯相结合而设计的。心理动力学疗法源于心理分析，故认知领悟疗法又称为中国式心理分析，或称“钟氏领悟治疗法”。

2. 心理病理原理

（1）人的发展与心理问题。钟友彬认为，在人的发展过程中，人的生理、智力一般随着年龄的成长而不断成熟，而情绪和行为有时会落后于实际年龄。钟友彬将人的发展中的情绪和行为分为儿童模式和成人模式。

幼儿期的孩子不能理解事物的本质和相互关系，分不清幻想和现实；解释事物不考虑逻辑关系。例如，告诉他口袋里有一只大灰狼要咬他的鼻子，他也会信以为真，赶快把鼻子藏起来。他们的情感也没有明显的分化，看人只知道好人和坏人，不能控制自己的情绪表现。在行动上不会懂得哪些是社会允许的，哪些是社会禁止、受到指责的，当然就不能自觉遵守社会道德和不感到难堪和羞耻。例如，幼儿穿开裆裤，在别人面前大小便，在别人面前裸体，并不感到难堪和羞耻，等等。这是儿童期的行为模式。

随着年龄的增长，代表理性和审慎的自我以及代表道德和良心的超我部分才逐渐分化并成长起来，情感也随之达到成熟，向成年人模式发展。一个正常发育的成年人的行为对事物的分析能以客观事实为依据，能分清幻想和现实，能以逻辑思维的方法判断事物的本质，解释事物的因果关系，并用语言表达。成年人的感情已有细致的分化，通过调节自己的情绪活动在行动上能遵守社会行为规范。这是成年人的行为模式。

钟友彬认为，在人的身体、生理和心理成长发育过程中，有一个“关键期”，这个时期对某种功能的发育最为重要，过了这个时期，这种功能的缺陷就不易弥补。在某种心理功能成长的关键期，如果某些有害因素如外伤、疾病等对身体、智力的发育造成了损害，就可能遗留下不可逆转的缺陷。心理分析的实践证明，幼年时期欲望的严重挫折，各种心理创伤，幼儿性欲的过分激动或压抑，都可在心灵深处留下痕迹，妨碍人的心理的正常发展发育，成为心理障碍的根源。

（2）人对环境的适应。人们生活的环境包括自然环境和社会环境。在适应自然环境的过程中，人类经过无数代的适应，发展了各种防御和适应功能。

而在社会环境的适应过程中，人的个人欲望与社会制约性之间常常产生矛盾而形成心理冲突。一个人是否形成持久的心理冲突、是否被挫折和心理冲突引起的烦恼和冲突压倒，受欲望的强烈程度和个人道德观念的力量对比、社会现实条件以及人对这些负性体验的应对能力等条件的影响。

成年人最重要的适应手段就是心理冲突体验的改造能力。这是人们在长期的社会生活实践中逐渐形成的，这种适应手段就是精神防御机制。在一般情况下，当挫折和心理冲突不十分严重，而人的适应能力不弱或善于表达宣泄时，大都能使心理冲突引起的烦恼减轻或消失，保持心理动态的平衡。

（3）病理心理观。认识领悟疗法属于心理分析系统，具有和心理分析相同的病理观，认为早年经验是致病的重要条件。

心理障碍的内部原因是固着、情结和初期焦虑。跟弗洛伊德的理论相似，钟友彬认为固着（fixation）就是在性欲发展到成熟的过程中，一部分幼稚的性冲动可以停滞在某一阶段，这也是力比多曾得到满足并感到快乐的阶段。而情结（complex）是指幼儿性器欲阶段（3—5 岁）对异性父母的爱恋没有妥善解决，到了生殖期还没有把这种爱恋从父母转向同龄异性。这种爱恋被潜抑到无意识而成为恋父情结或恋母情结，这是成年期神经症的根源。而成年人神经症症状的核心主要是焦虑，特别是初期焦虑，也就是成年病人的病态焦虑都有其幼年的根据或前例，例如失去父母或哺育者的保护，处于无助状态，与关键人物分离，失去安全感，身体的疼痛性威胁如疾病、外伤、饥饿、手术及其他不适，其他可引起恐惧或情绪困扰的事件，如：断奶、入学、弟妹降生等。

性心理的退行和初期焦虑的再现是心理障碍的发病机制。成年人的性欲受到阻拦或剥夺，增强的性兴奋无法得到宣泄或满足，就会另寻出路，部分或全部的退回已经过了时的固着点上，寻求过去的对象以幼年的方式来求得解决，这个机制就是退行。成年人性心理要求退行到幼年，表现儿童的性活动，就是性变态。这些变态性行为为成年人社会规范所不容，就被压抑在无意识中，使自己不能觉察。如果由于某种原因，如成年的心理困难，自我的力量被削弱，不足以完全压抑这些幼年的性冲动，就会形成两种力量的对峙状态，即神经性心理冲突，使人感到焦虑和痛苦。

无意识心理活动是症状形成的必要前提。早期经验在成年后多被遗忘，在心理障碍发生前遇到的挫折和困难都是意识到的，但这只是发病的诱因。真正的病因是早年经验。而这个病因和发病的过程是在无意识中进行的，病人不能觉察。症状形成的原因在无意识中，症状形成的运转机制也是在无意识中。

3．治疗的原理与方法

钟友彬认为不论是正统的心理分析还是各种修改了的心理动力学疗法，其治疗都是要病人获得“领悟”。也就是说，神经症（主要是强迫症、恐怖症和歇斯底里症）的症状是幼儿性欲的代替性满足。幼年性欲的固着和情结已被潜抑到无意识而被“遗忘”了，病人自己不能知道症状所代表的欲望是什么。通过分析治疗，接触了压抑，使无意识的内容变为意识的，填补了这段早期记忆的空白。病人一旦明白了症状的真正意义，就会有“恍然大悟”的感觉，症状也就失去了存在的意义而消失。这种由无意识到意识，由不知道到知道的心理状态，便是心理分析所说的领悟。正统心理分析所指的领悟都和幼年性经历有关。

钟氏领悟疗法的重点是和病人一起讨论、分析症状的幼稚性。在成年病人的症状中显露出幼年的情绪和儿童的行为模式，在治疗中要用启发式的谈话，反复和病人讨论，使他们逐渐认识并领悟到他们的病态感情和行为都是幼稚的、儿童式的，而“放弃”这些幼年模式，用成人的行为模式来代替，使心理成熟起来。

4. 钟氏领悟疗法的特点

钟氏领悟疗法在总的倾向上仍然接近于心理分析，表现在承认无意识心理活动；承认精神结构理论，并承认心理预防机制是人们不自觉地应付心理冲突的手段；承认当事人患病后受到周围人的宽宥、关怀，因而难以发生改变；承认幼年生活经历，尤其是创伤性经验，影响个性的形成，并可能成为成年后心理障碍的种子，但不同意这些经验都是儿童期未能及时解决的心理冲突。

(1) 钟氏领悟疗法的独特理念

钟氏领悟疗法的独特理念表现在：认为强迫症和恐怖症是过去的或幼年期的恐惧在成年人心理上的再现，因而出现幼稚和成熟并存的特点；强调意识层面的领悟，不重无意识内容的挖掘，治疗过程集中在当事人可以接受和理解的意识领域；把相信作为重点，而不是把解释本身的客观性作为重点，因为解释的效果真正取决于当事人相信和接受理解的程度；重视自我教育的作用，通过自我反省、写日记等方式，让当事人自觉消化理解有关的道理。在经典的心理分析中不论自由联想还是梦的分析都需要花很长的时间和昂贵的费用。而认识领悟疗法常可以在很短的时间里仅几次会见，便可使病人获得领悟，大大缩短了治疗时间。

钟氏领悟疗法主要适用于强迫症、恐怖症和某些类型的性变态障碍。性变态障碍是经典心理分析不能解决的问题，但钟氏的疗效却相当得好。这是钟氏疗法的另一突破。

(2) 钟氏领悟疗法的文化特点

钟氏领悟疗法在几个方面适应了中国的文化特点，因而在中国文化中是比较有效的治疗方法：第一，中国的求助者喜好得到治疗者的指导，钟氏领悟疗法强调治疗者指导下的领悟，符合中国人的心理特点；第二，中国人相信幼年经历或遭遇对人的个性及日后心理健康有重大影响；第三，中国人的自然观是顺应自然而发展，钟氏领悟疗法适应了这一自然观；第四，中国人受佛教的影响，比较喜欢“悟”，钟氏领悟疗法中的“领悟”也适应了中国人的这一特点。

总的看来，钟氏领悟疗法有不少独创之处，但这个体系还不是很成熟，它的实践多于理论，而且它的一些做法还需要通过控制实验来检验其真实效果，并且需要从理论上进一步论证。但不管怎么说，这是中国人的第一个现代心理治疗体系。

第四节　跨文化心理治疗

文化与心理健康的关系的一个重要方面是如何帮助来自不同文化的求助者。如果治疗者与求助者来自不同的文化背景，双方的价值观、习惯、对各种事情的看法、观念、态度等文化因素会严重影响心理咨询和治疗的过程，从而产生种种困难，因此要采取各项措施，尽可能避免这些因素对咨询和治疗过程的影响。

一、跨文化心理治疗概述

1. 什么是跨文化心理治疗？

当求助者和治疗者来自不同的文化背景时所进行的心理治疗，就叫做跨文化心理治疗。一般的心理治疗工作，都要考虑求助者的各种个人因素，例如年龄、性别、人格特征、教育水平、个人生活经验、家庭背景、所患问题的性质或病理情况等。除了这些因素，在跨文化心理治疗中，还要充分考虑求助者的文化背景，包括思维方式与内容，对事物的看法与态度，对人生的看法，宗教信仰，生活习俗与观念，等等。特别是如果双方的文化背景有显著差异，就要注意处理双方文化背景差异所带来的问题。要考虑这些因素，心理治疗的难度会显著加大。

曾文星（2002）认为，如果求助者和治疗者在民族或种族上有不同的背景，治疗者还要考虑因民族或种族而带来的其他问题，例如：治疗者与求助者所属民族间的素来关系如何，是否融洽、和睦，还是有歧视性的态度或对抗的历史等。如果双方民族的关系素来不睦，会直接影响双方的互信，带来种种复杂问题。如果双方使用不同的语言，无法直接沟通，需要由第三者翻译时，也会扩大跨文化治疗的困难，至少某些比较精细的意思难以保证不被误解。

2. 为什么研究跨文化心理治疗？

当今世界是一个多元文化的世界。生活在世界各地的人们所生活的生态环境和历史、文化背景差别很大，因此在历史演化过程中形成了不同的国家、种族和民族，他们的语言、文化、风俗、习惯，对待事物的态度、信念等千变万化，不一而足。加上由于目前交通日益发达，旅行和移居都十分方便，国际贸易越来越兴旺，各文化间相互来往和交流也变得越来越频繁，使得各种不同的文化经常处于激烈碰撞的状态。单就中国来讲，尽管中国的社会是由大体相同的文化和历史背景的人组成的，是比较单纯的社会，但实际上，中国内部也存在各种文化的差别。例如，就汉族来说，居住于东南西北各省各地的人都存在各自的亚文化。除了全国都使用普通话交流，大部分地方还在使用地方语言。而且，中国内部各民族的信仰也不相同，有的民族信奉伊斯兰教，有的民族则信奉萨满，还有的信奉佛教，或者没有宗教信仰。可以说，我们的社会是多民族、多文化的社会。

在实际的治疗过程中，经常出现求助者和治疗者不是同一文化的情况，尤其是求助者来自非主流文化，当中涉及的文化差异可能严重影响治疗的过程和效果。因此，治疗者要具备多元文化能力，在进行心理治疗的各个环节，也要充分考虑求助者的文化特征。

二、治疗者的多元文化能力

治疗者的价值观体系会严重影响他在心理治疗过程中的表现，因此，治疗者不但要了解自己的文化背景及可能带来的影响，还要善于了解求助者的文化背景，并善于根据对方的文化背景进行治疗。

1. 了解求助者的文化背景

治疗者应关注存在于任何一个求助者身上的文化影响，并考虑到这种文化如何塑造了求助者的人格特征。例如，某些西班牙妇女可能喜欢被称作西班牙人而不是拉丁人，但对另一个人来说，也许更喜欢被称为拉丁人。求助者会使用各种标签来描述自己的身份，如年龄、文化适应水平、出生年代、政治意识、出生国家、地区和社会经济状况等。

我们容易把所有欧洲人和北美人都称作白人，但他们内部也存在较大的差异。例如，白人还可以分为盎格鲁撒克逊人、英国人、凯尔特人、威尔士人、苏格兰人、瑞典人、挪威人、丹麦人、芬兰人、德国人、荷兰人、阿帕拉契亚人、意大利人、西西里人、波兰人、希腊人、葡萄牙人、俄罗斯人、南斯拉夫人等；黑人还分为非裔美国人、西印度群岛人和海地人；亚裔人分为中国人、菲律宾人、日本人、韩国人、印度支那人、越南人、柬埔寨人、老挝人、太平洋岛人、夏威夷人、印度人、阿拉伯人、土耳其人，等等。这些不同的民族、种族分支在很多方面不同，最明显的是语言和宗教，另外信仰、价值观、习俗等也有差别。有的文化要求男性应该强壮而不能流露悲伤，而另外的文化则容许男性表现悲伤。信仰基督教的人，可能会主动忏悔自己的过失，而信仰佛教的人可能相信转世投胎和因果报应。这些不同的观念会影响心理治疗的具体过程。

2. 了解求助者的弱势文化

来自非主流文化的求助者在多个方面都可能受到不公正的对待。例如，有研究者经过调查发现，一些少数民族求助者得到的精神卫生服务很少，并且服务质量很差。非主流文化的人们不仅受到区别对待，而且还经常被剥夺平等的机会，经常受到主流文化或明或暗的歧视和压迫。即使是善意的治疗者，也难以了解来自非主流文化的求助者所受到的压迫。因此，作为治疗者，应设法理解受压迫者的心理，因为这种心理影响着他们看待世界、看待他人和看待治疗本身的方式。

3. 文化敏感会谈者的具体要求

治疗者要掌握多元文化能力，需要掌握能有效应付各种求助者所应具备的知识、态度、信念和必要的技能。考梅尔等（Cormier et al，2004）概括了具有文化敏感性的会谈者的11个特点。

（1）对所有文化背景的求助者都持尊重、接纳、关心、感兴趣、共情的态度，并关注个体的独特性和保密性。

（2）努力建立一种明确的意识，即自己是特定种族或民族、性别、年龄、社会层次、社会阶层、职业群体的成员之一，因此本身具有的文化和其他特征会影响自己在会谈中的信念、态度、行为、刻板印象、偏好和偏见。

（3）获得了这种自我意识后，文化敏感会谈者就会对自己作为某个文化群体成员的身份感到坦然，并不再自我防御。

（4）能够意识到，他们需要从求助者背景中了解和接纳文化因素，这些文化因素可能正是求助者前来求助的原因，造成了他们的问题及其性质，也是选择干预方式的依据。

（5）易于认识到影响会谈的跨文化因素，并可以不带任何防御性和辩护性地讨论这些跨文化因素。

（6）能认识到，具有文化差异的群体多种多样，了解所有文化群体是不可能的，但承诺将学习那些经常接触的求助者的文化背景。

（7）易于承认自己对某个求助者的文化背景的了解不足，并易于不带防御性地要求求助者给予帮助，以便学习所需要的知识。

（8）表现出的态度是：文化差异不分好坏，差异是一种合理的多样性，并因此尊重这些差异。

（9）能够意识到文化的优势，意识到具有同样文化基础的群体可能成为治疗中的资源，而某些帮助措施从本土文化的角度看可能并不适当。

（10）意识到那些常与少数群体相关联的权利剥夺、歧视和侮辱等问题。

（11）不但对那些可能与求助者问题有关的文化因素敏感，而且能了解这些因素在某个特定求助者的案例之中是否处于核心位置。

实际上，目前心理治疗界非常强调文化敏感性问题，并已经成为行为道德准则和实践指南的一部分。美国心理学会已经制定出《不同种族、语言和文化人群心理服务者指南》，美国咨询者协会（ACA）的最新道德规范也包括尊重多样性的独立部分。但是，一项对已经取得临床、咨询或学校心理学博士学位的调查表明，他们之中感到有信心、有能力为少数群体和其他治疗者提供适当治疗的人寥寥无几。

三、治疗过程中的文化问题

在心理治疗中的很多环节都面临文化问题，如咨询关系的建立、诊断、目标设定，等等。认识到文化因素可能产生的影响，有助于提高治疗的效果。

1. 跨文化治疗中的信任测试

在心理治疗关系中，治疗者对求助者不可避免地会产生影响。研究者认为，治疗者的三个特点可以增强治疗者对求助者的影响，这三个因素分别是专业能力、吸引力、可信任性。在心理治疗过程中，求助者对治疗者建立信任之前，往往会有某种形式的信任测试，例如说出一个秘密。

在跨文化治疗中，信任测试可能产生更多、更强烈的情绪。尤其是受过压迫、歧视，感受到种族主义态度的人，往往非常脆弱。在治疗接触的早期阶段，这些求助者可能采取加强自我保护的方式，以尽量降低自己的脆弱性。例如，在美国文化中，白人很自然被视为“当权者”，而其他种族或民族与白人之间存在一种或轻或重的敌对关系，这会影响治疗双方信任的建立。因此，治疗者自始至终都要牢记文化对信任感建立产生的影响。在考梅尔等的著作中提出，治疗者必须非常重视信任对治疗的影响，具体来说应注意以下问题。

（1）来自非主流文化群体的求助者，很可能会频繁地测试主流文化群体的治疗者的可信任性。

（2）建立信任是治疗者的责任，而非求助者的责任。

（3）治疗者需要进行某种程度的自我暴露，以显示自己的可信任性。

而如果发生以下情况，则会降低可信任性。

（1）拒绝用自我暴露回报求助者；

（2）嘲笑求助者、道德说教、随意评价求助者；

（3）缺乏回应、面无表情；

（4）防御性表现。

例如下述治疗中的对话：

某东北籍求助者：在我们那里，南方人都特别精明，特别小气，不知道你是不是见过这种南方人？

某江西籍治疗师：大概也见过吧。我就是南方人。是不是南方人都精明、小气呢？

某东北籍求助者：不好说，也许你不是那种人吧。

某江西籍治疗师：南方人也不都是那样的。

在这个例子中，治疗师变得具有防御性，而且没有意识到这种防御性可能会影响当前的心理治疗工作。在很多情况下，文化上的不信任感发生在更广泛的文化水平，超出了与治疗师之间个体水平上的人际关系。研究者建议，当文化不信任发生的时候，治疗者与求助者要直接讨论不信任感的问题，这是一种具有文化敏感性的做法。

2. 诊断的文化问题

《精神病诊断和分类手册》（DSM）是国际通用的精神障碍诊断标准，包含了对各种精神和心理障碍的大量描述，并区分为17种主要的诊断类别，每一个类别都包括许多次级类别，每一个类别都有具体的诊断标准。

尽管这一标准广泛应用，但也受到了广泛的批评。批评之一是，为求助者贴上了经常是毫无意义的标签，这些标签没有很好的界定，并且不能说明求助者做了什么或没做什么，就被标上“歇斯底里”或“行为失常”等。在具体使用的过程中也受到女权主义者、有色人种及其支持者的批评。

例如，“不出家门”在病理学分类中被标为“广场恐怖症”，而在很多社会中被认为是女性的本分。有的文化中把听到声音或看到幽灵视为“神的恩宠”，而不是病态或精神病象征。例如，一位日本老太太说，自己经常跟已经去世的丈夫谈话。在欧美文化看来，这是精神病态，但对这些非主流文化的求助者来说却是司空见惯的。因此，在进行文化敏感诊断时，治疗者必须确定每个求助者症状、行为和问题的文化含义。

考虑到DSM受到很多批评，其第四版的编者们也意识到了DSM的文化局限性。因此在第四版中，除了对临床行为的年龄、性别和文化特征作了简短讨论之外，还有一个附录，包括了12

种文化症状群的词汇表，用于描述诊断类别的特殊文化表现。另外，还包括一个用于多轴分类系统的“文化公式”，包括如下几项内容：

(1) 求助者的文化身份和归属；

(2) 对求助者“疾病”的文化阐释；

(3) 与心理社会环境和技能水平相关的文化因素；

(4) 治疗关系中的文化因素；

(5) 可能影响对求助者诊断和治疗的整体文化评估。

视窗

卡斯蒂略与《文化与精神疾病》

理查德·卡斯蒂略（Richard J. Castillo）是哈佛大学博士，精神病学家、人类学家，夏威夷大学西欧胡分校心理学教授，夏威夷大学曼欧亚分校的临床精神病学教授，在《精神病诊断和分

类手册》（第四版）有关跨文化部分的编写中提出了若干重要建议。卡斯蒂略的工作涉及心理学，精神病学，跨文化研究，人类学和宗教，以及所有《精神病诊断和分类手册》（第四版）的诊断领域的心理疾病及治疗，萨满教，影响分离障碍的文化因素，分离症状与精神分裂症以及其他精神障碍的关系。他提出了一个基于整合范式的评价和诊断的当事人中心模型，这一模型把已知的生物学因素、心理学因素、社会因素和文化因素整合起来。他有两部重要著作，分别是《文化与精神疾病：当事人中心取向》（Culture and Mental Illness：A Client - Centered Approach）和《疯狂的意义：文化与精神疾病读物》（Meanings of Madness：Readings on Culture and Mental Illness）。

3. 咨询目标的文化问题

在心理咨询过程中，应该由谁来制定咨询目标呢？虽然应该由治疗师和求助者共同制定咨询目标，但治疗者应该明确地意识到，少数群体的咨询目标往往与主流群体的咨询目标不一致。

例如，一名来自贫民区的黑人男学生在学校考试中经常不及格，并经常与其他学生打架，打架的原因是学习成绩不好而被嘲笑为愚蠢。在这样的案例中，可以与这位学生一起把目标界定为消除打架行为，方法是通过提高学习技能和学习成绩，进而调整这种行为。但如果这个学生遇到少数民族身份被挑战的问题，那么上述目标就是不适当的，因为问题的来源不是个人，而是社会。

治疗者往往期望求助者有长期的咨询目标，但这与非主流群体的求助者的想法并不一样，因为他们的经济背景不允许他们为达到长远的咨询目标而花费大量的金钱。因此，要使咨询目标设定为满足这些求助者的生存需要，哪怕目标只能维持一段时间。

在考虑到文化意识来制定目标时，对于治疗者来说，重要的是对自身的价值观和偏见有明确的意识，要避免有意无意地把求助者引导到只反映主流文化而不能表达求助者自身愿望的目标上来。求助者本人的愿望是由他自身的文化决定的。例如，不同文化中对“做一个好孩子”这一目标的理解是不一致的。

4．治疗计划和方法选择中的文化问题

在心理咨询和治疗的过程中，治疗者会采取各种治疗策略，但在跨文化心理治疗中应该注意，这些治疗策略都是创始人在治疗过程中建构出来，后来被人们广泛应用的，反映的是西方主流的价值观，这种主流文化是由“白人、中产阶级、年轻人、健全者、异性恋者和男性”决定的，不具备这些特征的人就有处于边缘状态的感觉。另外，一些在欧美求助者身上取得成功的传统心理治疗技术，对非主流文化的求助者来说，则可能是文化上的禁忌。

（1）治疗中的阻抗与文化。“阻抗”是精神分析治疗的概念，但许多治疗师认为阻抗现象具有普遍性。在治疗过程中，阻抗的表现形式多种多样，例如直截了当地反抗、莫名其妙地中途退出治疗；有的一再拒绝治疗师的解释或建议，有的攻击、贬低治疗师，有的被动不合作，有的顺从、讨好治疗师；有的以种种客观原因如有别的重要事情、生病等为由回避会见，跟治疗师讨价还价等。在一般的心理咨询和治疗中，如果出现了阻抗，治疗师会采取各种措施消除阻抗，以使求助者真正面对问题、解决问题。

在跨文化心理治疗中，理解和处理求助者出现的阻抗，要从不同的视角来看。有时出现阻抗的原因仅仅是来自非主流文化群体的求助者不愿意从白种人控制和主动的公共事业机构寻求服务。

考梅尔等（Cormier et al，2004）的模型中提出，跨文化心理治疗中的阻抗是指拒绝融入主流文化常模，并以某种形式遵循自己的声音和完整性的一种弹性能力。在这一模型中，通过培养技巧性的、自我保护性的和自我尊重的策略，实际上在促进阻抗的发生。阻抗甚至被重新理解为一种求助者面对伤害和欺骗时成功地表现出个体或群体勇气和力量的行为。促进阻抗的过程要求治疗师识别和支持那些可能不为主流价值观认可的阻抗和破坏途径。例如，对个人来说，可能需要治疗师协助求助者抵抗一项不平等的协议，或者在工作中抵抗一项不考虑不同声音而由当权者强加的有关工作量的协议。另外，治疗者与求助者可能都需要抵抗整个治疗系统中习惯的治疗方式，如只管服从、不管差异，只要同意、不能争议。从多元文化的视角看，求助者的阻抗行为使他们自己感到了力量，因为他们能够指认、确定、抵抗和破坏那些常常造成问题和压迫的外部事件和影响。

（2）治疗中的世界观与文化。“世界观”是我们对世界的基本知觉和理解。世界观在心理治疗中非常重要，因为世界观影响到我们如何知觉和评估治疗的效果。研究者认为，两种主要的世界观维度影响着治疗计划的制定，一个是控制点，一个是责任性。控制点可以是内控也可以是外控，倾向于内控的人相信，通过信仰和行动可以改变自己的命运；而倾向于外控的人相信，影响命运的是运气、对社会政治问题的信念、对有权力者的信念、对运气或机遇的信念、对控制潜力的信念、对文化或家庭价值观的信念，而与自己的行动无关。责任性概念起源于归因理论，同样可以分为内部和外部两种。有内部责任感的人认为，他们对自己的成功或失败负有责任，而外部责任感高的人认为，是社会主宰着自己的问题以及成功和失败。

研究者认为，同样是外部归因，归因于机遇和运气与归因于文化力量和有权者二者是有差别的。对于机遇和运气来说，所有人在所有情境下都是平等的，但对于文化力量和有权者却不是如此。例如，无力感是所有人都可能体验到的，对所有人来说，机遇和运气有可能影响个人目标达成，导致无力感的产生；而对于来源于非主流文化的人来说，有时外部的文化力量可以强烈地影响个人目标的达成，却不会对主流文化的人产生影响。因此，这种外部力量是真实存在的并且对某些个体来说是恶的力量。另外，有的国家的某些文化群体还可能存在外部归因的整体倾向，因此，有时外部归因在动机上是健康的，并不是要推卸个人的责任，这是对于外部系统和现实阻碍个人获得成功的准确评估，而不是对不可预测的命运的服从。

苏等（Sue et al，2005）提出了对控制点和责任性交叉形成的四个象限。

社会的主流求助者（白人、中产阶级、年轻人、健全者、异性恋者和男性）最有可能属于第一象限，这反映了美国主流文化中的“极端个人主义”。反映个体中心性和理性主义的认知疗法、问题解决疗法以及自主小组疗法都属于这个象限。这些疗法对那些既看重内在控制，又看中内在责任的求助者最为有效。

位于第二象限（外控—内部责任）的求助者，很可能会在主流文化体系以及影响自己命运的本土文化的夹缝中左右为难，在美国来说包括妇女、存在精神或身体问题的人、老年人、穷人、同性恋者、双性恋者和非欧裔美国人等。虽然他们具有两种或两种以上的文化特征，但这些个体更适应主流文化，而不是本族文化，并且倾向于否认其他文化对个人的影响。对这样的求助者，知觉和主观的疗法要比理性和客观的疗法更有效。要帮助他们认识对主流文化所带来的结果，认识支配—从属社会层次带来的影响，帮助他们提高自身的能量，展现出自己的能力和成就，表达出自己的需求和愿望，以及增强自己的个人权威感和自我价值观。另外，还要帮助求助者分清哪些是积极进行文化适应的尝试，哪些是对自身文化价值观的消极排斥。

表 7.1　苏等的文化身份象限

第一象限：内控—内部责任（IC - IR） 我很好，能控制自己。 社会是正常的，我能在这个系统中工作。	第三象限：内控—外部责任（IC - ER） 我很好，也有控制力，但需要机遇。 社会不好，但我知道问题所在，并试图去改变它。
第二象限：外控—内部责任（EC - IR） 我很好，但只有当我按主流文化的定义来约束自己时，我的控制力才达到最好。 社会看样子并不错，这全看我的了。	第四象限：外控—外部责任（EC - ER） 我不好，也没有多少控制力；我或许该认输或求助于他人。 社会不好，使我限于困境，糟糕的制度真该死。

位于第三象限（内控—外部责任）的求助者相信如果有好的机遇，他们就能够通过个人能力改善生活。他们认为制度的压迫、剥削和偏激以及人们的墨守成规大大限制了他们的机遇。他们特别认同自己的民族和文化，因此，治疗就是要恢复他们自己的文化渊源。一般来说，主流文化的治疗者最不信任这样的求助者，因为这些求助者很可能在治疗计划阶段形成之前就停止治

疗，他们对治疗者不满意，或认为治疗方式不适合自己。他们还喜欢挑战治疗者带有压迫和歧视意味的陈述和行动。这样的求助者可能期望得到并利用直接的、采取具体行动的及社会系统指向的治疗方法。这种情况下，要灵活处理有关治疗者角色、治疗机构的角色的问题，并适当采用本土化的治疗系统。

位于第四象限（外控—外部责任）的求助者最有可能感到绝望和无能，因为他们受到高度的外部控制，同时又百般谴责现存的制度，他们认为自己无力克服造成困难的外部障碍，如歧视和剥削。这些求助者只知道，要解决无助状态，最佳方式就是安抚、服从当权者。他们面对治疗者时，可能表现得过度礼貌和恭敬，即使治疗者已经冒犯了他们，他们也不会直接、公开地表示。在针对这些求助者开始治疗之前，首先必须认清他们的生存价值感，并尊重和肯定他们的价值观。

苏梅尔等（Cormier et al，2004）为跨文化治疗计划提出了几条指导原则。

（1）要确保制订出的治疗计划具有文化和临床上的敏感性和相关性，确保治疗计划反映求助者文化所特有的价值观和世界观，而不是治疗者自己的世界观。

（2）要确保治疗计划表达了求助者所处的社会系统以及求助者本人的需要和影响。

（3）要确保治疗计划涉及一些本土文化的治疗方法，得到求助者的同意。要包括求助者自己生活中的重要支持系统和资源，如他们的家庭和外部的支持系统。

（4）确保治疗计划强调了求助者自己对健康、康复和问题解决等方面的观点。求助者的精神因素可以发挥极大作用，例如民间信仰、神话和超自然的力量等都可以使用。

（5）治疗计划中要考虑和评估求助者的文化适应程度、优势语言和语言偏好，要使用相关的文化主题、民间故事、谚语、比喻等。

（6）确保所计划的疗程能够在时间上满足求助者的需要。

四、具体技术应用中的文化因素

在心理治疗过程中，心理治疗师会采用各种治疗技术。这些具体技术的应用要考虑对特定文化的有效性。

1. 社会示范法与文化

社会示范法的理论基础是班杜拉的观察学习理论，其基本原理是观察学习（observational learning），即个体以旁观者身份，观察别人的行为表现，就可以学习。个体也可以不必观察别人的行为表现方式，有时通过观察直接经验的后果，可以学到某种行为。例如见到别的孩子因打针而恐惧，可以只靠观察就会学到对打针表现恐惧。这种从别人的学习经验即学到新经验的学习方式叫做替代学习（vicarious learning）。观察学习分为四个相互关联的子过程，分别是注意过程、保持过程、动作复现过程和动机过程。每个环节都会受到很多因素的影响，在特定的文化中，就会受到该文化的影响。

示范法在多元文化背景中经常运用于药物滥用的治疗和预防以及家庭问题、儿童行为问题等领域。使用具有一定号召力的示范人物，可以在改善行为方面取得良好的效果。一些研究发现，社会示范法在很多文化中都有很好的效果。

在社会示范法的具体使用中，应考虑使用具有文化针对性的示范人物。一项对美国贫穷的非裔、白种和拉丁裔的少女进行的研究发现，这些女孩报告的社会关系中最重要的人物是与自己文化背景相同或相近的人。运用示范法，榜样的社会地位和能力、名声等因素非常重要，因此要选择适当的模仿对象，示范人物要与求助者具有相似的文化背景。

例如，2007年秋，意大利时尚品牌“Nolita”在米兰时装周登场时，以法国时装模特伊莎贝尔·卡罗的裸体作为广告照片，号召女孩子不要为了追求好身材而冒患厌食症的风险。伊莎贝尔·卡罗本人的巨大影响力使她的这一号召对欧洲的女孩子产生了广泛的影响。

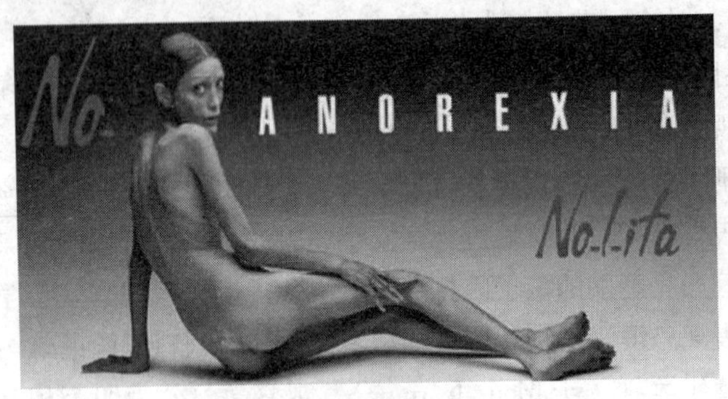

伊莎贝尔·卡罗的广告照片

2. 想象法与文化

在心理治疗的具体进行中，例如在脱敏疗法中，有时需要引导求助者进行某些想象，例如让他们回忆他们感兴趣的、感到轻松、高兴的事件，然后闭上眼睛进行两次深呼吸，放松一下，然后描述出愉快的事件。

把想象法用于非主流文化中还是比较少的，但如果想象的内容与求助者的文化有关，还是能够发挥一定的效果。有人（Omizo et al，1992）对62名5年级夏威夷土著儿童进行了10次干预治疗，在治疗中采用想象法，发现与对照组相比，这样的干预可以提高他们的自尊感。

考梅尔等（Cormier et al，2004）提出了对不同文化的求助者使用想象法的几条原则。

（1）不同文化的想象模式可能是不同的，例如，欧美人的想象模式是个人主义的，而某些其他文化的想象模式则是集体性的。

（2）想象场景的形式和内容与求助者的哲学和文化背景相关联，因此必须在求助者个人观和文化观的框架中去理解他的想象。例如，土著美国人可能想象以“强硬的盾牌”去驱赶坏心情并达到与自然的和谐，而其他求助者则可能把自己想象为“和平斗士”。

（3）如果在想象中使用治愈性的象征符号，则要选择具有文化针对性的或至少被普遍接受的象征符号。例如，荣格借助藏传佛教密宗的曼陀罗（梵文 mandala，又译作坛城）来象征人格的统一和谐的境界。

3．再构法与文化

在混乱无序、受到虐待、被人拒绝和毫无依赖可言的环境中成长起来的人，普遍表现出扭曲的认知方式。例如，一个曾遭到父母虐待的孩子，成年后会认为：“没有一个人是真正对我好的。”这种习惯的认知图式会导致他在与人交往时自我限制性的情感、思维和行为模式。如果他反复出现这种自我限制的循环而不能自拔，就会体验到绝望感，并变的退缩，不愿意进行任何社会交往。他对社会交往的认识和情绪使他在自己的认知图式中迷失，不能感知、认识和选择其他的行为方式。再构法就是可以帮助人们修正知觉方式，从而调整他的人际交往技能的方法。

在治疗过程中使用再构法，要确保这种再构对求助者来说是合理、可接受的。在进行跨文化心理治疗中，要注意到不同求助者的年龄、性别、民族等文化因素。例如，有一位患有严重抑郁症的67岁拉美裔妇女，体验到不安的幽灵或鬼影，其治疗者也是拉美裔妇女，在使用再构时，不仅没有把这种体验看做病态的，反而用它来再构求助者对丧失的痛苦。

小结

本章讨论了心理障碍及心理治疗与文化的关系。第一节讨论了心理障碍在不同文化中的具体表现；第二节介绍了一些土著民俗性的心理治疗；第三节讨论了产生于特定文化并且仅限于这些文化中才有较好效果的一些文化特异性心理治疗；第四节讨论了当治疗者和求助者不属于同一文化时的心理治疗所要注意的问题。由于人们的行为在一定程度上是由文化建构的，因此心理障碍的表现也具有文化的特征，而不同文化中也有一些特异性的心理障碍和心理治疗手段。当主流文化中的心理治疗者面对其他文化中的求助者时，心理治疗的各个环节都需要考虑多元文化的问题。

思考题

1. 心理障碍是普遍的还是由文化建构的？
2. 如何看待土著民俗性的心理治疗？
3. 文化特异性心理治疗有哪些文化特点？
4. 进行跨文化心理治疗对治疗师有什么特殊要求？

参考文献

江光荣著：《心理咨询的理论与实务》，高等教育出版社，

2005 年。

理查德·格里格、菲利普·津巴多著，王垒、王甦等译：《心理学与生活》，人民邮电出版社，2003 年。

路英智著：《森田疗法入门——人生的学问》，人民卫生出版社，2006 年。

钟友彬著：《中国心理分析：认识领悟心理疗法》，辽宁人民出版社，1988 年。

曾文星著：《文化与心理治》，北京大学出版社、北京大学医学出版社，2002 年。

Cormier S, Nurius P. S 著，张建新等译：《心理咨询师的问诊策略》，中国轻工业出版社，2004 年。

Day E, Gaston R. L, Furlong E, Murali V, & Copello A. United Kingdom substance misuse treatment workers' attitudes toward 12 – step self – help groups. Journal of Substance Abuse Treatment, 2005, 29 (4): 321 – 327.

Kulhara P, Chakrabarti S., Culture and schizophrenia and other psychotic disorders. Psychiatric Clinics of North America, 2001, 24 (3): 449 – 464.

Marsella A. J., Depressive experience and disorder across cultures. In Triandis H C, Draguns J G (Eds). Handbook of Cross – Cultural Psychology: Psychopathology. Boston: Allyn and Bacon, 1980.

Murphy H. B. N., Culture and schizophrenia. In: Al – Issa I (Eds). Culture and. Psychopathology. Baltimore, MD: University Park Press, 1982.

Omizo M. M, Omizo S. A, & D'Andrea M. J., Promoting

wellness among elementary school children. Journal of Counseling and Development, 1992, 71 (2): 194 - 198.

Redmond M, Rooney R, Bishop B. Unipolar depression across cultures: A Delphi analysis of the methodological and conceptual issues confronting the cross - cultural study of depression. Australian e - Journal for the Advancement of Mental Health, 2006, 5 (2): 1 - 13.

Stompe T, Karakula H, Rudalevièiene P. The pathoplastic effect of culture on psychotic symptoms in schizophrenia. World cultural psychiatry research review, 2006: 157 - 163.

Sue D. W, McGoldrick M. Multicultural Social Work Practice, Wiley, 2005.

Tung M. P. M. Symbolic meanings of the body in Chinese culture and "somatization". Culture, Medicine and Psychiatry, 1994, 18: 483 - 492.

第八章　跨文化管理与沟通

一家大型欧洲石油公司采购部的一名经理与一家韩国供应商进行合同谈判。第一次见面，韩国供应商送给这位欧洲经理一支钢笔作为见面礼物，但是这名经理因害怕有受贿之嫌，尽管明知道韩国人有送礼物的风俗习惯，他还是礼貌地拒绝了这份礼物。第二次见面时，这名欧洲经理惊讶地发现，韩国供应商又带来了一套音响设备作为礼物，他再次拒绝了这份礼物。当他们第三次见面时，欧洲经理再次看到了韩国人带来一件韩国陶器作为礼物。这时他终于明白了，他的拒绝并没有让韩国供应商明白："我们可以立即开始谈判"，相反，韩国供应商认为欧洲经理的意思是："如果想要顺利地开始谈判，你们最好带更好一些的礼物来给我。"（Trompenaars，1993）这个例子说明，在跨文化交流中，由于某些固有的因素，人们之间的沟通还存在不少障碍。

"所有的文化正在变得越来越相似"，这是我们现在常常听到的一句话。但是文化作为一个复杂的概念，包含着"硬件"与"软件"两方面的内容。"硬件"指物质生产、生活条件、生活设施等方面的内容，"软件"则指的是社会的组织、制度、风俗、习惯等方面。特朗皮纳斯（Trompenaars）在《文化的踏浪》中提出：文化不仅仅是一套价值观念体系，而且是某一群体解决问题和缓和困境所采用的途径和方法。因此，"所有的文化正变得越来越相似"。这句话应该是说各种文化中的"硬件"越来越相似，交通的便捷、信息技术的发展、科学技术的共享，我们生活得世界越来越像一个“地球村”；然而与此同时，不同文化中的“软件”却依然发挥着其独特的作用，尤其在跨文化的管理与沟通中，文化中的差异性更是有着微妙的作用。如果我们在跨文化交往中忽视这种“软件”的差异，就很容易出现问题。

跨文化沟通与管理实践研究的发起者海尔特·霍夫斯塔德将文化比作“思想的软件”，艾里斯·瓦尔纳等人则进一步将此观点引申为“文化是支持软件程序运行的操作环境”，有的文化像DOS系统，而有的文化像Windows 98，有的像Windows XP，有的像Vista。本章的目的就是探讨，在不同的“操作系统”下，以管理和沟通为目标的程序运行起来会有怎样的差异。

第一节　组织结构类型与文化

在管理学中，组织结构特指反映人、职位、任务以及它们之间的特定关系的网络。这一网络可以把分工的范围、程度、相互之间的协调配合关系、各自的任务和职责等用部门和层次的方式确定下来，成为组织的框架体系。

文化取决于人口并包括生活中的许多领域，这就意味着组织间的差异不仅表现在产品技术，市场以及员工的态度，而且也体现在深层次的信念、工作意义以及价值观上。迪尔和肯尼迪把这称为“内在价值”，他们发现，在不同文化基础上构建起来的组织具有不同的组织效能。他们发现，从20世纪50年代到20世纪80年代日本的发展速度最为惊人。他们认为日本的社会政策以及管理措施，是导致日本经济迅速发展的原因。由此可见，文化背景对一个组织的影响是深刻而久远的。

一、三种组织结构与文化

拉莫斯等（Lammers et al，1979）研究了组织结构中的文化差异，发现根据文化背景的不同，组织结构大约可以划分为“拉丁模式”、“盎格鲁—撒克逊模式”以及“第三世界模式”三种。

他们认为，拉丁模式的组织结构是一种典型的官僚主义组织，其特点是中央集权以及多层次的等级制度；而“盎格鲁—撒克逊模式”则是以灵活性高、非集权化、等级层次少为主要特点，这种管理方式主要分布在西欧、北欧及北美；“第三世界模式”的特点则是中央集权制、组织内部规则较少，组织管理以家长式作风为主。这种传统的管理方式在欧洲西部的一些小工厂和家庭企业中可以找到。

罗宾斯（Robbins，1987）后来提出的组织类型判别标准也间接印证了拉莫斯等的研究结果。罗宾斯等认为组织类型的判别有三个重要的方面：复杂性、规则性和集中性。复杂性指的是组织存在差异的程度。如，专业团体的多样化，管理层次的多少，组织的分支数等；规则性是指在完成工作中的规范化程度，从几乎没有规则到规则非常明确；集中性是指决策的制定，从个人制定决策到多人制定决策。

二、组织文化类型理论

特朗皮纳斯（Trompenaars，1993）以“平等主义”——“等级主义”和“关系导向”——“任务导向”两个维度来划分组织文化类型，提出了家族型、埃菲尔铁塔型、导弹型以及孵化器型四种类型的组织文化。

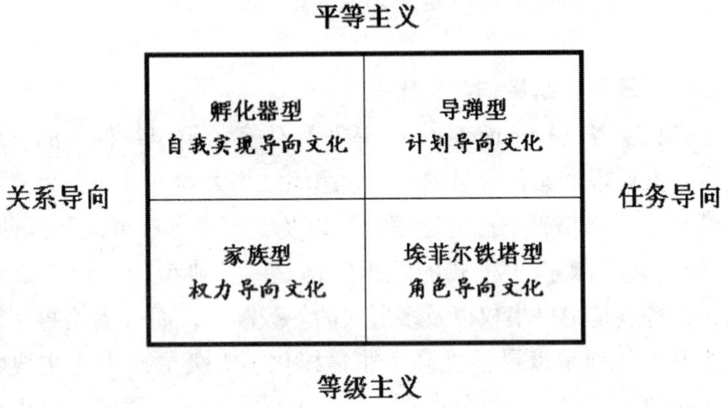

平等主义

关系导向	孵化器型 自我实现导向文化	导弹型 计划导向文化	任务导向
	家族型 权力导向文化	埃菲尔铁塔型 角色导向文化	

等级主义

图 8.1 特朗皮纳斯（Trompenaars，1993）的组织文化类型

1. 导弹型文化

导弹型文化的名称来自高科技组织。在这样的组织中，以平等主义以及任务导向为特点，这种组织文化中的工作由团队或项目组的形式来承担，工作风格属于任务导向，以完成工作为首要目标。在这样的团队中，个体的专业知识比其所处的等级更为重要，团队中的成员人人平等。

这种组织文化常见于英美等国家。

2. 孵化器型文化

孵化器型文化以平等主义和关系导向为特点，其存在和发展的基本前提是：组织本身相对于组织成员的全面发展而言是次要的，组织是其成员自我发展和自我实现的“孵化器”。这种组织往往缺少正式的结构，其发展的动力源自组织成员本身对组织目标的喜爱和热情，随着目标的逐步取得，组织开始逐渐变得稳定、正规，孵化器型的组织文化特征开始减少，逐渐被其他类型的组织文化所替代。

3. 家族型文化

家族型组织文化的特征是等级主义和关系导向，一般由一位家长式的领导来带领。家族型组织文化以传统、习俗为组织存在的基础，以情感关系的激发来维系组织的成长。在组织内成员等级差异上与导弹型文化截然不同，在家族型组织文化中，年龄或权力是评价组织成员的重要标准，而非能力与成就。

这种组织模式在中国、新加坡、土耳其、巴基斯坦、委内瑞拉等地很常见。

4. 埃菲尔铁塔型文化

埃菲尔铁塔型文化的特征是等级主义和任务导向，工作职责清晰，结构下宽上窄，形成塔状。埃菲尔铁塔型组织文化中的关系是特定的，个人可以根据任务需要处于塔形结构的任何位置，工作决定身份，在得到某项工作职位之前，每个人都是平等的。在这样的组织文化中，无论是个人发展、组织管理、员工奖惩等，都有一套精心设计的规则与章程，所有的规章其目的都是为了确保一个正式的等级制组织有效运作，有的时候会显得缺乏灵活性。

埃菲尔铁塔型文化主要存在于北美和西北欧国家。

第二节　组织管理行为与文化

无论选择怎样的组织文化模式，一个好的组织都离不开好的领导和管理。在管理学的研究中，领导行为是研究最多的主题，尤其是研究领导行为有效性的理论，是管理学理论研究的热点之一。领导行为研究的分支有很多，包括影响领导有效性的因素、如何提高领导的有效性、领导风格对组织的影响等。本节讨论领导风格和决策两个方面的领导行为。

一、领导风格与文化

1. 领导风格有关理论

领导风格理论集中研究领导的工作风格对领导有效性的影响，比较流行的理论包括勒温（Lewin）的三种领导方式理论、利克持（Likert）的四种管理方式理论、领导四分图理论、领导权变理论等等。

（1）勒温的三种领导方式理论。勒温等三位学者在1943年提出，领导者的风格可以分为三类，分别是独裁式领导、放任式领导和民主式领导。

独裁式领导（authoritarian）。这种类型的领导者拥有类似君王一般至高无上的权力，对于赏罚有决定权而不受任何约束，下属对命令完全遵守，领导者通常与下属保持相当的距离。这种领导风格决策迅速，很适合用于下属工作能力及工作意愿低落的组织，但是由于下属在这种领导风格之下会感到长期的压迫感，容易失去创意和工作热情。

放任式领导（laissez - faire）。放任式领导即所谓的“无为而治”，团体的决策多由下属自行决定，领导者处于相对被动的地位，当下属有所要求时，才行使其领导权力。放任式领导可以培养员工的自主性，训练其独当一面的能力，但也可能由于领导缺乏对事务通盘的了解，使员工产生本位主义。

民主式领导（democratic）。民主式领导善于协助组织进行讨论，鼓励员工参与决定，对于组织的活动采取充分授权、信任下属，以激励代替处罚。此种领导方式增加员工的参与感，提升其自信心，而且有集思广益之效，政策推行时也较为容易。但过于讲求民主容易导致效率低落，而且最后的决策往往不是最佳决策，而只是各方妥协下的产物。

（2）利克特的四种管理方式理论。利克特（Likert，1967）提出了领导的四系统模型，即把领导方式分成四类系统：专制—权威式领导、开明—权威式领导、协商式的民主领导和参与式的民主领导。他认为，有效的管理者坚决地面向下属，依靠人际沟通使各方团结一致地工作。包括管理者或领导者在内的群体全部成员都采取相互支持的态度，在这方面，他们具有共同的需要、价值观、抱负、目标和期望，因此只有第四系统——参与式的民主领导才能实现真正有效的领导，才能正确地为组织设定目标和有效地达到目标。

专制—权威式：采用这种方式的主管人员非常专制，很少信任下属，采取使人惧怕与惩罚的方法，偶尔兼用奖赏来激励人们，采取自上而下的沟通方式，决策权也只限于最高层。

开明—权威式：采用这种方式的主管人员对下属怀有充分的信任和信心；采取奖赏和惩罚并用的激励方法；允许一定程度的自下而上的沟通，向下属征求一些想法和意见；授予下级一定的决策权，但牢牢掌握政策性控制。

协商式：采取这种方式的主管人员对下属抱有相当大的但又不是充分的信任和信心，他常设法采纳下属的想法和意见；采用奖赏，偶尔用惩罚和一定程度的参与；采取上下双向沟通信息；在最高层制定主要政策和总体决策的同时，允许低层部门做出具体问题决策，并在某些情况下进行协商。

参与式：采取第四种方式的主管人员对下属在一切事务上都

抱有充分的信心和信任，总是从下属获取设想和意见，并且积极地加以采纳；对于确定目标和评价实现目标所取得的进展方面，组织群体参与其事，在此基础上给予物质奖赏；更多地从事上下之间与同事之间的沟通；鼓励各级组织做出决策，或者，本人作为群体成员同他们的下属一起工作。

总之，利克特发现那些应用参与式进行管理的主管人员都是取得最大成就的领导者。此外，他指出了采取参与式管理的部门和公司在设置目标和实现目标方面是最有效率的，通常也是更富有成果的。他把这种成功主要归之于群体参与程度和对支持下属参与的实际做法坚持贯彻的程度。

（3）四分图理论。1945 年，美国俄亥俄州立大学教授斯多基尔、沙特尔在调查研究基础上把领导行为归纳为“抓组织”和“关心人”两大类。“抓组织”，强调以工作为中心，是指领导者以完成工作任务为目的，为此只注意工作是否有效地完成，只重视组织设计、职权关系、工作效率，而忽视部属本身的问题，对部属严密监督控制。“关心人”，强调以人为中心，是指领导者强调建立领导者与部属之间的互相尊重、互相信任的关系，倾听下级意见和关心下级。调查结果证明，“抓组织”和“关心人”这两类领导行为在同一个领导者身上有时一致，有时并不一致。因此，他们认为领导行为是两类行为的具体结合，分为四种情况，用两度空间的四分图来表示。属于低关心人高组织的领导者，最关心的是工作任务。高关心人而低组织的领导者大多数较为关心领导者与部属之间的合作，重视互相信任和互相尊重的气氛。低组织低关心人的领导者，对组织对人都漠不关心，一般来说，这种领导方式效果较差。高组织高关心人的领导者，对工作对人都较为关心，一般来说，这种领导方式效果较好。

（4）领导权变理论。以上几种理论主要是从对人的关心和对任务的关心两个维度，以及上级的控制和下属参与的角度对领导行为进行分类，这些理论在确定领导行为类型与群体工作绩效之间的一致性关系上取得了一定的成绩，但这些理论的主要缺点是缺乏对影响成功与失败的情境因素的考虑。领导行为与领导的有效性之间的关系显然依赖于任务结构、领导成员关系、领导权威、下属的主导性需求等情境因素，领导权变理论弥补了这一缺陷，提出领导的有效性依赖于情境因素，并且情境因素可以被分离出来，它的研究成果包括菲德勒权变模型、情境领导理论、路径目标理论和领导者参与模型。但由于实践者很难确定领导成员关系、任务结构等权变变量，领导权变理论相对于实践者显得过于复杂和困难，使它的应用具有一定的局限性。1978 年，伯恩斯（Burns）在对政治型领导人进行定性分类研究的基础上，提出领导过程应包含交易型和变革型两种领导行为，这一分类为领导行为的研究开辟了新的思路。1985 年，巴斯（Bass）正式提出了交换型领导行为理论和变革型领导行为理论，它比以往理论采取更为实际的观点，是以一个“走在大街上的”普通人的眼光看待领导行为，具有实际的应用价值，在实践中得到了广泛应用。

2．领导方式的文化差异

早期关于领导风格、管理行为的研究主要以西方的组织为研究样本。到 20 世纪 80 年代初，逐渐开始有学者对东方文化下的领导模式开展研究。有研究者分别在印度和日本进行了领导方式的研究。

（1）培养—任务型领导理论。辛哈（Sinha，1984）通过对印度领导风格的研究，提出了“培养—任务型”的领导观念。

这种管理方式包含两种成分：关注任务以及培养员工。“培养—任务型”的领导能够创造一种相互支持的氛围，并且使组织保持较高的生产率，在这种领导模式下，领导关爱下属，关注员工的幸福感，并且愿意为员工的成长做出贡献。“培养—任务型”的领导灵活性很高，当员工在完成任务、工作指令减少时，“培养—任务型”的领导方式会转化为参与式领导。

辛哈认为，“培养—任务型”领导具有权威性，但并不专断，介于权威式领导（在西方相关的研究文献中，这种领导方式经常是与以任务为目的相联系的）和参与式领导之间。根据西方的研究结论，参与式领导被认为是最为有效的领导方式，但是这种领导方式需要在一定的社会环境中形成，而印度现在并不具备这样的环境。一个重要的原因是，在印度，个人凌驾于组织之上，规则与制度往往会给友情或亲情让步；另外一个因素是，在印度的组织中缺少团队精神，对时间有意识地滥用（如上班经常故意迟到或特意延长午餐时间）被看做是身份的标志。这些因素以及与之相类似的因素就导致了印度人的领导风格中必然有权威的成分。

辛哈在一项对印度组织中的员工进行深度访谈的调查中发现他们更偏爱“培养—任务型”的领导。有证据显示在印度有成就的领导比起其他的领导更倾向于支持“培养—任务型”的领导。但值得我们注意的是，辛哈的观点并没有得到所有学者的认同。绝大多数学者依然认为民主的参与型领导方式有着更为积极的效能。除此之外，辛哈并不认为“培养—任务型”的领导是很好的方式，因为这种领导方式要求，即使在下属的绩效并不理想的情况下，领导也必须表现出无条件的关注，以便让下属有着较强的归属感，这对组织的效率和任务完成是又影响的。

（2）PM 领导理论。日本学者三岛（Misumi，1985）区分了一个团队的两种功能：一个是成就功能，即有助于团队成就目标的实现及解决团队中存在的问题；另外一个是自我保护功能，即有助于团队的自我保存和团队实力的增强。其中成就功能被称为“表现”，简称为 P（performance），P 型领导旨在完成任务，实现团队目标，力求组织做出良好的表现；而自我保护功能被称为“保持”，简称为 M（maintenance），M 型领导旨在增加员工之间的相互支持和鼓励，减少冲突和纷争。P 和 M 在任何一种领导过程中都起着一定的作用，两者不是相互独立，而是彼此依赖。

PM 领导理论区分了领导行为的普遍性特点和特定情境下领导行为的表达方式。在 PM 领导理论中，P 意味着“监督生产”。与之相伴随的 M 有两种情况，一种是低 M，另一种是高 M。领导行为由此被分为四个基本类型，分别命名为 PM，Pm，pM，pm（大写字母表示对此领导行为赋予的权重值较高，而小写则表示权重值较低）。这种分类不仅得到了问卷调查的结果支持，而且一些在日本的学校、政府部门及公司进行的准实验研究结果也验证了这种分类。

在 PM 领导理论的研究中，领导方式是通过外在指标（比如长期业绩，工作动机，事故率，员工流失率）和自我报告的内在指标（满意度和标准业绩）两个方面来进行测量的。在一般情况下，这四种领导的有效性按照从高到低排列，存在着一定的顺序关系，即 PM，pM，Pm，pm，但是当员工缺少工作动机时，Pm 会成为最有效的领导方式。

三岛认为 PM 领导理论是西方经典组织管理理论的一种扩展，但是西方理论偏向于强调领导方式的单一维度和标准化的测量问卷。三岛认为，在测量某一特定文化中领导方式的 P 和 M

时，需要特定的适合于该文化的测量指标。因为史密斯等（Smith & Peterson，1988）总结了在英国、香港、美国以及印度的相关研究，结果显示，在所有一系列被认为是领导风格评价指标的行为中，一些行为与领导风格的相关没有国家地区间差异，这属于领导风格的一般性特质，而另一部分行为与领导风格的相关程度则存在着国家地区间差异，属于特定文化中的具体表现。例如，领导者是否主动关心员工所面临的个人困难，在英国和美国被认为是轻率的做法，而在香港和日本这么做会被认为是考虑周到。这些研究结果支持了三岛的观点，即需要区分出领导的一般特质和在特定文化中的具体表现。

（3）领导方式跨文化差异性的其他相关研究。在管理实践中，文化起到了重要的作用，贝里等（Berry et al，2002）对有关研究进行了综述。

罗恩等（Ronen & Shenkar）的一组研究发现，领导方式的地域差异主要存在于三个方面：人际间的率真亲近程度、谦逊程度以及自主程度。欧洲西北部的居民对参与度的重视程度要高于东南部的居民；德语国家的人们对行政管理能力的重视度要高于英国和爱尔兰；人文取向是欧洲的西北部区别于其他地区的独特之处；而“有面子”和“自主性”是欧洲东南部区别于其他地区的主要特征。

1983 年的一项研究发现，日本的管理者在单一任务的完成上消耗的时间要多于美国管理者，在美国和日本，占用管理者时间一个小时以上的单一任务比例分别为 10% 和 41%，而与之对应的是，18% 的日本管理者和 49% 的美国管理者在忙于应对那些花费时间要少于 9 分钟的任务，这反映了日本管理者更加倾向于完成需花费时间较长的任务。

辛哈观察到，在印度，人们注重工作满意度的程度高于重视产量，这一结论是与印度社会的集体主义价值观相一致的。特里安迪斯关于“面子”的研究发现理解中国人的“脸面”在“丢脸”和“有面子”中的含义，对与其进行顺利的生意往来有着重要的意义，这个文化内的成员知道什么时候需要运用“面子效应”，但是对外界那些不了解此文化内涵的人来讲，公认的价值观和实际行为看起来是相互矛盾的。

二、决策

1. 决策的跨文化研究

关于决策的研究，既包括描述性的分析，也包括解释性的模型建构。曼恩（Mann，1998）等编制了一份决策调查问卷，分别对澳大利亚、新西兰、美国、香港、日本和台湾等六个国家地区的在校大学生进行测量。前面的三个样本采集地更具有个人主义的价值观特点，而后面的三个样本采集地的人们具有集体主义价值观。在个人主义样本中，学生们在做决策时自信心程度更高，而与此相反的是集体主义样本在“推诿责任”和“回避”的得分上要高一些。报告结果显示，个人主义样本与集体主义样本在这几个方面差异显著。

贝里等（Berry et al，2002）提到，海勒等（Heller & Wilpert）在美国、以色列及5个西欧国家选取了129家顶级企业，对这些企业高层的管理决策进行了分析，提出了“权利分享连续统一体”假设。这个连续体的一端是领导单方面独断的决策，另一端是下属享有一定的权利共同制定决策，根据所面对具体情形的不同，大多数领导者的行为会在这一连续体上发生很大范围的变动，文化背景不同造成的领导行为差异远小于具体情形不同造成的领导行为差异，一些特定的情境会增加共同制定决策行为的发生几率，这一点在跨文化研究中也具有一致性。赖特（Wright）回顾了大多数早期关于决策的跨文化研究，对组织设置和实验研究都进行了讨论。在组织设置研究中，最常见的话题是“日式与美国管理方式在组织效率上的优越性比较”，结果发现日式管理的优越性归因于一个“广纳意见”的决策过程。建立在感性认识和临床访谈基础上的描述性研究看上去可以从文化因素的角度来解释决策方式不同的原因。

视窗

决策共识

马丁—约翰斯（Martyn - Johns，1977）发现印度尼西亚分公司日籍管理者的决策方式在其国际型的领导看来是极端专制的。分公司内部公布的决策没有人提出质疑。一名来自欧洲的民主风格的经理接手管理了几个月，他在会议上讨论问题、通过投票制定决策。但是，他的下属认为他们新来的管理者更加强制和专断。他们反对的理由是一些信息不应被公开讨论，并且他们认为采用少数服从多数的决策方式是一种强迫。

而在爪哇岛，马丁—约翰斯发现尽管多种意见普遍存在，但让经过深思熟虑的最佳决定得到每个人的同意是有可能实现的。决策的理想状况是能够达到共识，而不是用少数服从多数的方法来进行抉择，一旦一个管理者的决策达到了共识，那么就不会被认为是专制了。

日本组织的典型决策方式就是“ringi”程序。组织的底层起草计划书并鼓励员工在计划书中加入自己的意见，有时组织高层也会发起计划，但同样会遵守相应的规则，集思广益。之后起草好的计划书在相关的部门中流通，并在这个过程中得到反复修改，逐渐符合最终要求，得到大家的同意。通过这种方式，许多员工的经验和知识都能够得到充分利用，同时达到决策共识。这是从低到高的决策程序，这种方式能够使更多员工参与管理组织，提高员工奉献精神和对组织的责任感。决策一旦达成共识，实施花费的时间就会很少。在管理书籍中，“ringi”程序经常被认为是“日本经济成功的关键”。但是，这种方法也有其相应的缺点。比如前期花费的时间较长、需要做大量的文字工作等。

2．决策的影响因素

（1）风险转移现象。“风险转移现象”（The Risky－Shift Phenomenon），是指一个人在团体中所提议的决策，往往会比他单独一个人做决定时，来得更冒险，以至集体的决定往往更大胆或更愿意承担风险。导致这一现象最可能的原因是，团体的决定，其后果是由集体来承担，而非个体的责任。贝里等（Berry，et al，2002）提到，布朗（Brown）指出西方社会认为风险是个人价值的一种体现，个体希望与同伴承担同样的责任与风险，因此在群体讨论的过程中，为了不落人后，发表的意见就更容易偏激。由此我们可以预测，在一个认为谨慎是更重要的品质的文化中，在群体制定决策的过程中会存在“谨慎转移（cautious shift）”。最早支持这种观点的论据是由卡森和戴维斯发现的，他们对美国和乌干达的群体决策效率进行比较研究，发现乌干达在决策过程中更为小心谨慎。另有研究发现利比里亚的决策没有“风险转移”的倾向，在那里，“风险偏移”与“谨慎偏移”的程度是一样的。

（2）自信（confidence）。制定决策者的自信对决策的制定也有着至关重要的影响。1983 年，赖特等对西方（主要是英国）和东南亚（包括马来西亚、印度尼西亚和中国）样本做了一项研究。赖特等在研究中要求被试回答一个问题，并让被试指出他们在多大程度上相信自己的答案是正确的。结果发现被试经常是过度自信的，亚洲被试更甚。相对于西方的被试来讲，亚洲被试更多使用“绝对正确”或“绝对错误”这样的字眼，而更少地使用中性化的评价。赖特等将这种现象归因于非概率化思维倾向与概率化思维倾向的对抗，他们认为西方人的思维更加概率化，而亚洲人的思维更为绝对化，这属于一种文化差异。

韦伯等（Weber et al，2000）对最近的更多研究进行了总结，发现在一种决策模型中，如果分别从消极结果和积极结果来衡量，最终会得到不一样的决策采纳概率，例如目前有两种选择，一种是 100% 的概率得到 50 元钱，另一种是 50% 的概率得到 100 元钱，50% 的概率一分钱都得不到，人们往往会更加冒险地选择后一种方案，即在决策中，相比较消极的结果，人们会更加看重自己能够得到的积极结果。有研究者（Bontempo et al，1997）对博彩中人们的风险决策行为研究，发现相对于西方人（研究中以荷兰人和美国人为样本）来讲，在做一项风险行为决策时，潜在的损失及失败的概率对华人（研究中以中国香港人和中国台湾人为样本）的影响更大。韦伯等（Weber et al，2000）对一些实际生活中的风险决策进行了因素分析，结果表明这些决策的影响因素中有两个是共有的：一个是害怕，害怕潜在的灾难和失控；第二个是对风险的未知，包括无法观察到的以及能存在的长期危害。在研究中韦伯发现中国被试相对于西方被试（主要是美国），在做风险投资决策时更加有把握，原因在于如果发生灾难性的后果，中国人的社会支持网络会起到一定的缓冲效应，从而降低了风险的消极影响。这种解释在理论上和实际中都已经得到了证实。

视窗

跨国公司成功的10个关键因素

为什么有的跨国公司能够获得成功，而有的却不能？一些主要的原因有：成功的跨国公司进行世界范围的经营，支持海外活动，密切注意政治变化，尽可能地用当地人。这些是“本地化管理人员教育发展项目”研究的主要发现。具体来说，成功的全球跨国公司似乎会使用下面10项要素或指导方针。成功的全球竞争者：

1. 把它们自己看作是跨国企业，并由在世界市场竞争中游刃有余的管理团队来领导。

2. 制定整合的、有创新性的战略，使别的公司难以竞争或竞争成本太高。

3. 有雄心、有效地实施全球战略并以大量的投资作为支持。

4. 明白技术创新不再是美国的专利，并形成利用国外技术创新的体系。

5. 把世界看作一个大的市场而不是单个的小市场来组织经营活动。

6. 设计出合适的组织结构来处理它们的独特问题、迎接挑战——这样也产生了最高的效率。

7. 设计能够让它们及时了解全世界政治变化以及这些变化会对公司产生什么影响的体系。

8. 拥有在结构上国际化的管理团队——这样就能更好地回应他们各自市场的独特需求。

9. 允许他们的外部指导人员对公司的运作发挥积极的作用。

10. 很好的被管理，且愿意遵循一些重要的指导方针，如：紧紧跟随顾客，使组织结构扁平化，以及鼓励员工的自主性和企业家精神。

（摘自 Hodgetts. R. M 等著，赵曙明等译《国际管理——文化、战略与行为》）

第三节　工作价值观与文化

价值观（value）就是主体按照客观事物对其自身及社会的意义或重要性进行评价和选择的原则、信念和标准（彭聃龄，2001）。价值观通过人们的行为取向及对事物的评价、态度反映出来，是驱使人们行为的内部动力。它支配和调节一切社会行为，涉及社会生活的各个领域。而工作价值观就是人们在工作中的评价准则和行为动机。循着工作价值观的定义，本节将讨论工作价值观的构成维度和不同工作价值观中的行为动机。

一、工作价值观的构成维度

关于工作价值观的研究，霍夫斯塔德（Hofstede et al，1980）的研究具有里程碑式的意义。霍夫斯塔德在 IBM 分布于世界各地的子公司进行了一项关于工作价值观的研究，该研究囊括了世界范围的 53 个国家和地区，分别在 1968 年和 1972 年进行了两轮数据采集工作。研究主要采用问卷法，共有 160 道题目，其中

63 道关于工作价值观，从经理到行政职员被分成了 7 种不同的职业水平来分别进行问卷作答，研究最终收集到涉及 20 种语言的、超过 116000 份数据，被用来进行跨文化分析处理。研究结果于 20 世纪 80 年代初公布。

霍夫斯塔德根据研究结果将工作价值观分成了四个维度：权力距离（power distance）、不确定性规避（uncertainty avoidance）、个人主义—集体主义、男子气—女子气。关于这几个维度的产生，需要进行一下说明：在研究的预测阶段（pilot study）就已经能清楚地看到关于区分等级关系的项目具有较为明显的国家差异。“员工有多害怕与老板意见发生冲突”成为衡量权力距离的核心问题。衡量不确定性规避的指标在相似的过程中产生。个人主义—集体主义的衡量指标来自对 22 个关于不同工作目标重要性的项目所进行的因素分析，这些项目都或多或少地与马斯洛的需要层次理论相吻合，能够区分出个体差异。通过对工作目标重要性的因素分析，最终还得到了男子气—女子气维度。

霍夫斯塔德通过因素分析发现，这四个维度的指标反映了文化中的很多潜在因素，即这四个维度与经济、地理、人口学等方面均有一定程度的相关，例如，权力距离与个体的独立性成负相关、与独裁主义成正相关，在权力距离维度上得分越低的被试对严密监督管理的评价越消极，同时更喜欢协商式的决策制定方式；在个人主义得分相对较低的文化中，自主的重要性也相对较低，而在个人主义得分较高的文化中，自主性和多样性对个体而言也更为重要。

霍夫斯塔德的维度划分意义重大，这些维度使得出现在研究者和被试面前的“文化”不再是一个模糊的概念，而是提供了一个“世界文化的地图”，特别是个人主义与集体主义的维度划分，如今已经取得了更深的发展。目前任何一本主流的组织心理学手册几乎都是按照个人主义—集体主义这一维度来进行结构编排的，手册的一部分是与个人主义相关的问题讨论，另一部分则是有关集体主义的问题讨论。在研究组织的众多文献中，很多研究都将个人主义—集体主义作为区分东西方的重要依据。

在实际中，个人主义与集体主义的划分维度也得到了广泛的验证，作为价值观的一项重要核心组成部分，对个体在工作、生活、学习领域中多种行为的风格与方式都产生了深远的影响，成为工作价值观的核心内容。

二、行为动机

1. 行为动机的有关研究

动机是由一种目标或对象所引导、激发和维持的个体活动的内在心理过程或内部动力（彭聃龄，2001）。许多活动的引发是从需要开始的，需要引起某种内驱力的增强，内驱力激发了反应，即一个或一组行动，以实现特定的目标，因此，一个完整的动机过程包括需要、内驱力、反应和目标四种组成部分。在关于动机（或称需求）的所有理论中，麦克莱兰和马斯洛的动机理论是对跨文化研究影响最为深远的两种。

麦克莱兰（Mcclulland）认为，经济的发展必须结合社会和心理的变量进行解释，他肯定动机在国家经济发展中的重要作用，并提出了“成就动机”这一说法，认为成就动机是国家经济发展决定性因素的一部分。麦克莱兰证实了在一个国家文学作品中“成就”作为主题出现的频率与该国的经济发展呈正相关，并且存在着一定的时间滞后现象。另外，西格尔等也进行了类似的研究。他们通过分析儿童读物中的故事得到国民成就动机分数，通过资本收益和用电总量来评估国家经济水平，结果发现，国民成就动机分数与经济水平之间存在着非常显著的相关。

贝里等（2002）提到，海尔（Haire）等人在1966年根据马斯洛的需要层次理论，进行了第一次全球性大规模动机行为调查研究。在实际操作中，他们对马斯洛的理论稍微做了调整，形成“安全”、“社交”、“自尊”、“自主”和“自我实现”五种需要。共有三个问卷，分别测量动机、领导方式和管理角色。研究者对来自14个国家的至少200名管理者进行了测量。这14个国家中，9个是欧洲国家，其他分别是美国、阿根廷、智利、印度和日本，被试从商会、大学、培训中心及私人企业中征集。

对收集到的数据进行多因素方差分析，通过组间组内比较发现，在所有的五种需要中，自我实现需要（实现自己的能力）在所有的国家中都被认为是最重要的，其次重要的是自主性需要（自己独立思考和独立行动的机会），这两种需求的满足是在工作情境中促进管理者工作的重要因素，国家间差异不显著；但同时也发现在所有的国家中，这两个最为重要的需要得到满足的程度反而最低，满意度最高的是日本和北欧群组中的管理者，发展中国家和拉丁国家的管理满意度最低。

2. 工作动机的研究

社会哲学中对工作意义的研究有很长的历史，最近在社会科学中，工作意义的研究也越来越受到重视。贝里等（Berry et al, 2002）提到，韦伯在1976年的研究非常有名，他认为资本主义的崛起是新教的兴起和工作伦理发展的结果。近期比较有代表性的研究是MOW研究组织（Meaning of Working International Research team）于1987年完成的（MOW，1987）。其研究的核心理念是“工作中心化”，即“一种认为工作对个体生活具有重要意义的普遍信念”，研究在八个国家中抽取被试，包括日本、前南斯拉夫、以色列、美国、比利时、荷兰、联邦德国和英国。衡量“工作中心化”程度的方法是直接向被试提问，问题包括“工作对你来说有多么重要”，“工作与其他生活角色（包括休闲、社交、宗教、家庭等领域）相比较时你如何排序”等问题，根据回答来评定被试“工作中心化”的程度。结果如下：

（1）工作中心化的国家差异。按照被试认为工作重要性的程度，从高到低将这些国家进行排列，顺序为：日本、前南斯拉夫、以色列、美国、比利时、荷兰、联邦德国、英国。日本人的得分最高，这在研究者的预料之中，而英国最低，德国倒数第二和前南斯拉夫名列第二，这些结果超出了研究者的预期。研究者对此结果尝试进行的解释是，工作中心化是工业化开始时间的非线性函数，西欧国家包括英国，在研究涵盖的这些国家中是最早开始工业化的国家，而日本和前南斯拉夫比起它们来要晚得多。

（2）工作中心化的职业差异。工作的重要性程度评价在不同的职业之间也有差异，专业人员得分最高，临时工得分最低，技术工人和失业人员分数处于中间位置。

（3）工作中心化的性别差异。除了在比利时和美国外，其他六个国家均显示女性对工作重要性的评价显著低于男性，日本最为突出。

（4）工作的权利和义务。工作的权利和义务两个方面均发现存在显著的差异。在强调工作权利方面，美国得分最低，荷兰、比利时、德国的得分最高；在强调工作义务方面，荷兰最低，前南斯拉夫和以色列得分最高。

尤其有趣的是这两个变量之间存在着平衡，即工作权利和工作义务之间的平衡。在日本、英国、前南斯拉夫和以色列，这两个变量大体是平衡的，美国人对工作义务的认同要高于工作权利，而荷兰、德国和比利时人，对工作权利的认同要高于工作义务。MOW 认为在工作权利和义务之间保持平衡关系是最佳状态，也由此进一步推测，在工作中心化水平较低的同时过度强调工作权利（例如荷兰），可能会对经济活动产生消极的影响。

（5）其他重要结果。此项研究还得到两个具有跨文化普遍性的重要发现：第一，86%的人表示，即使有足够的钱能保证下半辈子过上舒适的生活，他们仍然愿意选择继续工作；第二，工作在人生五个角色中的重要性为第二，仅家庭角色的重要性排序超过了工作。

第四节　跨文化沟通

在相同文化背景下的沟通交流，人们一般强调三大基本原则，即“真诚”、“理解”以及“尊重”。首先，按照生物趋利避害的本能，人们在进行人际交往时也是喜欢好的、安全的关系，害怕坏的、会带来伤害的关系。所以，一般情况下人们都会愿意选择跟真诚的人交往，而不喜欢表里不一、弄虚作假、诡计多端的人。其次，心理学中有一个术语叫同理心，讲的是在做咨询的时候，咨询师要对来访者有充分的理解，对来访者的所见、所闻、所讲要有感同身受一般的体验，这是心理咨询师能够很快获得来访者信任的一个重要原因。其实同理心讲的就是换位思考，理解的重要性由此体现。再次，按照马斯洛的需要层次理论，尊重是人的基本需要之一，是更高层次的心理需要。尊重不是点头哈腰，不是拍马溜须，而是一种发自内心的认同感，包括尊重别人的人格、爱好和习惯，其深层次的含义是“从人格上、尊严上，你和我一样，我们都是平等的”。尊重具有双重性，你尊重别人，实际上也就是在尊重自己。只有尊重，才有和谐的沟通与交流。

在跨文化的背景下，这三个基本原则也同样适用。但是面对一种陌生的文化时，人们还是会出现很多不同的反应，在不同的文化中，真诚的方式、理解的程度和角度以及尊重的表达都会有很大的差异。因此，本节讨论个体在陌生的文化背景中一般会存在哪些问题，以及跨文化沟通方式的问题。

一、个体在陌生文化中可能出现的问题

个体到陌生的文化中，即使自己非常小心，也会出现一些特殊的心理现象，这些现象可能会影响正常的沟通和交流。瓦尔纳等（Varner et al，2006）总结了在陌生文化中可能出现的问题，这些问题包括偏见、障碍和普遍性假设。

1. 偏见

偏见是针对特定目标群体的一种习得性的态度。它包括支持这种态度的消极情感（厌恶）和消极信念（刻板印象），以及逃避、控制、征服和消灭目标群体的行为意向（格里格，2003）。在跨文化交流中，经常出现对某个文化群体成员的偏见。

有很多理论用来解释偏见的形成，最常见的是社会学习理论，它认为偏见的习得途径与其他态度和价值观的习得途径相同，人们从他们的家庭、伙伴、大众媒体以及他们身处的社会中学会了偏见。

有这样一个笑话，英国人、德国人、日本人在广场上同时丢失了一美元。英国人心里很不舒服，试图去找，但转瞬间又整理

一下衣袖，挺着胸膛，很绅士地大摇大摆地走了。德国人丢了以后就想出了一个办法找回，他将这个广场划分为几个区域，然后一个区域一个区域地排查，直到找出了丢失的一美元。日本人丢了一美元之后，痛定思痛，开始反思：我是在什么心情下丢失了这一美元的，丢失的钱原先是放在哪个口袋的？于是得出了改进的方法，保证不会再出现这样的情况。

这个笑话之所以会令人发笑，是因为它符合我们对这三个国家国民的一般印象：英国人绅士，德国人严谨，日本人细致。这些都是人们从自己的思维原型中得出的结论，有的时候会节约人们的认知资源，而有的时候，错误就从其中开始。很多时候人们对其他文化背景下的人群进行评价时，往往是以自己所处的文化为基础做出的判断，继而“导致在缺乏全面了解事实之前的片面看法，逐渐演变成为价值判断性的结论”。例如若干年前，东方人眼中西方人的“开放”，不过是以自己当时所处的文化做出的价值评判，而西方人眼中东方人的“保守”，也是出于同样的缘故。

我们不能永远保持中立的价值观，对任何事情都会有一个来自自己价值观的判断，但在跨文化沟通中，我们必须认识到，跨文化、跨民族的偏见可能会滋生仇恨、蔑视、恐惧等多种不良情绪，这些情绪会给正常的跨国商务、政务以及日常沟通带来干扰和障碍。

2. 障碍

在国际管理和交流中，沟通障碍除了最常见的语言障碍之外，还会表现在文化、知觉和非言语沟通上。

文化障碍是语言障碍的深层原因。在一项研究中，有人（Sim et al，1992）通过比较214封由母语为英语及母语为非英语的人写的商务信函，发现母语为非英语的人存在过于礼貌、提供不必要的个人信息、向对方提出不适当的要求等问题。这项研究是以美国商务沟通为标准的，研究人员认为如果以其他文化背景下的沟通作为评价标准，以英语为母语的人同样会出现问题。同时，由于东西方文化的差异，在表达方式上，西方人比较直接，而东方人则比较含蓄。例如西方人习惯当着送礼人的面打开礼物表示喜欢，这种做法在东方文化背景下是不礼貌的；而东方人在向送礼人表示感谢的同时很少当着送礼人的面打开礼物，如果从西方文化的背景来理解的话，则有可能被解读为不喜欢或不在乎这份礼物。

对一件事情的认识不同，会导致人们做出不同的判断和决定，这也是在跨文化沟通中常见的问题之一。其中，跨国公司的广告是最典型的表现形式。一家洗涤剂公司在中东地区的广告宣传中就犯了这样一个错误——在他们的广告页面左侧是脏衣服，中间是公司生产的洗涤剂，右边则是干净的衣服，因为在该公司所属地区的文化中，人们习惯于从左向右阅读；但是在他们投放这则广告的地区，人们的习惯是从右往左读，在这样的解读顺序下，则是洗涤剂弄脏了干净的衣服。

非言语沟通是指通过身体语言或物理空间等途径来传递信息，包括手势、表情、姿势、人际距离、化妆、衣着、时间习惯、饰物、非言语符号等多个方面。例如在中国人眼中威严的"龙"，在西方人眼中就会被视为一种不祥的动物；在南美人眼中合适的交际距离在美国人眼中就会觉得太近。在跨文化的交流中，这些细节上的差别都有可能会引起误会或阻碍。关于非言语沟通的具体内容在后面将会详细讨论。

3. 普遍性假设

信息技术和交通手段的日益发达让越来越多的人见到了不同

的文化，在表面的新鲜之下，很多人会觉得不同的文化更多地只是表现在语言、服装以及食物上，在本质上大家其实都一样，这就是我们所说的普遍性假设。这是一种错误的观点，很容易导致投射效应的产生。“投射效应”是一种心理效应，指的是人们会将自己的特点归因到其他人身上的倾向，以己度人，认为自己具有某种特性，他人也一定会有与自己相同的特性，把自己的感情、意志、特性投射到他人身上并强加于人的一种心理效应。比如，一个心地善良的人会以为别人都是善良的；而敏感多疑的人，则往往会认为别人不怀好意。投射使人们倾向于按照自己是什么样的人来知觉他人，而不是按照被观察者的真实情况进行知觉。当观察者与观察对象十分相像时，观察者会很准确，但这并不是因为他们的知觉准确，而是因为此时的被观察者与自己相似。当被观察者与观察者差异甚远时，这种投射便会导致沟通障碍。

二、沟通方式与文化

人与人之间的交流与沟通，一般通过两种基本途径来实现，一种是言语沟通，一种是非言语沟通。在跨文化沟通与交流中，要了解这两种沟通方式在特殊文化中的特殊意义。

1. 跨文化言语沟通

言语沟通是人际沟通的重要途径，主要指通过言语来进行人际交流。言语沟通分为口头和书面两种，在跨文化沟通中也不例外。首先我们来讨论一下跨文化的口头言语沟通。

（1）跨文化口头言语沟通。口头言语沟通应当遵循感情真诚、表达清晰、避免歧义的原则来进行，有效的口头言语沟通应注意以下几个方面。

①及时释义与反馈。有这样一则小游戏：预备一张图，由一些简单的几何图形构成（如图8.2）。先请一个人看着图当“发言人”，即由他来向大家描述这幅图，其他人边听边在纸上画，画的同时不许提问，不许和“发言人”有任何交流，只能根据“发言人”的描述按照自己的理解去画。接下来再请另外一位“发言人”上台，程序和前面一样，唯一不同的是这次画画的人可以向“发言人”提问，“发言人”可以根据大家的提问予以反馈。画完之后对比一下前后画的两幅图哪幅与原图更为相似。

大多数情况下，第二次要比第一次画的效果好很多，原因就在于第一次仅仅是“发言人”一个人在说，没有反馈，没有交流，是一种无效的沟通，所以会导致糟糕的结果。而第二次是一种夹杂着反馈、交流的有效沟通，错误的认知、想法在询问与解释中得到了及时纠正。在跨文化的沟通中，及时地释义与反馈能够最大限度地理解对方所讲的话，避免“普遍性假设”过多地发挥作用。

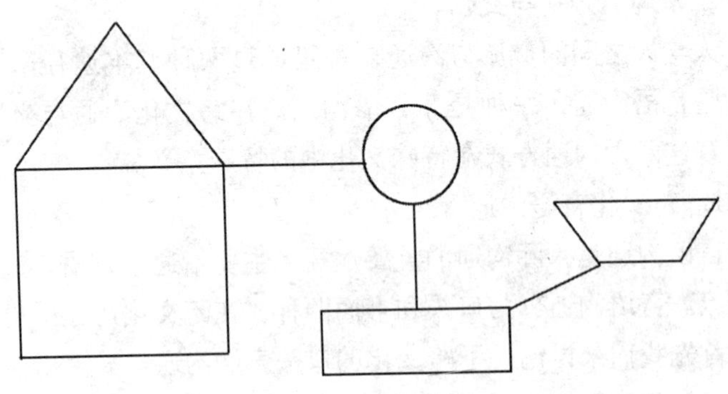

图8.2 测试言语沟通的几何图形

②适当的态度、语调和用词。有效的言语沟通要注意察觉自己和他人态度、语调、用词等所包含的意思。

态度。同一句话用不同的态度可以表达不同的情绪，如“你真坏”既可以表达亲密，也可以表达厌恶。在影响跨文化沟通的态度中：第一要素就是感情真挚。友好与真诚虽然不能更快地加速双方对彼此意思的理解，但是却有助于营造积极的沟通氛围，这是让沟通得以继续的基础。第二，保持文化的敏感性。越是了解对方文化背景中的一些细节，沟通起来就会越容易，有时甚至会起到事半功倍的效果。例如在一些文化中，头部为身体较神圣的部分，不随便摸别人的头；在有的文化中，左手被认为不洁，握手时切忌用左手；还有的文化忌讳情侣当众牵手等，文化禁忌不一而足。如果事先有所准备，在沟通中就会避免让文化上的错误影响到意思的表达，因为如果在沟通中触犯了对方文化禁忌，那么在接下来的时间里，对方很可能因为在暗自生气而根本没心思去听你在讲什么。第三，保持幽默感。在跨文化沟通中，我们应当有自我解嘲的能力，允许自己有犯错误的时候，这样才有助于我们保持轻松、开放的交往心态，而不至于出现不该有的心理防御。

语调。语调包括音量、音速等要素。音量适中、语速放慢、发音清晰，是跨文化沟通中让对方听见所发出信息的保证。如果是使用母语与外国人沟通，适当放慢语速、发音尽可能准确相当重要，因为任何人在运用母语交流时都会显得格外熟练，往往会“假设”对方和自己一样熟练，此时对方可能会因为太快或听不清而反应不及时，从而造成沟通困难。因此，在跨文化沟通中，要注意不要因为音量太小、语速过快、发音不清等因素损失太多的信息。

用词。在跨文化交流的用语上，特别需要注意的是避免无法理解、歧义和误会。缩略语、俚语及一些玩笑话是造成这些沟通障碍的主要“罪魁祸首”。在绝大多数的外语教学中，书面的、正式的语言是教学主流，而口语的很多语言，包括缩略语、俚语、一些玩笑等，由于其流行性、暂时性和本土性，很难被学习该种语言的外国学生所知。而且有的俚语在一些特定的环境下可能还带有攻击性、侮辱性的特点。因此在跨文化沟通中，除非交流对象已经在该文化中生活了比较长的一段时间，否则应当尽量避免过度的口语化，以免带来不解和误会。例如“Awesome”一词，其本意是“令人敬畏的”、“可怕的”，但近年来美国人却经常用它来当感叹词，大大抒发内心的喜悦与赞美，表示“太棒了”！此外，有一点英语常识的人都会知道“neat”是“整洁”的意思。但是如果听到美国人大叫“That's so neat!”他并非在对周边的环境的整洁程度表示满意，他们还经常会说“That's neat”，其实都是在表示“很好的，美妙极了”这个意思，和词语本身是“同词异意”。

(2) 跨文化书面言语沟通。书面言语沟通的主要形式一般是信函。跨文化信函中要注意的问题一般有以下几点。

①信函的格式。格式的背后隐含着一种文化的信息组织方式和逻辑推理方法，不同文化背景的人组织信息风格迥异。例如在西方，尤其是美国文化中，信件中的信息要求简洁、清晰、具体，避免冗余、复杂和抽象，常使用的是“主—谓—宾”句式。而在另外一些文化中开头往往会有一段看似没用的景物描写或对收信者及其家人的祝福，这是因为在这些文化中，良好关系的培养、责任的模糊化等是重要的命题，在这些文化背景下写出的信函，强调的是语境、委婉、隐喻，而尽量避免直接切入主题。

②字符、拼写正确。拼写正确更多反映了严谨、尊重的态度，而不仅仅是文化水平。如果一单生意仅仅是因为写错了对方的姓名而导致了最终的失败，结果一定是懊恼不已。

③数字、日期的书写。一些文化在数字和日期的书写格式上有着非常大的差异。例如，英语一般数字的写法会有“逗号”（“,”），从右往左，第一个逗号表示千位，第二个表示百万位，第三个表示十亿位；而在中文的数字书写中只有小数点，没有逗号。在日期方面，美英的表达方式是有差别的。以日为先，月份为后，此为英国式，美国式则与此相反。如一九九六年三月二日的写法，英国人习惯写为 2nd March，1996，而美国人则习惯写成 March 2，1996。并且在美式的写法中，1st、2nd、3rd 的 st，nd，rd 是不使用的。全部用数字表达日期时，英美也有差别。1998 年 5 月 6 日按照英国式应写成 6/5/98，而按照美国式应写成 5/6/98；01. 08. 1998 是英国式的 1998 年 8 月 1 日，按照美国的表达方式却是 1998 年 1 月 8 日，美国的 1998 年 8 月 1 日应写成 08，01，1998。因此，使用数字来表示日期时，往往发生误解，在商务活动中必须谨慎使用。

2. 跨文化非言语沟通

沟通的另一种途径是非言语沟通。经过行为学家 60 年的研究发现，面对面地沟通时，文字、声音和肢体语言对沟通效果的影响比率分别为 7%、38% 和 55%。这里的肢体语言就是非言语沟通的重要组成部分。有研究指出，人类的肢体语言传递了近 60% 的人际交往信息。比如，男性和女性在疑虑、不确定、夸张或说谎的时候，都会做出很多用手去碰触脸部的动作，包括揉眼睛、摸鼻子、扯耳朵和整衣领等。由于男人的身材比女人高大，而且手部动作多，所以很容易被发现。比尔·克林顿在陪审团面前就莫尼卡·莱温斯基事件接受质询时就曾经摸过26次鼻子和脸。

非言语沟通是指通过身体语言或物理空间等途径来传递信息，交流双方的距离、坐姿、坐位、手势、握手的方式、面部表情等都包含着丰富的信息，需要人们在沟通时具备相应的敏锐性才能保持良好的沟通。非言语沟通的构成要素归纳起来主要有空间语言、表情、动作三大类。

(1) 空间语言与文化。空间语言主要指人们使用物理空间来传递信息，空间关系学解释的就是人们如何运用空间进行交流的一门学科。人类学家爱德华·霍尔通过研究动物的领地行为，指出人类的周围空间有4个区域，并且在交流中都有不同的意义，空间距离包括以下四个区域。

①亲密区域：18英寸内的身体接触，属于亲密关系的通常范围；

②私人区域：18英寸到4英尺，通常是亲友之间交流的范围；

③社交区域：4—8英尺，工作环境中的正常距离；

④公共区域：8—10英尺及以上，群体集会时的人际距离。

各种因素影响着我们和身旁的人坐着或者站着的距离，而这个距离是通常受到社会和文化的标准影响。文化标准对人们决定如何利用交流中的个人空间，有非常的重要的作用。图8.3为选定的文化背景如何看待个人空间问题，提供了衡量的方法。

从图8.3中我们可以清楚地看到，拉美、阿拉伯以及法国文化属于“触摸文化”，在这样的文化中，人们的自我空间极限离身体很近，触摸他人这样的行为一般会被认为是很正常的行为，而日本、德国以及美国则属于“非触摸文化”，自我空间需要的更大一些，人们不容易接受交流时挨得太近或身体上的触碰等行为，英语中的一条谚语充分地说明了这一点——“Good fences make good neighbors（有好篱笆才有好邻居）”。人与人之间保持一定的距离在这样的文化中举足轻重。

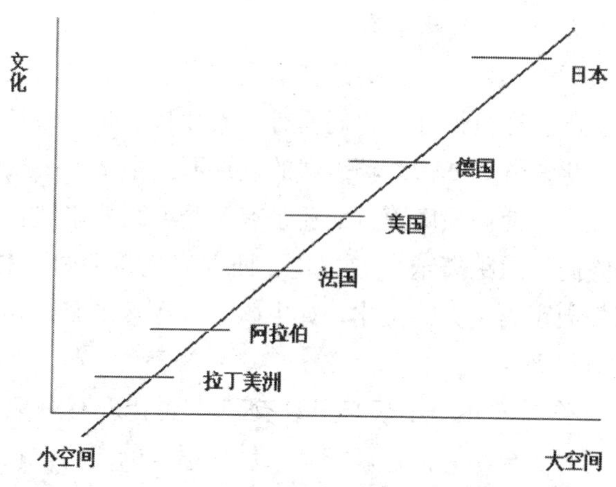

图 8.3　文化与自我空间极限距离

了解了空间语言，你就会更容易明白为什么当一个美国人和一个阿拉伯人谈话时双方的位置会不断地移动了：美国人为了保持个人空间距离会越来越向后退，阿拉伯人为了保持他认为正常的交际距离会越来越向前走，双方都不是因为无礼，他们只不过是根据自己文化中有关空间的习惯，做出了一种无意识的空间调整。

（2）面部表情与文化。跨文化人际沟通的表情中，差异最大当属眼神接触的规则。例如，当某人在美国与他人进行面对面的交流时，礼貌的做法是说话者不时看着对方的眼睛，听话者需要看着对方的嘴；而如果是在中国传统文化背景下，说话时注视他人的眼睛被认为是不礼貌的，有时甚至带有敌意、挑衅的含义。一般说来，在图8.3中，自我空间极限距离越小的文化越注重说话时眼神的接触，而在自我空间极限距离较大的文化中，如日本，对直接的眼神接触会感到局促，在这样的文化中，保护自己的隐私是大家更为看重的东西。

至于说到面部表情，人类的基本面部表情有愉快、惊奇、悲伤、愤怒、厌恶和惧怕等，它们具有先天性和共同性的特性，即在不同的文化背景下，这六种表情的表现形式是基本一致的，但是在使用频率、使用强度等方面还是有一些细微的差别。一般说来，自我空间极限距离越小的文化，面部表情越明显、越强烈，自我空间极限距离越大的文化，如中国、日本等国家，人们的面部表情相对较平和。

(3) 动作与文化。不仅自己在交流中要合理有效地使用肢体语言，同时也要注意锻炼解读他人肢体语言的能力。在章志光等主编的《社会心理学》一书中展示了一幅图，画的是一些简单的身体姿势。不看说明，你能明白下图中这些姿势所表达的不同意义吗?

在不同的文化中，肢体语言的使用频率是不相同的。与面部表情一样，自我空间极限距离越小，人们的肢体语言越丰富，简言之，美国人交流时的肢体语言多于日本人，而阿拉伯人交流时的肢体语言比美国人还多，他们几乎每说一句话都会伴随相应的手臂姿势和动作。除此之外，一些肢体语言在不同的文化中还表示着截然不同的含义。例如点头和摇头，在大多数文化中点头表示赞同，摇头表示反对；但是在印度南部一些地区，摇头并不代表否定，在保加利亚，摇头则是表示同意，如果不清楚这些，在交流时就会闹南辕北辙的笑话。

图 8.4　身体姿势蕴涵的意义

（来自章志光等《社会心理学》）

视窗

如何在欧洲进行沟通

法国

和法国商人会谈时，最好准时，虽说迟到 5—10 分钟不是一个很大的失礼行为。法国人在初次介绍后喜欢相互握手，正确的称呼是在对方的姓前面加上头衔。当会谈结束时，再次握手是一种礼貌。

法国的管理者们竭力使其私人生活与工作分开。结果，大多数商务性娱乐活动都在饭店或俱乐部举行。向商务伙伴赠送的礼物应该富有智慧性或者有美感，而不是那些自己公司生产的在市场上有销售的产品。在会谈中，应该避免涉及政治或金钱之类的话题。而且，在商务会谈中要慎用幽默。

德国

德国的管理者喜欢别人称呼自己的头衔。永远不要直接称呼他们的名字，除非得到允许这么做。商务会议事先就应该安排好，准时相当重要。和法国人一样，德国人也不在家里招待客户，因此被邀请到德国管理者家里去做客是一项殊荣，应该给他们寄一封感谢信。此外，和法国的情况一样，在商务会议中应该尽量避免使用幽默。

英国

在英国，在第一次见面的时候握手是很常见的行为，在介绍的时候通常使用人的名字、与在德国和法国的习俗不同，在社交场合或商务会议中迟到一会儿是很常见的行为。与欧洲其他一些国家相比，在英国更容易收到去管理者家中做客的邀请。通常送的礼物是鲜花或巧克力。

在商务会议中，西装领带是常见的打扮，然而应该避免条文的领带，因为这看起来像英国大学或中学校友会服饰的翻版或者是英国军事或社交俱乐部服饰的翻版。此外，在社交集会中，不涉及政治、宗教和关于君主政治统治的闲话是明智的选择，除非英国人先提及此类话题。

意大利

在传统的公司中，对管理者的称呼是头衔加上姓。当被介绍的时候，握手很普遍，如果某个人是大学毕业生，应该使用职业头衔“dottore”。

商务约会应该事先就安排好，尽管不一定要准时。在大多数情况下，商务谈判是在办公室里进行的。当被邀请到饭店的时候，通常不是为了继续商务谈判而是为了进行社交。如果一位外派的管理者被邀请到意大利人家里做客，一般要给主人带一件礼物，如一瓶酒或一盒巧克力。在就餐中可以交谈的话题很多，包括商务问题、家庭问题和足球。

西班牙

在西班牙，自我介绍或者交谈时，称呼名字是很常见的行为。亲密的朋友之间一般以拥抱来表示问候。商务约会应该事先安排，但却不一定要准时。

如果应邀到西班牙管理者的家中做客，鲜花或巧克力是可以接受的礼物。如果邀请中包含晚餐，任何的商务谈判都应该在咖啡上桌后才开始。在社交集会中，诸如宗教、家庭和工作的话题应该回避。此外，在正式的会议中几乎不使用幽默。

（摘自 Hodgetts R. M 等著，赵曙明等译《国际管理——文化、战略与行为》，有删节）

三、人格与跨文化沟通

前面我们讨论了外部客观因素对跨文化交流的影响，如文化、语言、习俗等，但是在实际生活中我们会发现，在同样的环境中，总是有一些人会更快更好地适应跨文化的环境，这就涉及到个性特征与有效沟通之间的关系了。哪些个性特征与有效的沟通相关?

有关跨文化能力（intercultural competence）或者说沟通能力的实验研究主要在19世纪60年代，在联合国维和部队中的美国志愿者间开始。在当时的个性评估方法中，特质取向（trait orientation）运用比较广泛。基莱等（Kealey et al，1983）总结了多个研究中所提出的志愿者特征，这些特征包括诚实、同情心、尊重和灵活性。基莱等认为，这些特征基本上都是一般社会人际交往中比较受欢迎的性格，这样的结论对跨文化人格特征的研究意义不大。后来基莱等意识到，导致这样的结果，一部分原因是因为对成功的跨文化沟通并没有明确的可操作性标准。他们试图从性格差异中来寻找答案。他们认为在有关评价人格的变量中，除了人格力量（strength of personality），还可以找到诸如社会参与、本土语言能力和对习俗的包容度等变量。

基莱等提出将跨文化者的特征分成三个主要的成分（component）：个人与家庭在非本土文化中的适应及满足感、个体的专业技能以及与所处国家成员关系的友好程度。通过对这三种成分的研究，以性格特征相似性为基础，他们认为有证据可以证明他们称之为“海外型”的人是确实存在的，他们发现这类人的许多特征是相似的，如性格开放、对他人感兴趣、积极乐观、自信灵活、工作能力强。最终，基莱（Kealey，1996）列出了一个成功的跨文化合作者必需满足的三个条件：（1）适应能力，包括灵活度和压力缓解能力，但同时也要求物质基础稳定；（2）跨文化能力，包括现实主义和对文化的参与；（3）合作能力，包括对他人的坦诚和主动。

小结

本章讨论了管理、组织和沟通、交流与文化的关系。第一节讨论了不同文化中的组织结构类型问题；第二节讨论了不同文化中的组织管理行为差异；第三节讨论了不同的工作价值观与文化的关系；第四节讨论了进行跨文化沟通需要了解的知识和注意的问题。在不同的国家，受文化因素的影响，组织中的结构类型和管理行为有一定的差异，人们的工作价值观也有一定的差别。另外，在进行跨文化沟通和交流中，由于文化的因素，可能会出现不必要的误解和冲突，了解有关的知识有助于沟通的顺畅。

思考题

1. 组织结构类型的选择与文化有什么关系？
2. 文化对组织管理行为会产生什么影响？
3. 不同文化中人们的工作价值观有什么区别？
4. 进行跨文化沟通容易出现什么问题？

参考文献

理查德·格里格、菲利普·津巴多著，王垒，王甦等译：《心理学与生活》，人民邮电出版社，2003 年。

李成言：《现代行政领导学》，北京大学出版社，2005 年。

彭聃龄：《普通心理学》，北京师范大学，2001 年。

周三多：《管理学》，复旦大学出版社，1999 年。

Berry J. H, Poortinga Y. H, Segall M. H, Dasen P. R. Cross – cultural psychology: Research and applications (2nd Ed). Cambridge: Cambridge University Press, 2002.

Bontempo R. N, Bottom W. P, Weber E. U., Cross – Cultural Differences in Risk Perception: A Model – Based Approach. Risk Analysis, 17: 479 – 488.

Hodgetts R M, Luthans F 著，赵曙明、程德俊主译：《国际管理—文化、战略与行为》，中国人民大学出版社，2006 年。

Hofstede G. Culture's Consequences: International differences in work - related values. Beverly Hills, Calif. : Sage, 1980.

Kealey D. J, Rube n B. D. Cross - Cultural Personnel Selection Criteria, Issues and Methods. In Landis D and Brislin R W (Eds). Handbook of Intercultural training (Vol. 1). New York: Pergamon, 1983.

Kealey D. J. The challenge of international personnel selection. In In Landis D and Bhagat R. S (Eds). Handbook of Intercultural training (2nd). Thousand Oaks, CA: Sage, 1996.

Lammers C. J, Hickson D. J (Eds). Organizations alike and unlike: International and interinstitutional studies in the sociology of organizations. London: Routledge and Kegan Paul. 1979.

Likert R. The human organization: Its management and vales. New York: McGraw - Hill, 1967.

Mann L, Radford M, Burnett P et al. , Cross - cultural differences in self - reported decision - making style and confidence. International Journal of Psychology, 1998, 33: 325 - 335.

Misumi J. , The behavioral science of leadership. Ann Arbor, MI: University of Michigan Press, 1985.

MOW (Meaning of Working International Research Team). The meaning of working. London: Academic Press. 1987.

Robbins W. H. R. Organization heory: structure, design and applications. Englewood Cliffs, NJ: Prentice - Hall. 1987.

Trompenaars F, Turner H. Riding the Waves of Culture.

THT. 1993.

Sims B. R and Guice S. Differences between business letters from native and non - native speakers of English. Journal of Business Communication, 1992, 29 (1): 23 - 39.

Sinha J. B. P. A Model of Effective Leadership Style in India. International Studies of Management and Organisation, 1984, 14 (3): 86 - 98.

Smith P. B, Peterson M. F. Leadership, organizations and culture: An event management model. London: Sage, 1988.

Weber E. U, Hsee C. K. Culture and individual judgment and decision making. Journal of Applied Psychology, 2000, 49: 32 - 61.

Varner I, Beamer L 著，高增安、马永红、孔令翠译：《跨文化沟通》，机械工业出版社，2006 年。